U0124887

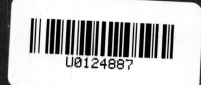

人美書譜

行書 宇卷

唐 顏真卿

争座位帖 祭姪文稿

祭伯文稿 湖州帖

劉中使帖

人民美術出版社
北京

顔真卿（七〇九—七八五），唐代名臣、書法家。字清臣，别號應方，京兆萬年（今陜西臨潼）人，出身江左望族，祖籍琅琊臨沂（今山東臨沂）。唐朝一代名臣，杰出的書法家。工書，善行、真、草。歷仕玄宗、肅宗、代宗、德宗四朝，因爵封魯郡開國公，世稱『顔魯公』。開元二十二年（七三四），顔真卿舉進士第，開始入仕途。天寶十二載（七五三）任平原郡太守，守城抵禦安禄山叛亂，名重朝野，時有『顔平原』之稱。後經肅宗、代宗朝，永泰二年（七六六）遭貶，德宗朝任太子少師，除太子太保。建中四年（七八三）奉命赴許州宣慰淮寧節度使李希烈，遭囚禁，不屈節，自撰墓志，以示死志，至貞元元年（七八五）遇難，享年七十七歲，詔贈司徒，謚曰文忠。

顔真卿幼承門業，通曉字學，并重真草。顔氏是文字學和書法方面衣鉢相傳、家風不墜的世家，不過顔真卿早年秉承《顔氏家訓》『此藝不需過精』『甚勿以書自命』的教導，其書契之作只是用于記事實用而已。但因其見多識廣，玩習自娱之際，不求其名反得其名。永泰二年（七六六）受陷害遭貶之後，仕途受阻的他有更多時間寄情翰墨。其書初期清健，源于其母殷氏，而得力于張旭；廣德以後，參用篆書筆意，筆畫趨于圓勁，真書雄厚端莊，行草遒勁郁勃，佳作多見于此。颜書多以碑刻爲主，一改『二王』以側鋒取姿態的方法，取法于篆隸，以中鋒入筆，雄渾闊大，氣勢磅礴，古法爲之一變，這就是後人所贊的『變法』。其書既有壯闊厚重的氣派，又有雄渾磅礴的氣勢，創一代書風，被後世稱爲『顔體』。

北宋朱長文在《續書斷》中將顔真卿列爲神品第一，并稱『羲、獻以來，未有如公者』，將顔真卿與『二王』相提并論，奠定了顔氏在書法史上的地位。宋初，帖學興起，但因大部分都是翻刻，失之毫厘謬以千里，蔡襄、蘇軾、黄庭堅、米芾四家等摒弃閣帖，師法唐碑，上溯魏晋，書學遂得以復興。明楊慎《墨池璅録》云：『若夫宋之蘇、黄、米、蔡，群公交作，極一家之盛，其構勢雖各不侔，要之于理，又不能外顔、柳他求者也。』在蘇軾、黄庭堅等書家的大力倡導下，對顔書的品評達到高潮，顔書在此時流行之廣，摹習之衆，空前未有，一代書家無不受其影響。直至清代，學顔者依舊不絶，道光之後崇尚唐法，顔書復爲世俗所重，影響了一代書家。

《争座位帖》亦稱《論座帖》《與郭僕射書》，原迹已佚，有刻石拓本傳世。該帖書于廣德二年（七六四）十一月，爲顔氏寫給尚書右僕射郭英乂的直諍書稿，爲維護朝廷綱紀、功臣秉義，直斥奸佞郭英乂爲討好宦官魚朝恩而擅改朝堂座次之事，忠義之氣充于心、賦于文、形于書。全篇直抒胸臆，文辭激越，雖是草稿，本不着意于筆墨，却顯得無意勝有意。全帖洋洋灑灑，隨意自如，字與行寫得豪宕盡興，姿態飛揚，滿紙剛烈郁勃之氣，乃顔氏行草爲世所珍者，與《祭姪文稿》《祭伯文稿》合稱爲『顔書三稿』，與王羲之的《蘭亭叙》并稱爲『行書雙璧』。宋米芾《寶章待訪録》言：『字字意相連屬飛動，詭形异狀，得于意外，世之顔行書第一也。』《書史》又稱：『此帖在顔最爲杰思，想其忠義憤發，頓挫郁屈，意不在字，天真罄露，在于此書。』宋黄魯直《山谷題跋》中更見推崇：『觀魯公其帖，奇偉秀拔，奄有魏晋隋唐以來風流氣骨，回視歐、虞、褚、薛、徐、沈輩，皆爲法度所窘，豈如魯公肅然出于繩墨之外，而卒與之合哉！蓋自二王後能臻書法之極者，唯張長史與魯公二人。』米芾、黄庭堅皆爲宋代行書之大手筆，猶推重至此，可見其名。

《祭姪文稿》，亦稱《祭姪季明文》，作于唐乾元元年（七五八），爲顔真卿追祭其姪顔季明而書。行書，紙本，縱二十八點三厘米，横七十五點五厘米，二十三行，凡二百三十餘字，現藏臺北故宫博物院。安禄山叛亂時，常山太守顔杲卿、顔季明父子挺身而出，然遭孤城圍逼，寧死不屈，遂先後罹難，歸葬時尸骨未全，僅剩季明頭顱。魯公見此景情不能禁，哀思郁勃，悲憤之際揮毫書作此稿。此卷通篇僅用一管秃筆，縱筆浩放，頓挫抑揚，氣貫天成，一瀉千里。感情的波瀾起伏伴隨着筆意、筆鋒和墨色濃枯的變化，顔氏一族的忠烈之氣溢于言表，全篇書作具有驚心動魄的藝術感染力，雖意不在文，却字字奇絶，體現出書家深厚的書法功底。《祭姪文稿》被譽爲『天下行書第二』，與《蘭亭叙》《寒食帖》并稱『天下三大行書』。

《祭伯文稿》或稱《告伯父文稿》，全稱《祭伯父豪州刺史文》。書于唐乾元元年（七五八），三十六行，總四百餘字。今僅存宋《甲秀堂帖》拓本。全篇風神灑脱，頓挫縱横，一任縱筆，亦是顔氏行書之佳作。

《湖州帖》，行書墨迹，八行，四十八字，顔真卿任湖州刺史期間所書信札。本卷爲宋人仿本，縱二十七點六厘米，横五十點二厘米，藏北京故宫博物院。《劉中使帖》亦稱《瀛洲帖》，是魯公聞知藩鎮叛亂之將吴希光已降、盧子期被擒的捷報時所寫的尺牘，行草書，共八行，書于唐大曆十年（七七五），顔真卿時任湖州刺史，年六十七。此帖筆力雄健，綫條豐潤，飄逸灑脱，縱二十八點五厘米，横四十三點一厘米，藏臺北故宫博物院。

行書概述

□孫曉雲

行，顧名思義，就是『行走』的意思，是介於『踏步』和『奔跑』之間的行進狀態，『行書』，也就是介於『楷書』和『草書』之間的書法狀態。

行書作爲一種書體，大約産生於漢魏之際，關於它的來源衆説紛紜，大致有兩種。第一種是源自楷書。蘇軾《題唐氏六家書後》云：『真生行、行生草。真如立，行如行，草如走，未有不能立而能行，不能行而能走者也。』劉有定《衍極註》説：『行書，正之小變也。』何良俊《四友齋書論》説：『書法自篆變而爲隸，隸變而爲楷，楷變而爲行草，蓋至晋而書法大備。』宋曹《書法約言》説：『所謂行者，即真書之少縱略。後簡易相間而行，如雲行水流，穠纖間出，非真非草，離方遁圓，乃楷隸之捷也。』張懷瓘《書斷》一言以蔽之：『行書即正書之小譌，務從簡易，相間流行，故謂之行書。』

行書從楷書演變而來的説法在古代已經十分流行，蘇軾、劉有定、何良俊、宋曹、張懷瓘認爲行書是在楷書的基礎上産生的，稍加縱略，筆畫間加强牽絲連帶，字形更爲簡便實用。

第二種是源自隸書。《平生壯觀》卷一説：『漢魏之交，分隸初變真、行。』阮元《南北書派論》説：『書法遷變，流派混淆，非溯其源，曷返於古？蓋由隸字變爲正書、行草，其轉移皆在漢末、魏晋之間。』從目前出土的書迹來看，漢代潦草的隸書，草率書寫，筆畫省簡，字勢由横勢變爲縱勢，初步具備早期行書的『雛形』，隨着在日常生活中運用範圍的擴大，『趨急赴速』的實用性漸漸地被人所接受，經過不斷的加工和改造，行書慢慢發展演變爲新興的書體。

漢魏之際，字體屬於嬗變劇烈時期，隸書已經相當發達，楷書、行書、草書都已出現，從時間上説，楷書和行書幾乎是同步出現的。

『行書』的名稱可追溯到西晋，衛恒《四體書勢》一文：『魏初，有鍾（繇）、胡（昭）二家爲行書法，俱學之於劉德昇。』爾後，行書有許多别名，南朝羊欣在《采古來能書人名》中説：『晋齊王攸善草行書。』又説：『鍾有三體，一曰銘石之書，最妙者也；二曰章程書，傳秘書、教小學者也；三曰行狎書，相聞者也。』王僧虔《論書》説：『羊欣、邱道護并親授於子敬。欣書見重一時，行草尤善，正乃不稱。』張懷瓘《書斷》説：『（胡昭）真行甚妙。』竇臮《述書賦》：『楊真人之正行，兼淳熟而相成。』韋續《五十六種書》説：『藁及行隸，鍾繇變之，羲、獻重焉。』『行書』一詞在没有獲得普遍認可的情形下，『草行』『行狎書』『行草』『真行』『正行』『行隸』都曾指代『行書』，雖然稱呼不同，但是實質是相同的。

而古人總是將行書稱爲『行狎書』。字典上，『狎』是親昵而不莊重的意思。在這個意義上來説，『狎』就是相對於『莊重』的『潦草』，是依托於一種正規形態，包含了『便捷』『簡約』的意思。所以，將『隸』、將『楷』寫『潦草』了，都可以作爲『行狎』看。『隸』與『行』以及『楷』與『行』之間確實存在關聯，結構和筆法有相似之處。

張懷瓘《書議》説：『夫行書，非草非真，離方遁圓，在乎季孟之間。兼真者，謂之真行；帶草者，謂之行草。』這是對行書最好的詮釋。即草書産生之後，行書即可以分爲兩類，一類是行楷，字形端穩，容易識别，筆畫間牽絲連帶較少；另一類是行草，字形潦草，筆畫常有省略且多連筆，書寫速度較快。

從結體上說，行書簡便快捷，流麗生動，静中有動，動中有静，行楷則端莊雅正，行草則欹側多姿。

從筆法上說，行書用筆豐富，無垂不縮，無往不收，方圓并用，或提或按，時斷時連，中鋒和側鋒兼具，藏鋒和露鋒兼施。

從章法上說，行書形式多樣，或字距行距相等，疏朗開闊；或字距和行距緊密，亂石鋪街；或字距緊，行距鬆，秩序井然。

毋庸置疑，行書作爲一種書體，在書法歷史上是最晚産生的。相傳行書的創立者是劉德昇，張懷瓘《書斷》說：『案行書者，後漢潁川劉德昇所造也，即正書之小譌，務從簡易，相間流行，故謂之行書。』劉德昇是東漢桓、靈帝時代（一四七—一九〇）的書法家，他對民間流行的草率的行書加以規範和改造，樹立了行書的法則，從而被人尊稱爲『行書鼻祖』。因劉德昇没有書迹傳世，具體樣式我們很難得知，張懷瓘《書斷》說：『劉德昇字君嗣，潁川人，桓、靈之時，以造行書擅名，雖以草創，亦甚妍美，風流婉約，獨步當時。』妍美、風流、婉約大概是劉德昇的行書風格，從文獻的記載來看，至少在劉德昇時代行書已經出現了。

魏晋時期是行書演進并走向成熟的時期，魏初鍾繇、胡昭二人是劉德昇的弟子，書名享譽當時，羊欣《采古來能書人名》云：『劉德昇善爲行書，不詳何許人。潁川鍾繇，魏太尉；同郡胡昭，公車徵。二子俱學於德昇，而胡書肥，鍾書瘦。』西晋時期荀勖立書博士，以行書教習秘書監弟子，行書得到了迅速的發展，阮籍、阮咸、山濤、劉伶、衛瓘等人皆擅行書。西晋時的行書還停留在實用的狀態上，尚無嚴格的藝術法則，實用性很强，而藝術性相對弱，然而這一現象在東晋却得到了改變，東晋以『二王』父子爲代表的書法家，總結前人的經驗，推陳出新，創造了精致唯美、瀟灑簡遠的行書風格，使行書定型并獲得了空前的繁榮。南朝書家王愔說：『晋世以來，工書者多以行書著名。昔鍾元常善行狎書是也，爾後王羲之、王獻之并造其極焉。』

王羲之，東晋時期著名書法家，字逸少，琅琊臨沂（今山東臨沂）人，後遷會稽山陰（今浙江紹興），歷任秘書郎、寧遠將軍、江州刺史等職。王羲之諸體皆精，尤善行書，『增損古法，裁成今體』，將漢魏的質樸書風變爲妍美流麗，代表作品有《蘭亭叙》，號稱『天下第一行書』。王羲之的行書用筆内擫，造型多變，流暢自然，風流蘊藉，後人以『飄若游雲，矯若驚龍』『龍跳天門，虎卧鳳閣』『盡善盡美』來形容王羲之的書法風格。他被世人尊稱爲『書聖』。

王獻之，字子敬，王羲之的兒子，與父并稱爲『二王』，其行書一改王羲之内擫的筆法爲外拓，用筆更加汪洋恣肆，氣勢連綿，書風更加瀟灑妍美。代表作品有《廿九日帖》《更等帖》《地黄湯帖》等。張懷瓘《書議》說：『子敬才識高遠，行草之外，更開一門。夫行書，非草非真，離方遁圓，在乎季孟之間。兼真者，謂之真行；帶草者，謂之行草。子敬之法，非草非行，流便於草，開張於行，草又處其中間。……逸少秉真行之要，子敬執行草之權，父之靈和，子之神俊，皆古今之獨絶也。』

經過『二王』父子的不懈努力，行書在東晋高度成熟，不僅實用性强，而且藝術性突顯，行書的範式得到了確立，後人沿着『二王』開拓的行書道路前行，演繹出多姿多彩的藝術風格。楊慎《墨池瑣録》說：『晋人書雖非名法之家，亦自奕奕有一種風流蘊藉之氣。緣當時人物，以清簡相尚虚曠爲懷，修容發語，以韵相勝，落華散藻，自然可觀。』馬宗霍《書林藻鑒》説：『晋人書以韵勝，以度高。夫韵與度，皆須求之於筆墨之外也。韵從氣發，度從骨見，必内有氣骨以爲之幹，然後韵斂而度凝。』晋人崇尚玄淡，縱情於山水之間，以書法抒情達意，以韵相勝，風流儒雅，超凡脱俗。

劉熙載《藝概》云：『王家羲、獻，世罕倫比，遂爲南朝書法之祖。其後擅名宋代，莫如羊欣，實親受於子敬；齊莫如王僧虔，梁莫如蕭子雲，淵源俱出『二王』；陳僧智永尤得右軍之髓。』南朝宋齊崇尚王獻之，梁陳之際轉而尚王羲之。南朝的行書大多規模『二王』，繼承有餘，而創新不够，趙孟頫曰：『齊、梁間人，結字非不古而乏俊氣。』大概南朝的行書有古意，然缺乏俊氣，成就不高。

唐代是行書發展的黄金時期，盛唐之前的行書雖名家輩出，然因法度所限，終究難有很大的突破。李世民行書用筆精工，法度粹美，激越跌宕，首開行書入碑先河。歐陽詢行書，體勢縱長，筆力勁健，嚴謹險峻。虞世南行書結體多姿，筆勢圓活，蕭散衝淡，剛柔并濟。陸柬之行書風骨内含，神采外映，得《蘭亭》神韵。褚遂良行書筆勢縱横，嫵媚遒勁。盛唐時期的行書與國勢一樣，氣勢恢宏，沉雄渾厚，代表了唐代行書的最高成就。代表人物有李邕和顔真卿。

李邕（六七八—七四七），字泰和，揚州江都人，曾任户部員外郎、括州刺史、北海太守等職。李邕善行書，從『二王』而來，而又自成一格。鄭杓説：『古之銘石，典重端雅，使人興起於千載之下。邕以行狎相參，後復傀异百出，邕作俑也。』李邕以行書入碑，其作品《麓山寺碑》《李思訓碑》，博大寬厚，左低右高，上舒下斂，風度閑雅，翩翩自肆，一點一畫皆如抛磚落地，點畫蒼勁厚實。董其昌説：『右軍如龍，北海如象。』足見李邕行書的高超。

顔真卿（七〇九—七八四），字清臣，陝西西安人，官至吏部尚書、太子太師，封魯郡開國公，人稱『顔魯公』。顔真卿的行書法乳『二王』，褚遂良、張旭等人，以篆籀筆法入行書，使用外拓筆意使結體向外擴張，氣勢磅礴，點畫渾厚，鬱勃遒勁，開唐代書法雄渾一路的先河。顔真卿學古而不泥古，自出新意，代表作品有《争座位稿》《祭姪稿》《祭伯父稿》《湖州帖》《劉中使帖》《蔡明遠帖》《劉太衝帖》等。其中《祭姪稿》被譽爲『天下第二行書』。可以説顔真卿是繼『二王』之後在行書領域的大家，宋代以後的諸多書法家都師從顔真卿，其影響之大，罕有人能匹及。項穆《書法雅言》云：『顔清臣雖以真楷知名，實過厚重。若其行真如《鹿脯帖》，行草如《争坐》《祭姪帖》，又舒和遒勁，豐麗超動，上擬逸少，下追伯施，固出歐、李輩也。』

晚唐的杜牧和柳公權皆善行書，杜牧有《張好好詩》傳世，氣格雄健，有六朝風藴，柳公權以楷書聞名，然其行書也出手不凡，所書《蒙詔帖》，氣勢雄豪，險中生態，骨力奇强。

唐代的行書成就當以顔真卿和李北海最高，影響也最大，最能代表唐代的開張雄渾氣勢。李世民、歐陽詢、虞世南、褚遂良、陸柬之、柳公權、杜牧諸人都是行書的高手，他們或以楷書名世，或以文章馳名，然行書各具姿態，别有風韵。梁巘《承晋齋積聞録·學書論》説：『唐人勁健，書如烈士拔劍，雄視一世。』此説言之有理，頗能反映唐代行書的風貌。

五代的歷史雖不長，然行書却有可觀之處，楊凝式堪稱行書大家，出入『二王』和顔真卿，而加以不衫不履，遂自成家。代表作品《韭花帖》，疏朗娟秀，落落大方，格調高古。包世臣《藝舟雙楫》云：「書至唐季，非詭异即軟媚，軟媚如鄉願，詭异如素隱，非少師之險絶，無以挽其頽波。」楊凝式是連接唐代行書和宋代行書的關鍵人物，承上啓下，功不可没。

宋代是行書發展的又一高峰，人才輩出，星光璀璨。宋初的行書沿襲唐末五代而來，了無新意，李建中、周越、王著等人的行書法度嚴謹，然缺乏韵味，難以形成氣候，真正代表宋代行書的是宋四家：蘇軾、黄庭堅、米芾、蔡襄。

蘇軾（一〇三七—一一〇一），字子瞻，號東坡居士，四川眉山人，曾任翰林學士、侍讀學士、禮部尚書等職。蘇軾詩文書畫俱佳，其書法以行書見長，「二王」、顔真卿、李北海、楊凝式都是其師法的對象，入古出新，喜用偃筆，字形扁闊豐肥，如石壓蛤蟆，墨色濃，書風厚重而不失飛揚，所書《黄州寒食帖》，被譽爲「天下第三行書」。蘇軾作書强調「意趣」，曾云「我書造意本無法」，「自出新意，不踐古人」。蘇軾蔑視成法，倡導新意，是宋代「尚意」書法的領軍人物。

黄庭堅（一〇四五—一一〇五），字魯直，號山谷道人，江西修水人，開創了「江西詩派」，歷任校書郎、集賢校理等職。黄庭堅是蘇軾的學生，受老師的影響，其書法也獨標個性，曾説「隨人作計終後人，自成一家始逼真」，黄庭堅的行書取法顔真卿、楊凝式、蘇軾等人，加以改造，形成了自我面貌。《松風閣詩》爲其代表作品，中宫緊收，四緣發散，行筆曲折頓挫，氣魄宏大，雄放瑰奇。黄庭堅是宋代「尚意」書法的中堅力量，不踐古人，風格强烈，影響深遠。

米芾（一〇五一—一一〇八），初名黻，後改芾，字元章，祖籍太原，後遷襄陽。曾任校書郎、漣水軍使、太常博士、書畫博士、禮部員外郎等職。米芾臨池甚勤，廣收博取，出入晋唐，走的是一條集古出新的道路，融匯多家，自成一體，其行書用筆多變，八面出鋒，以刷字聞名，風檣陣馬，沉着痛快，結體奇絶，變化多端，格調蕭散簡遠。米芾留下了大量的行書墨迹如《蜀素帖》《苕溪詩帖》《張季明帖》等，風格多樣，變幻無窮。與蘇軾、黄庭堅一樣，米芾也追求新意，曾言：「意足我自足，放筆一戲空。」正是有了這種心態，米芾才能大膽獨造，風流獨步，直追晋人。

蔡襄（一〇一二—一〇六七），字君謨，福建仙游人，曾任龍圖閣直學士、樞密院直學士、翰林學士等職，出任福建路轉運使，知泉州、福州、開封和杭州府事。蔡襄諸體皆能，功底扎實，臨池勤奮，以行書最勝，師法「二王」，謹守法度，他的行書雍容華貴，體態妖嬈，點畫規矩，書風温雅，代表作品有《澄心堂紙帖》《脚氣帖》《扈從帖》《陶生帖》等帖。蔡襄的行書雖遠師魏晋，但法度多於意趣，個性不是很鮮明，雖躋身宋四家行列，但是成就不如其他三位。

宋四家代表了宋代行書的最高峰，他們不滿於現狀，不爲法度所約束，新意盎然，共同鑄就了宋代書法「尚意」的輝煌。宋四家之後的南宋雖然也有許多行書知名度較高的書家，如吴説、趙構、陸游、范成大、朱熹、張孝祥、張即之等人，他們或規模宋四家，或上溯唐代，雖功夫謹然，但没有形成突破性的進展。

宋代「尚意」書風一方面産生了蘇軾、米芾、黄庭堅等書法大家，另一方面過度强調「意」而輕視「法」。而元代主張回歸魏晋，復興古法。突出代表是趙孟頫。

趙孟頫（一二五四—一三二二），字子昂，號松雪道人，歷任集賢直學士、濟南路總管府事、翰林侍讀學士等職。趙孟頫是藝術全才，詩書畫印無不擅長，書法尤其出色。其行書宗法『二王』，出入晋唐，技法嫻熟，結體流美，柔潤婉約，風華俊麗，留下了《前後赤壁賦》《洛神賦》等行書名迹。趙孟頫力矯宋代尚意書風的流弊，以晋唐爲旨歸，追求韵味，以自己的實際行動來繼承『二王』的風流藴藉。何良俊《四友齋書論》云：『自右軍以後，唐人得其形似，而不得其神韵；米南宫得其神韵，而不得其形似。兼形似神韵而得之者，惟趙子昂一人而已。』趙孟頫的行書具有王羲之的風神，中和典雅，不激不厲，風規自遠，堪爲元代書法的盟主，影響之大，無人能及。錢良佑、俞和、虞集、王蒙、張雨、朱德潤等人皆是趙孟頫書法的追隨者，他們是元代書法的生力軍。

在元代能與趙孟頫相抗衡的書家着實很少，鄧文原、鮮于樞、康里巎巎在一定程度上能雁行趙孟頫。

鄧文原（一二五八—一三二八），字善之，四川綿陽人，一字匪石，人稱鄧巴西。他的行書摒弃宋人，而直接取法『二王』和李北海，又有趙孟頫的影子，温醇典雅，柔媚流麗。

鮮于樞（一二四六—一三〇二），字伯幾，一作伯機，號困學民，河南開封人。以善書爲世所重，其行書直追晋人，圓勁灑脱，雄放恣肆，與趙孟頫私交甚好，相互切磋，力求恢復晋唐古法，是元代古典主義書法的先導者和踐行者。

康里巎巎（一二九五—一三四五），字子山，號正齋、恕叟，回族人，曾任禮部尚書、奎章閣大學士等職。康里巎巎的行書上追魏晋古法，行筆速度快，灑脱俊逸，與趙孟頫的中和典雅不同，他的書法鋭利俊俏，奇絶姿媚，後人有『南趙北巎』之稱。

元代書法倡導復古，行書以晋唐古法爲最高目標，元代書法復古運動聲勢浩大，宋代書法的險峻洗滌殆盡，取而代之的是中和恬適，『二王』書風在元代獲得了重生，衹可惜元代書法的面目過於單一，不如宋代書法的衆星璀璨。

明代前期的行書主要受宋、元名家影響。宋璲、解縉、徐霖等人繼承多於創新，始終在宋元名家的陰影下，而中期的文徵明、祝允明、唐寅、王寵等人視野開闊，師法範圍上溯到晋唐，行書頗有改觀，王澍《虚舟題跋》説：『蓋非直有元一代皆被子昂籠罩，明時中葉以上猶未能擺脱，文氏父子仍不免在其彀中也。』王澍的論述大抵符合事實。明代中後期的行書獲得了很大的突破，意識形態領域勃興的思想解放運動，强調『本心』『童心』，這些都爲晚明『浪漫主義書風』的形成奠定了思想基礎。董其昌、王鐸、張瑞圖、黄道周、倪元璐、徐渭等人鋭意進取，將明代行書推向了高潮。

文徵明（一四七〇—一五五九），字徵明，號衡山居士，江蘇蘇州人，官至翰林待詔。其書廣泛涉獵諸家，趙孟頫、康里巎巎、蘇軾、黄庭堅、『二王』都曾學過，晚年專法晋唐。代表作《西苑詩册》，筆法精熟，寬展疏闊，温雅圓和，點畫蒼老，但是大小一致，失之拘謹。何良俊《四友齋書論》謂：『自趙集賢後，集書家之大成者衡山也。』文徵明的行書在明代有着很大的聲望，吴中地區多受其影響，他是吴門書派的領袖。

唐寅（一四七〇—一五二四），字伯虎，號六如居士、桃花庵主等，江蘇蘇州人。其書主要學習趙孟頫和蘇軾，略加己意，饒有韵味。《落花詩》出自其手，形態很像趙孟頫，衹是筆力稍弱。趙孟頫含蓄潤澤，而唐寅則發露婉轉，各有千秋。

祝允明（一四六一—一五二七），字希哲，自號枝山，世稱『祝京兆』，江蘇蘇州人。祝允明的書法師出黄庭堅、米芾、楊凝式等人，早年流麗婉轉，後來變得質樸古雅。他的行書能擺脱趙孟頫的柔媚，另辟蹊徑，實爲難得。王澍《虚舟題跋》説：『自趙吳興以來，二百餘年至此乃始一變。雖以文待詔之秀勁，猶循吳興故轍，未如祝京兆獨挺流俗，校然自名一家也。』

王寵（一四九四—一五三三），字履吉，號雅宜山人，江蘇蘇州人。王寵書法取法乎上，於『二王』用功甚多。代表作《書李白詩》，結體出自《閣帖》，筆法精煉，姿態横出，以拙取巧，婉麗遒逸。何良俊《四友齋書論》説：『衡山之後，書法當以王雅宜爲第一。』王寵是吴門書派的杰出人物，文徵明以法勝，而王寵以韵勝。

吴德旋《初月樓論書隨筆》云：『萬曆以前書家，如祝希哲、文徵仲之徒，皆是吴興入室弟子。』此説有一定的道理，但是明代中葉的行書不完全是趙孟頫的影子，他們在取法上有所拓展，書風上也能有自己的面目，這是一大進步。明代晚期的行書則在前人的基礎上翻新，新理异態，浪漫主義書風大肆盛行，這一時期的典型書家有徐渭、董其昌、王鐸、張瑞圖、黄道周、倪元璐。他們的書法或奇崛恣肆，或空靈韵秀，或燦熳狂逸，形成了多樣化風格。

徐渭（一五二一—一五九三），字文長，號青藤老人、青藤道士、天池生、天池山人等，浙江紹興人。徐渭的行書主要源自米芾和『二王』，用筆大膽果斷，摻雜側鋒和破鋒，有時垂筆還作虎尾節狀，結體善變，因失勢造型，跌宕奇險，章法上密而散，滿紙雲烟，點畫狼藉，有如亂石鋪街，攝人心魄。袁宏道形容其書法『八法之散聖，字林之俠客』。徐渭的行書是在傳統上的出新，以意作書，無常形，無定法，變化莫測，不可捉摸。

董其昌（一五五五—一六三六），字玄宰，號思白、香光居士，上海松江人，官至南京禮部尚書。董其昌的書法轉益多師，精研『二王』、顔真卿、楊凝式、米芾等人，取神捨形，融匯諸家，終成自我風貌。他的行書純任天真，任意揮灑，豐采姿神，飄飄欲仙。筆法圓勁秀逸，筆勢連綿，善用淡墨，清新恬淡。章法上頗有新意，字與字、行與行之間，分行布局，疏朗匀稱，空靈韵秀。董其昌集行書之大成，深得晋唐的神韵，渾然天成，出之自然。董其昌對晚明以後的書壇影響巨大，李瑞清《跋王孝禹藏宋拓醴泉銘》云：『國朝書家無不學董。』董其昌是繼趙孟頫之後的又一行書大家，影響力極大。

張瑞圖（一五七〇—一六四四），字長公，號二水、果亭山人、芥子居士、白毫庵主等，福建晋江人。官至武英殿大學士、左柱史部尚書等職。他的行書規模前賢，而又自成一格，大量運用側鋒翻折筆畫，以方峻硬峭取勝，結體拙野狂怪，奇崛縱横，章法上字距緊密，行距疏朗，氣勢凌厲，大開大合，構成强烈的視覺衝擊力，時人贊爲『奇恣如生龍動蛇，無點塵氣』。張瑞圖的書法一改過往中和的書風，變爲奇逸，以方折代替圓轉，造型險怪，不拘常法，獨樹一幟。

黄道周（一五八五—一六四六），字幼玄，號石齋，福建漳州人，曾任吏部尚書、武英殿大學士。黄道周的行書以『二王』爲宗，兼收并蓄，參以己意，形成了遒勁雄暢、奇肆跌宕的書風。筆法方圓并用，中側兼施，多用轉折。結體欹側扁平，布局緊凑，壓縮字距，誇張行距，氣勢連綿，造成黑白空間的强烈對比。黃道周的行書與時人拉開了很大的距離，離奇超妙，深得「二王」神髓。

王鐸（一五九二—一六五二），字覺斯，號十樵，又號痴庵、痴仙道人，別署烟潭漁叟，河南孟津人，官至禮部尚書。王鐸的行書得力於鍾繇、王獻之、顔真卿、米芾諸人，尤其傾心於《閣帖》。王鐸大量臨摹古帖，熟練掌握了各家的路數，鍛造了扎實的基本功，博采衆長，將古帖的養分吸收到自己的筆下。王鐸的行書用筆渾厚，綫條厚實，結體欹側，常用漲墨法，形成墨團，極富視覺效果，章法上中軸綫擺動大，相互參差挪讓，融爲一體。王鐸創立了魄力雄强，擲騰跳躍的風格，矯正趙孟頫、董其昌的末流之失，堪爲明季書壇「中興之主」。

倪元璐（一五九三—一六四四），字汝玉，一作玉汝，號鴻寶，浙江上虞人，官至户部尚書和禮部尚書。倪元璐的行書出自於王羲之、顔真卿和蘇軾，用筆鋒棱四露，時參飛白筆法，筋骨内含，墨色枯潤相間，結字奇險多變，章法上行距大於字距，開闊疏朗。他有「三奇」和「三足」之譽，「筆奇、字奇、格奇」，「勢足、意足、韵足」。倪元璐、王鐸、黃道周爲同年進士，三人皆善書，馬宗霍說：「黃石齋之偉岸，倪鴻寶之蕭逸，王覺斯之騰擲，明之後勁，終當屬此數公。」

明代行書的高度定格在晚明，個性鮮明，書風或激蕩或娟秀，且出現了很多大尺幅作品，視覺感極强。明代以前的行書大多是小字，而晚明高堂大柱，滋生了大字行書，神完而氣足。或是嘗試將篆隸結字融入行草筆法，注疏尋古。

康有爲《廣藝舟雙楫》云：「國朝書法凡有四變：康、雍之世，專仿香光；乾隆之代，競講子昂；率更貴盛於嘉、道之間；北碑萌芽於咸、同之際。」康有爲論述了清代書法發展的特點，基本上與事實相符。就行書而言，清初的書法繼承了明末浪漫主義書風，傅山崇尚奇古，其書燦熳恣肆，奇崛恣肆，極大地抒發了内心的情感。朱耷以篆書筆法入行書，造型奇特，稚拙古雅。康熙、雍正時期流行董其昌的書法，查士標、張照等人是主流，書風偏向柔媚。乾隆、嘉慶時期趙孟頫深受歡迎，劉墉、王文治等人的行書別具一格，新意迭出。道光、咸豐、光緒、宣統時期碑學融入行書中，何紹基、趙之謙、康有爲等人引碑入帖，力創出厚重而不失流暢的行書新面目。

傅山（一六〇七—一六八四），字青主，別名真山、濁翁、石人等，山西太原人。傅山的書法取法董其昌、趙孟頫、顔真卿和「二王」諸家，在創作理念上提倡「四寧四毋」。他說：「寧拙毋巧，寧醜毋媚，寧支離毋輕滑，寧真率毋安排。」在書寫實踐中，傅山也是貫徹此理念的，他的行書用筆喜歡連綿纏繞，綫條圓熟，結體險絶，愛用生僻字，章法上字組關係明顯，疏密合宜。傅山的書法任其自然，不雕琢做作，以拙取勝，拙中藏巧。

朱耷（一六二六—約一七〇五），字雪个，號八大山人，江西南昌人。朱耷的書法受董其昌和「二王」的影響較大，但能入古出新。他的行書圓融通透，不食人間烟火，以篆書筆意入行書，造型奇特，空間對比强烈，大疏大密，左右上下之間常常錯位，字形稚拙，古意盎然。

張照（一六九一—一七四五），字得天，號涇南，江蘇婁縣人。

張照書法初從董其昌入手，後出入顏真卿和米芾，卓然成家。他的行書含蘊蒼秀，天骨開張，氣魄渾厚。乾隆稱其『復有董之整，而無董之弱』。

劉墉（一七一九—一八〇四），字崇如，號石庵，山東諸城人，官至體仁閣大學士。劉墉的書法築基於趙孟頫，旁及董其昌和蘇軾，不受古人牢籠，超然獨出。他的行書肉多骨少，點畫渾厚，字形略扁，勁氣內斂，喜用濃墨，時稱『濃墨宰相』，康有爲稱其爲『集帖學之大成』。

王文治（一七三〇—一八〇二），字禹卿，號夢樓，江蘇丹徒人。王文治的書法近取董其昌，遠師『二王』，效法《蘭亭叙》和《聖教序》。他的行書得『二王』平淡之趣，秀韵天成，以豐姿勝，但過於姿媚，喜用淡墨，號稱『淡墨探花』。

何紹基（一七九九—一八七三），字子貞，號東洲、蝯叟，湖南道縣人。何紹基的書法多着力於顏真卿，又借鑒歐陽詢和『二王』。他的行書頗具特色，執筆用回腕法，參以篆隸筆意，多用逆筆，時有顫筆，豐腴圓渾，結體寬博，駿發雄强，縱横欹斜，出乎繩墨之外。

趙之謙（一八二九—一八八四），字撝叔，號冷君、悲庵、梅庵等，浙江紹興人。趙之謙的書法雖以魏碑著稱，但是其行書也氣度不凡，師法顏真卿，後以魏碑入行書，用筆沉雄厚實，豐滿圓潤，字形方扁，充滿了金石氣。趙之謙將魏碑和行書相結合，獨創出碑體行書，頗具創見。

康有爲（一八五八—一九二七），字廣厦，號長素，廣東南海人，康有爲在書學上尊碑抑帖，大肆鼓吹碑學，崇尚陽剛雄渾之美。他的行書師法米芾、顏真卿和『二王』，以碑學的筆法入行書，點畫厚實飽滿，魄力雄强，氣勢開張，開行書的新境界。

清代的行書發展多元化，既有在傳統帖學上的出新，傅山、朱耷、劉墉、王文治是代表；又有融碑入帖，以碑學的厚重來糾正帖學的柔媚，實開行書新路徑，何紹基、趙之謙、康有爲是代表。總之，清代的行書復雜多樣，書風多元，成就斐然。

晋代尚韵，唐代尚法，宋代尚意，明代尚態，清代尚樸，當代應該尚融。

整個行書的起源與發展是與實用、美觀、寄情緊密相聯的。古人的書信、筆記、記事、交流，幾乎均是用行書。而名留青史的名碑名帖，尤其是墨迹，大都是行書。那些『風流倜儻』『江左風華』『玉樹臨風』『不激不厲』等形容古代文人『字如其人』的詞句，總是和行書連在一起。行書是中國書法史上延續最長的書體，至今仍是我們生活中接觸、使用最多的書體，當然，也是學習書法最直接、最便利的途徑。

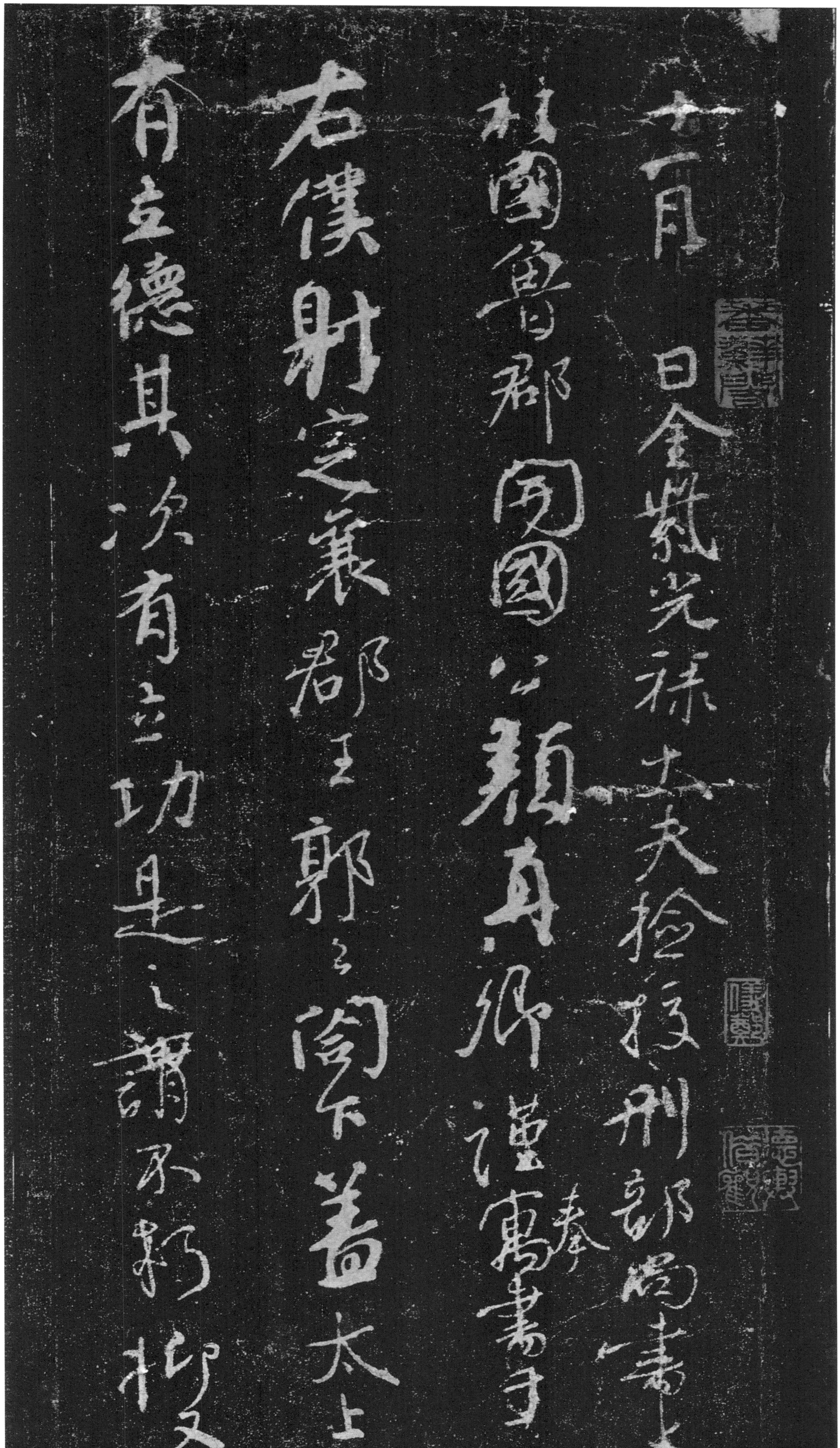

十一月日金紫光禄大夫檢校刑部尚書上 柱國魯郡開國公顏真卿謹奉寓書于 右僕射定襄郡王郭公閣下盖太上 有立德其次有立功是之謂不朽抑又

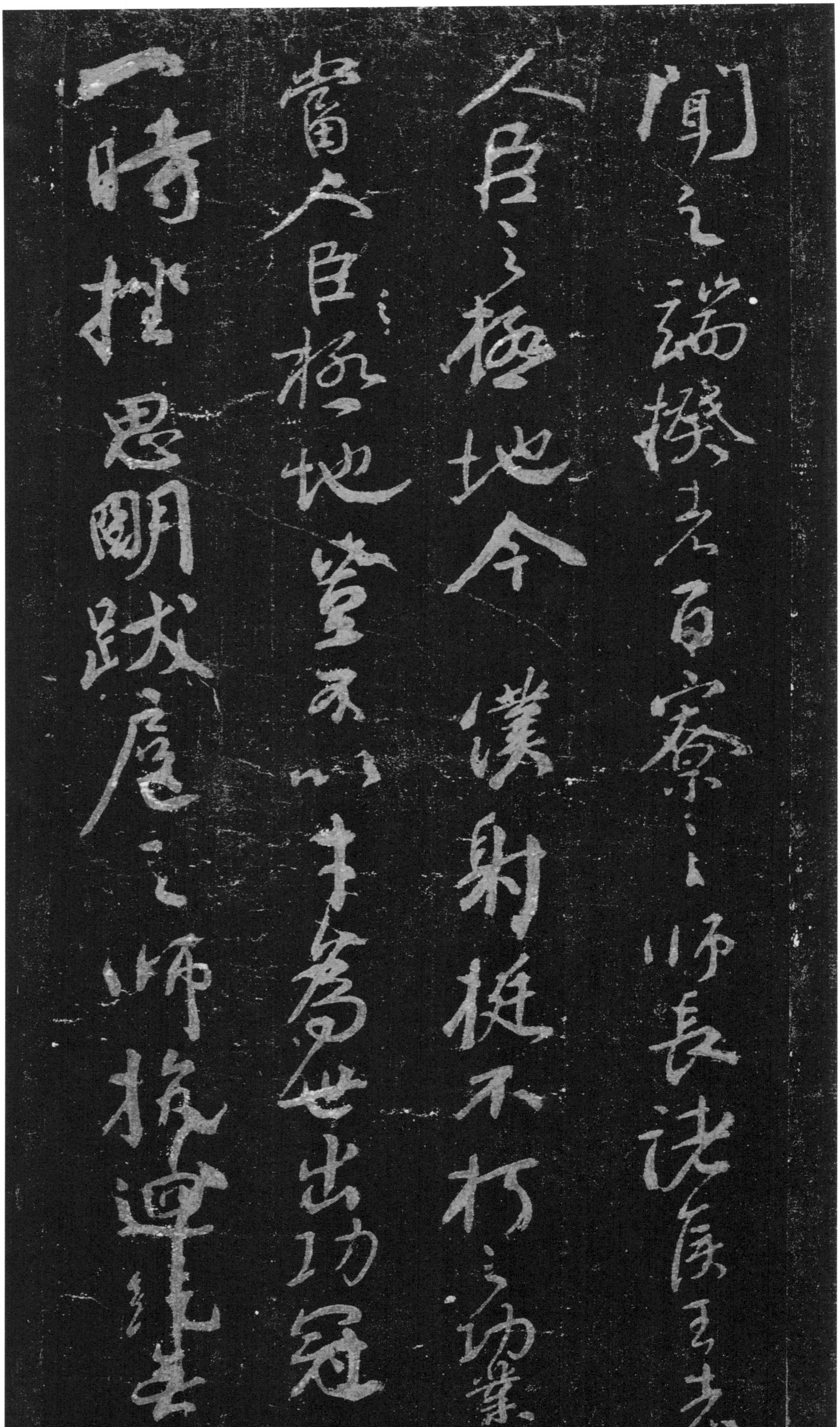

聞之端揆者百寮之師長諸侯王者　人臣之極地今僕射挺不朽之功業　當人臣之極地豈不以才為世出功冠　一時挫思明跋扈之師抗迴紇無

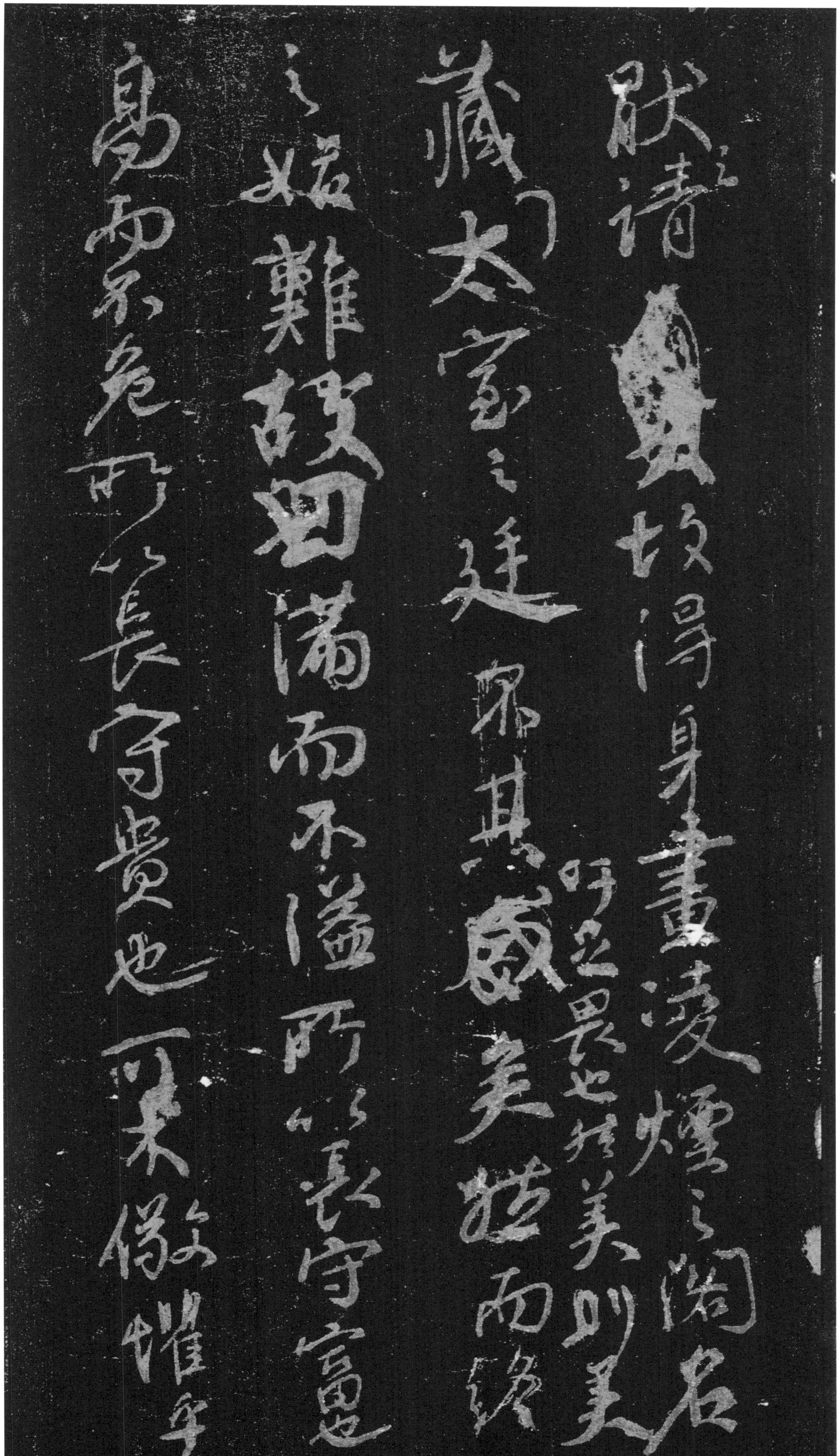

猷之請故得身畫凌煙之閣名　藏太室之廷吁足畏也然美則美矣然而終　之始難故曰滿而不溢所以長守富也　高而不危所以長守貴也可不儆懼乎

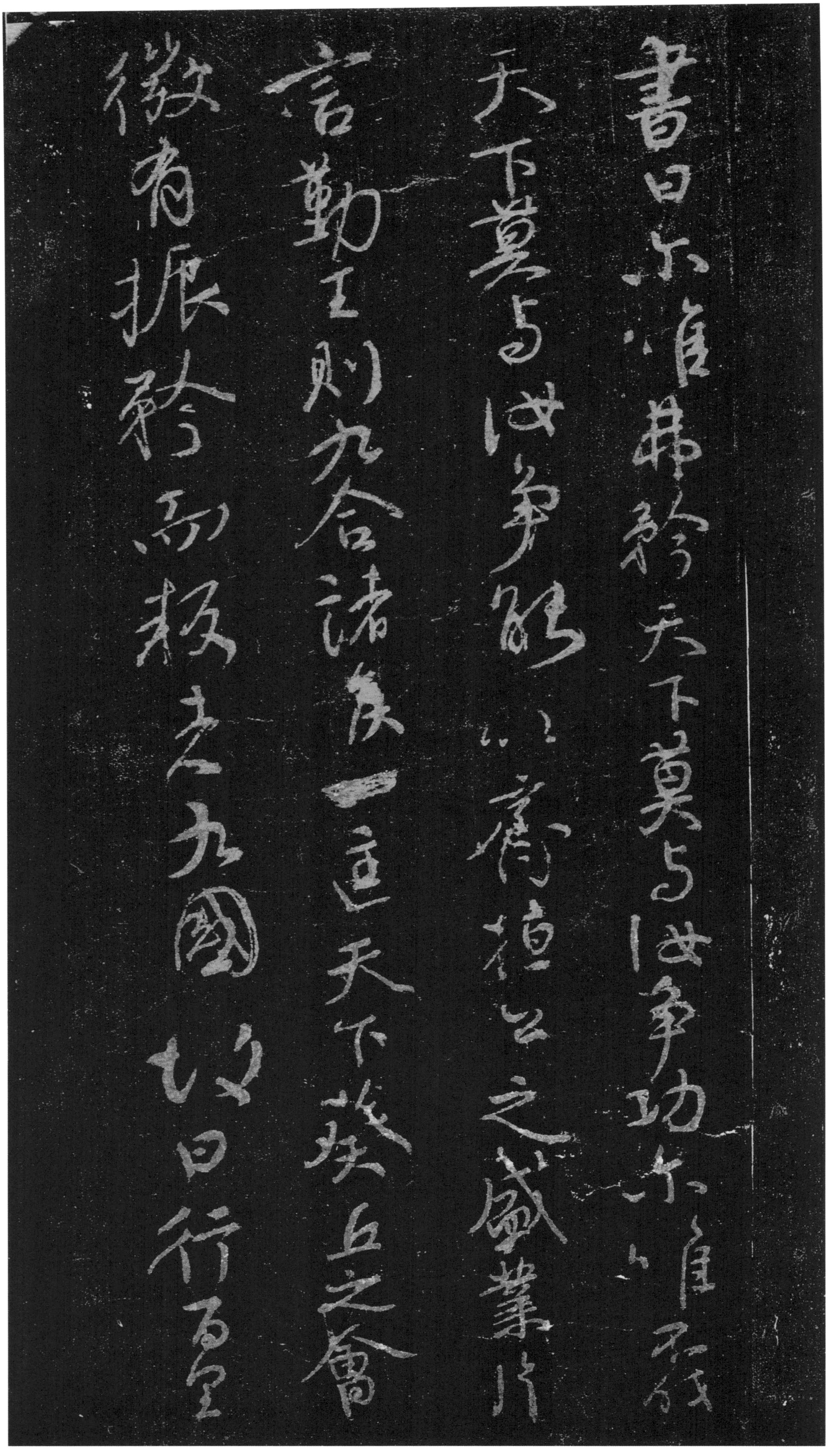

書曰尔唯弗矜天下莫与汝争功尔唯不伐　天下莫与汝争能以齊桓公之盛業片　言勤王則九合諸侯一匡天下葵丘之會　微有振矜而叛者九國故曰行百里

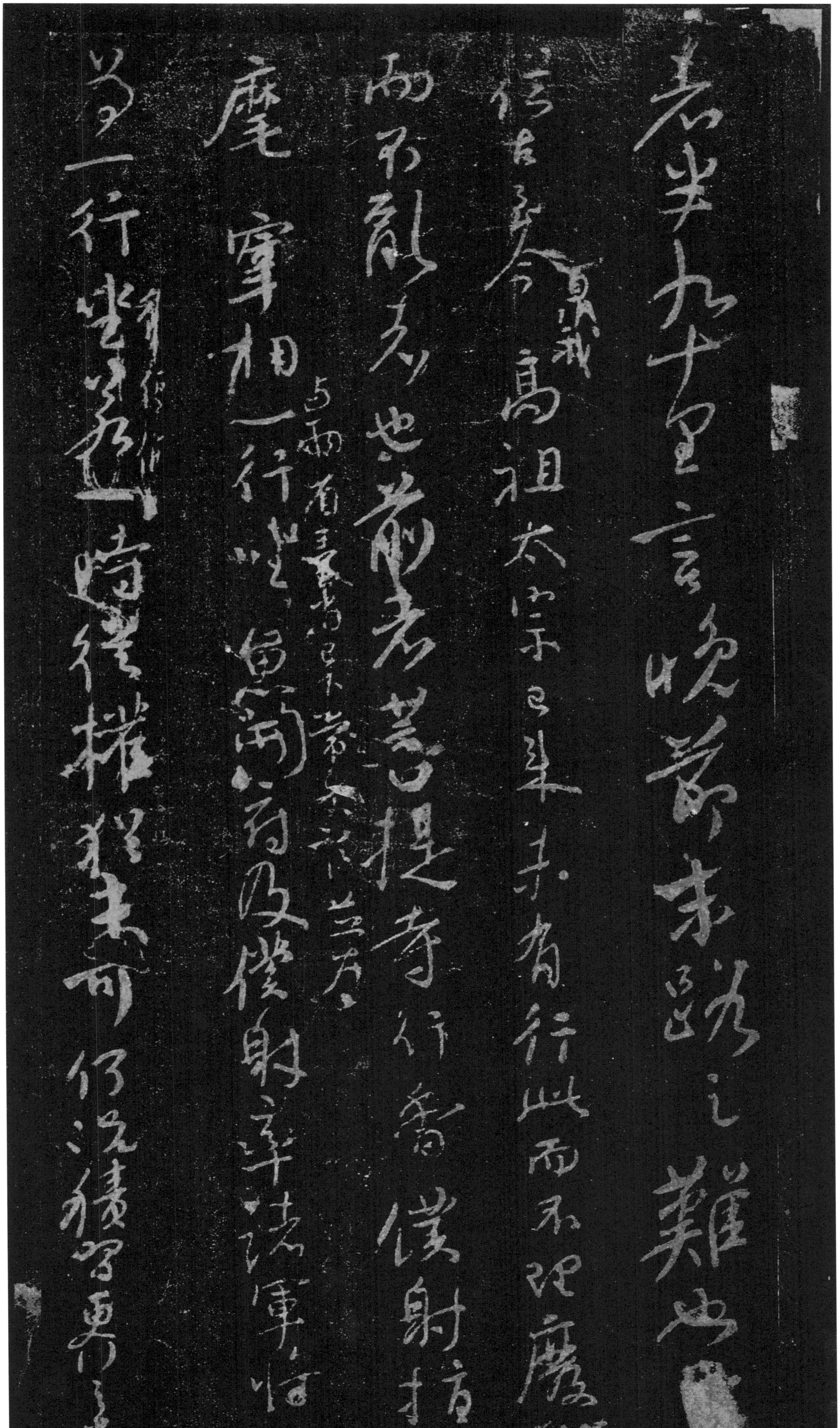

者半九十里言晚節末路之難也　從古至今□我高祖太宗已來未有行此而不理廢此　而不亂者也前者菩提寺行香僕射指　麾宰相与兩省臺省已下常參官並為一行坐魚開府及僕射率諸軍將　為一行坐若一
時從權猶未可何況積習更行之乎

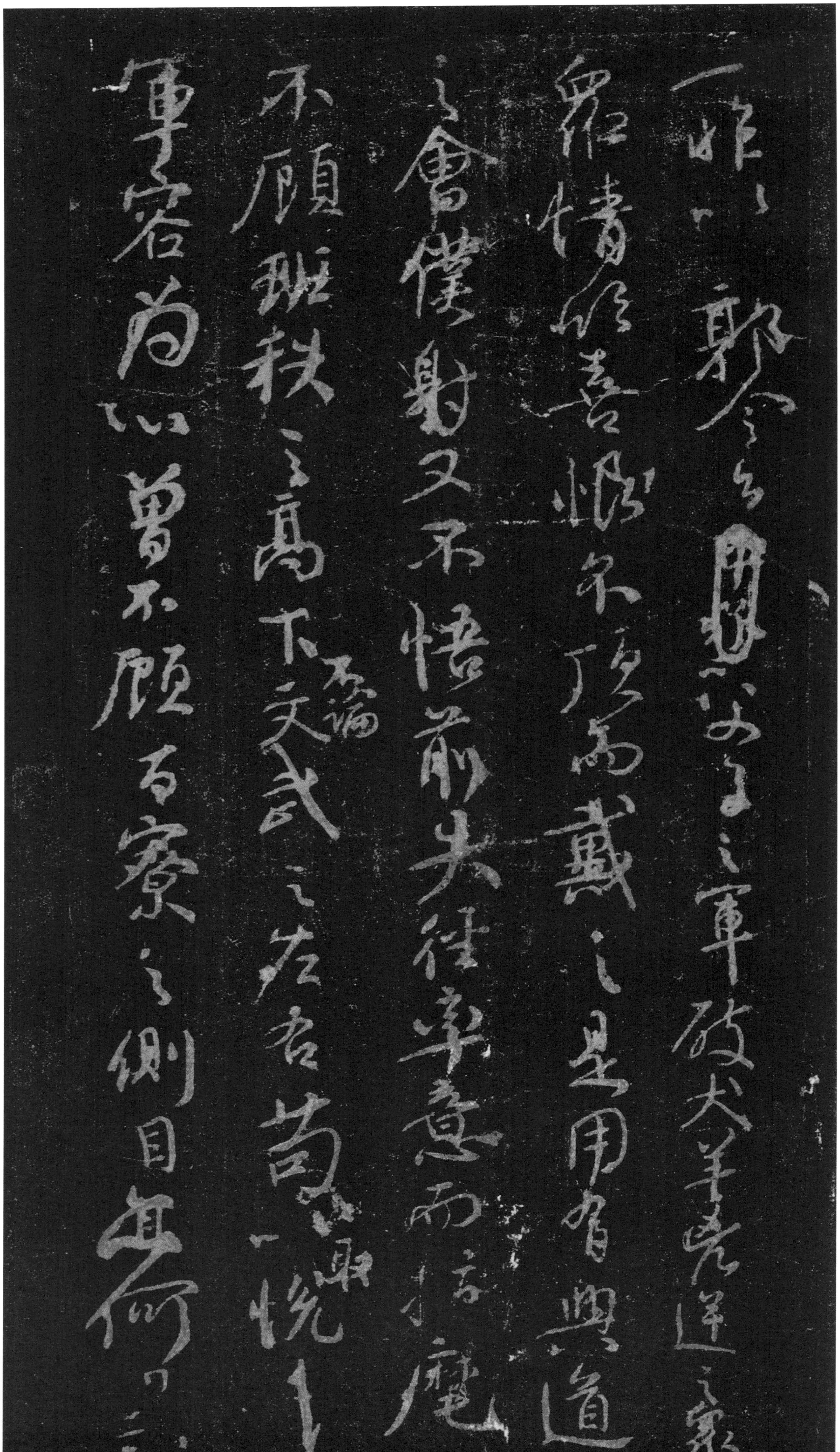

一昨以郭令公父子之軍破犬羊兇逆之衆
衆情欣喜恨不頂而戴之是用有興道
之會僕射又不悟前失徑率意而指麾
不顧班秩之高下不論文武之左右苟以取悦
軍容為心曾不顧百寮之側目亦何異

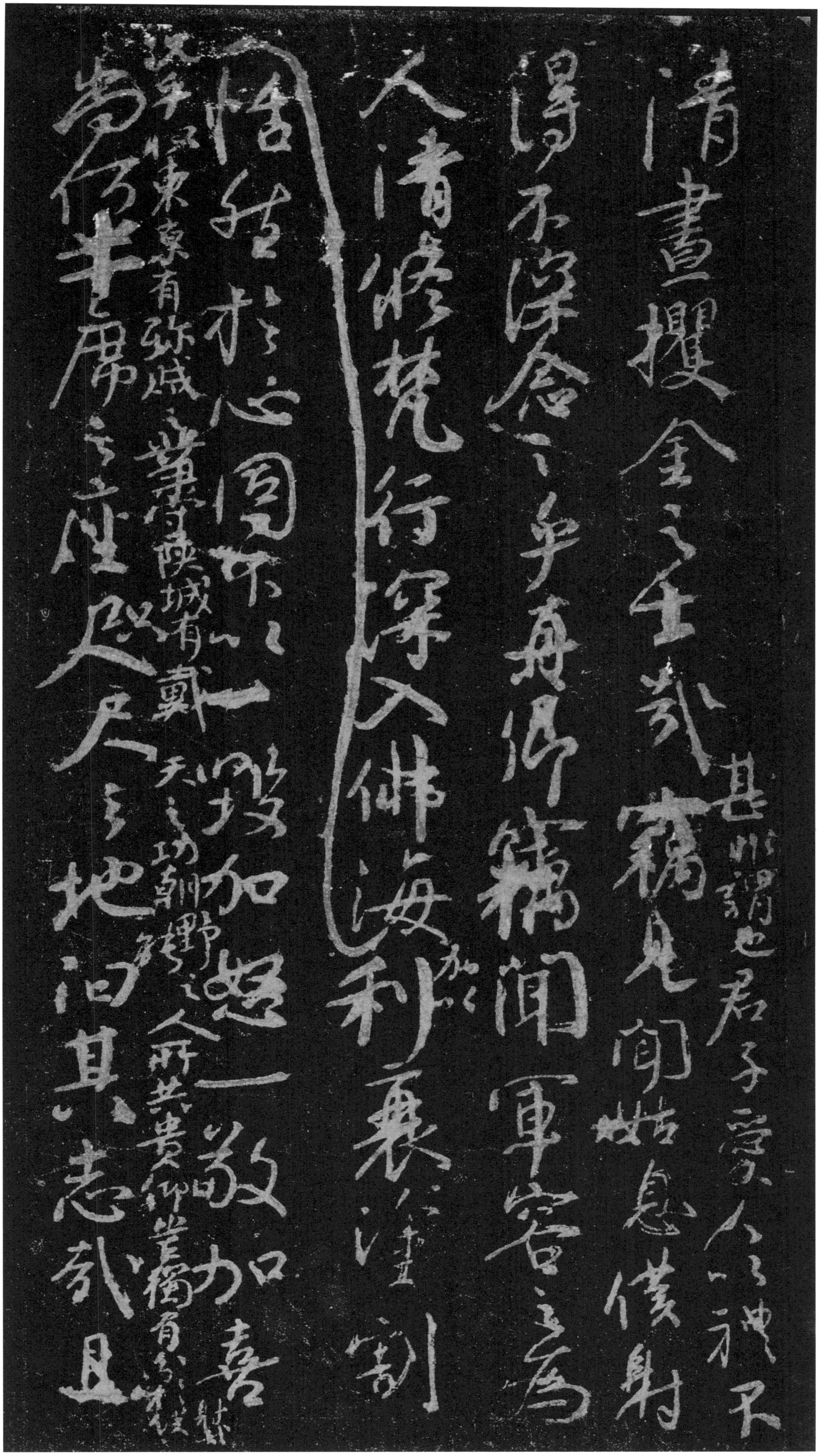

清書攫金之士哉甚非謂也君子愛人以禮不竊見聞姑息僕射　得不深念之乎真卿竊聞軍容之為　人清修梵行深入佛海况乎收東京有弥賊之業守陝城有戴天之功朝野之人所共貴仰豈獨有分於僕射哉加以利衰塗割　恬然於心固不以一毀加怒一敬加喜　尚何半席之座咫尺之地能汩其志哉且

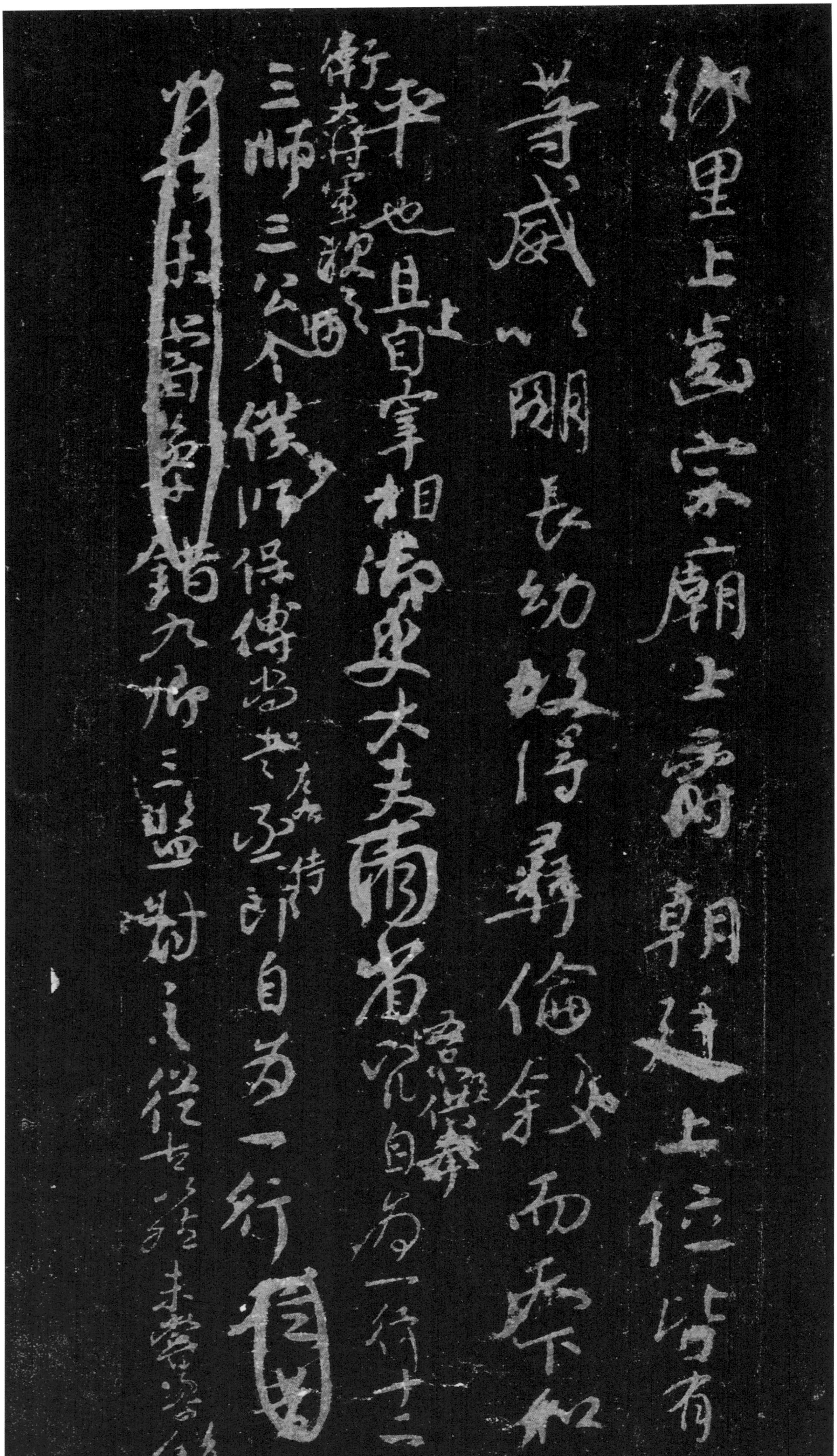

鄉里上齒宗廟上爵朝廷上位皆有　等威以明長幼故得彝倫叙而天下和　平也且上自宰相御史大夫兩省五品以上供奉官自為一行十二　衛大將軍次之三師三公令僕少師保傅尚書左右丞侍郎自為一行　九卿三監對之從古以然未嘗參錯

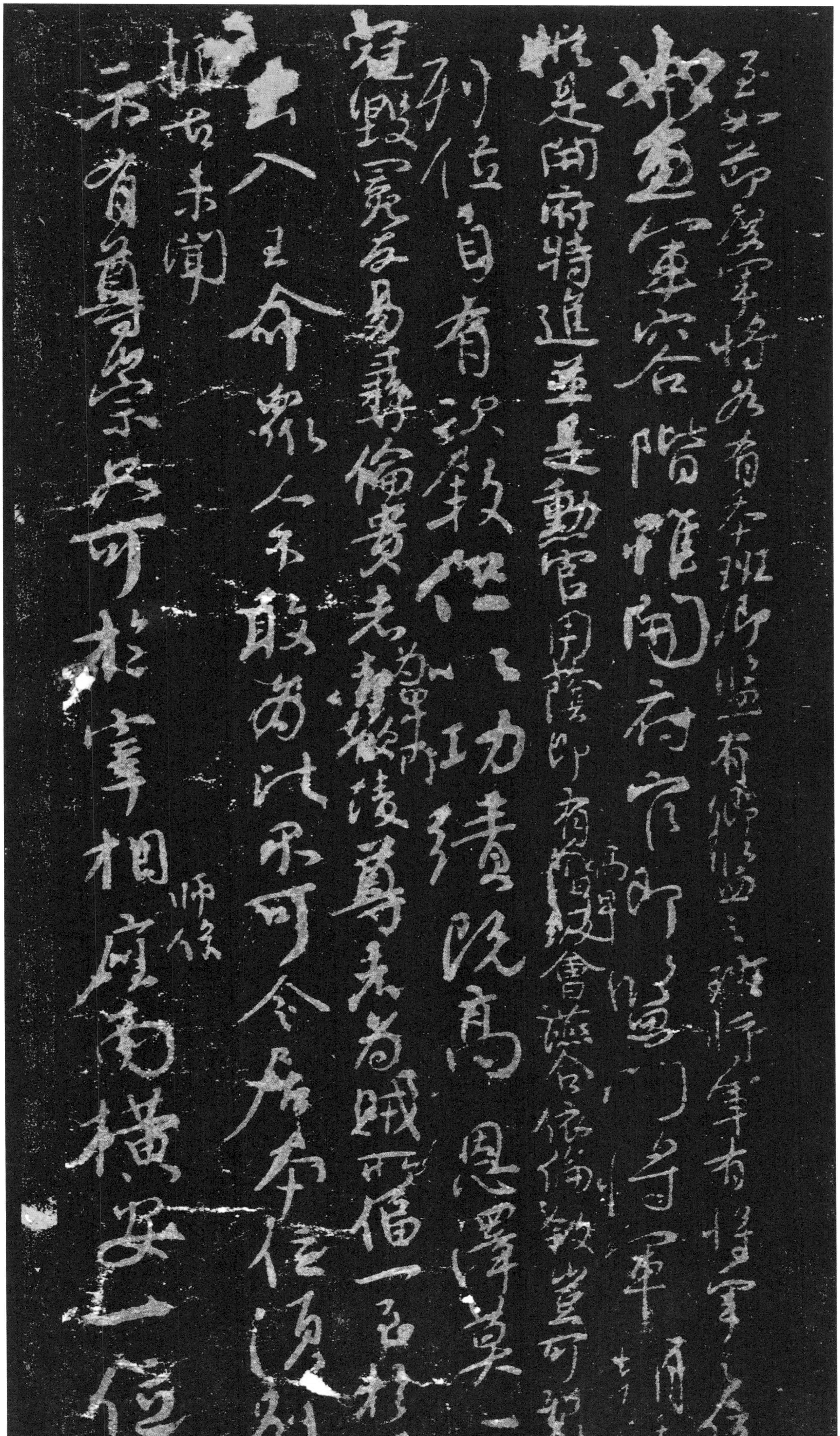

至如節度軍將各有本班卿監有卿監之班將軍有將軍之位　如魚軍容階雖開府官即監門將軍朝廷　縱是開府特進並是勳官用蔭即有高卑會讌合依論敘豈可裂　列位自有次叙但以功績既高恩澤莫二　冠毀冕反易彝倫貴者為卑所凌尊者為賊所偪一至於此　振古未聞出入王命衆人不敢為此不可令居本位須別　示有尊崇只可於宰相師保座南横安一位

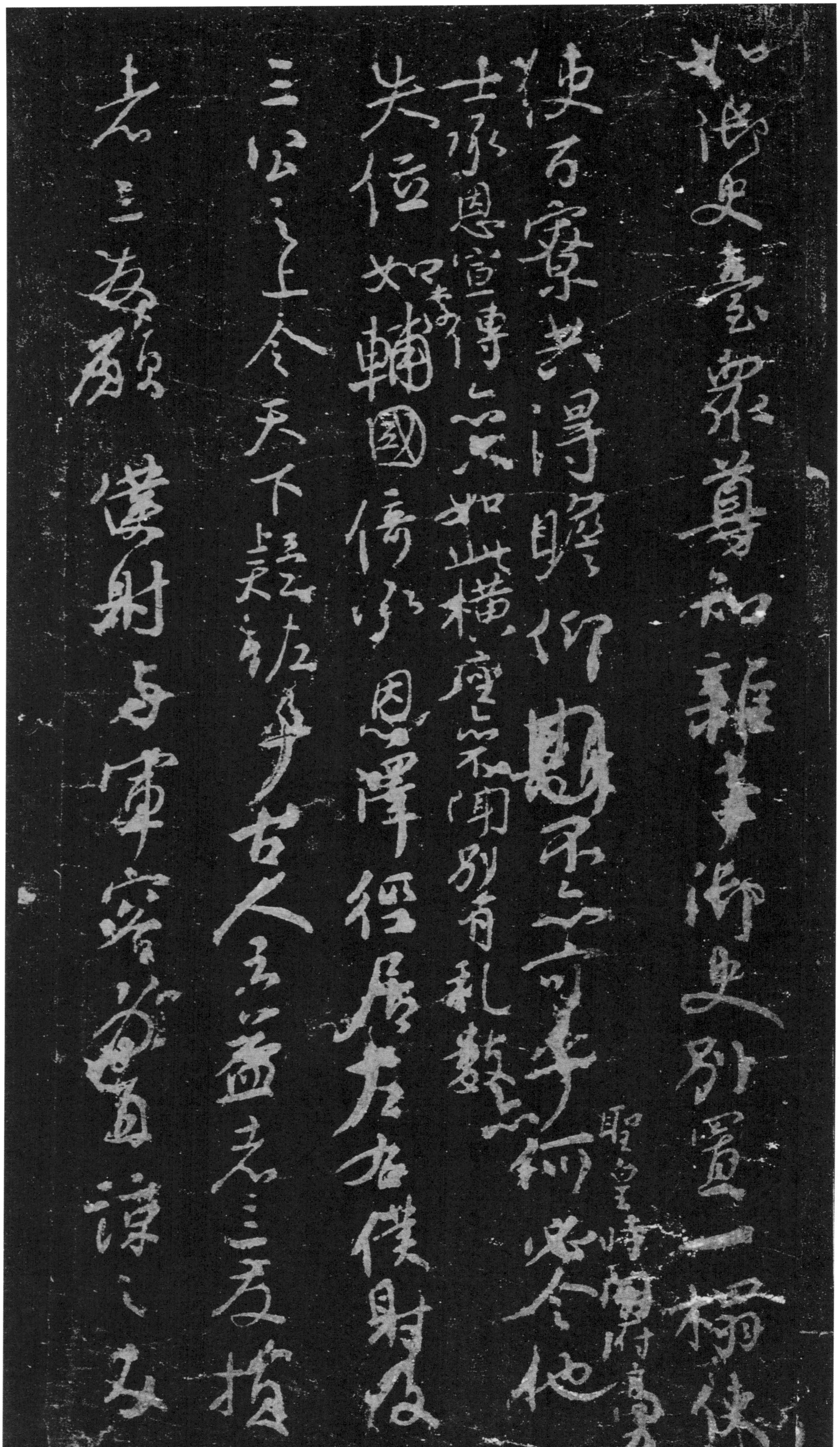

如御史臺衆尊知雜事御史別置一榻使　使百寮共得瞻仰不亦可乎聖皇時開府高力　士承恩宣傳亦只如此横座亦不聞別有禮數亦何必令他　失位如李輔國倚承恩澤徑居左右僕射及　三公之上令天下疑恠

乎古人云益者三友損　者三友願僕射与軍容為直諒之友

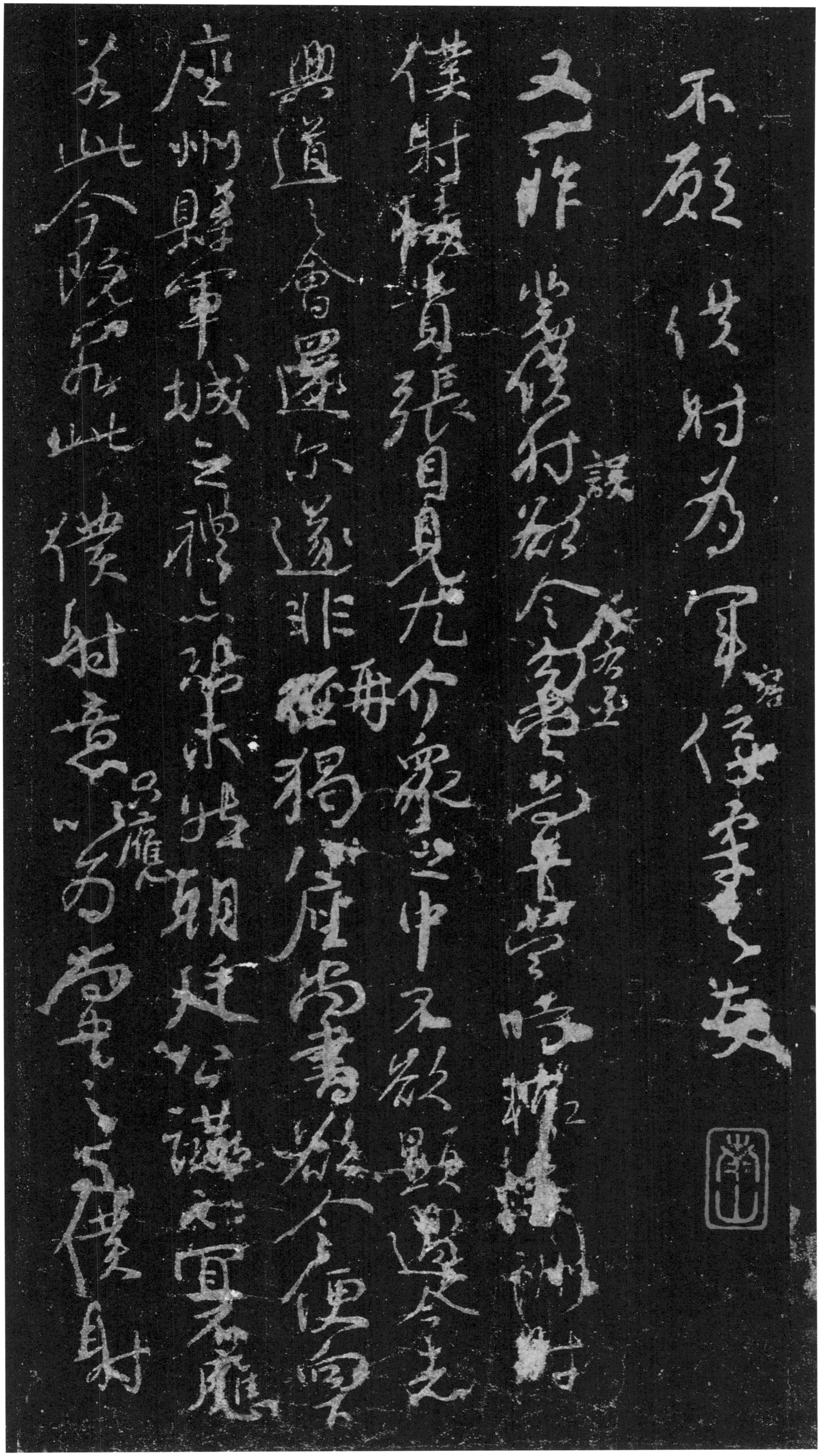

不願僕射為軍容佞柔之友　又一昨裴僕射誤欲令左丞勾當尚書當時輒[有]訓對　僕射恃貴張目見尤介衆之中不欲顯過今者　興道之會還尔遂非再獨八座尚書欲令便向下　座州縣軍城之禮亦恐未然朝廷

公議之宜不應　若此今既若此僕射意只應以為尚書之与僕射

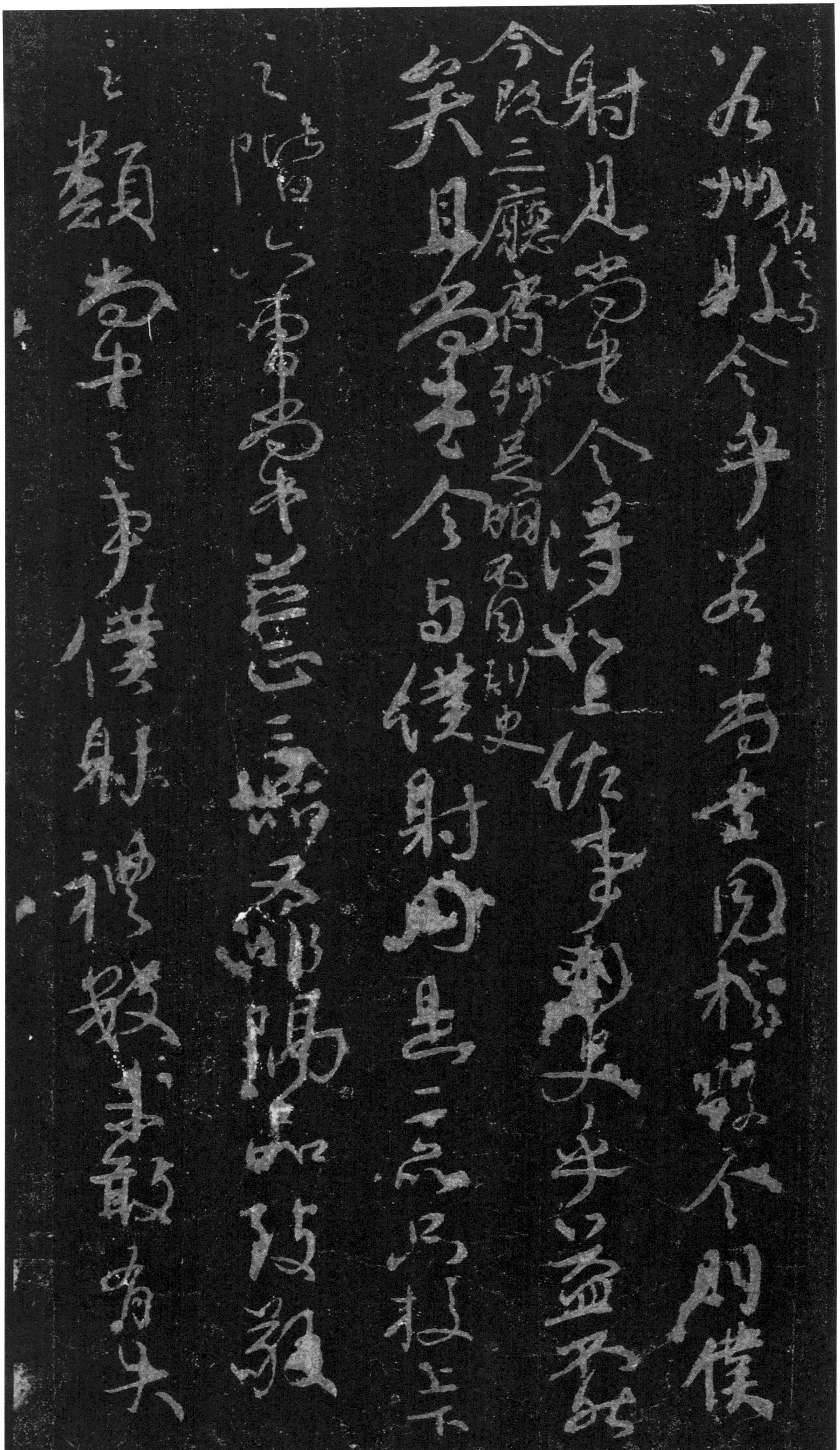

若州佐之与縣令平若以尚書同於縣令則僕 射見尚書令得如上佐事剌史平益不然 矣今既三廳齊列足明不同剌史且尚書令与僕射同是二品只校上下 之階六曹尚書並正三品又非隔品致敬 之類尚書之事僕射禮數未敢有失

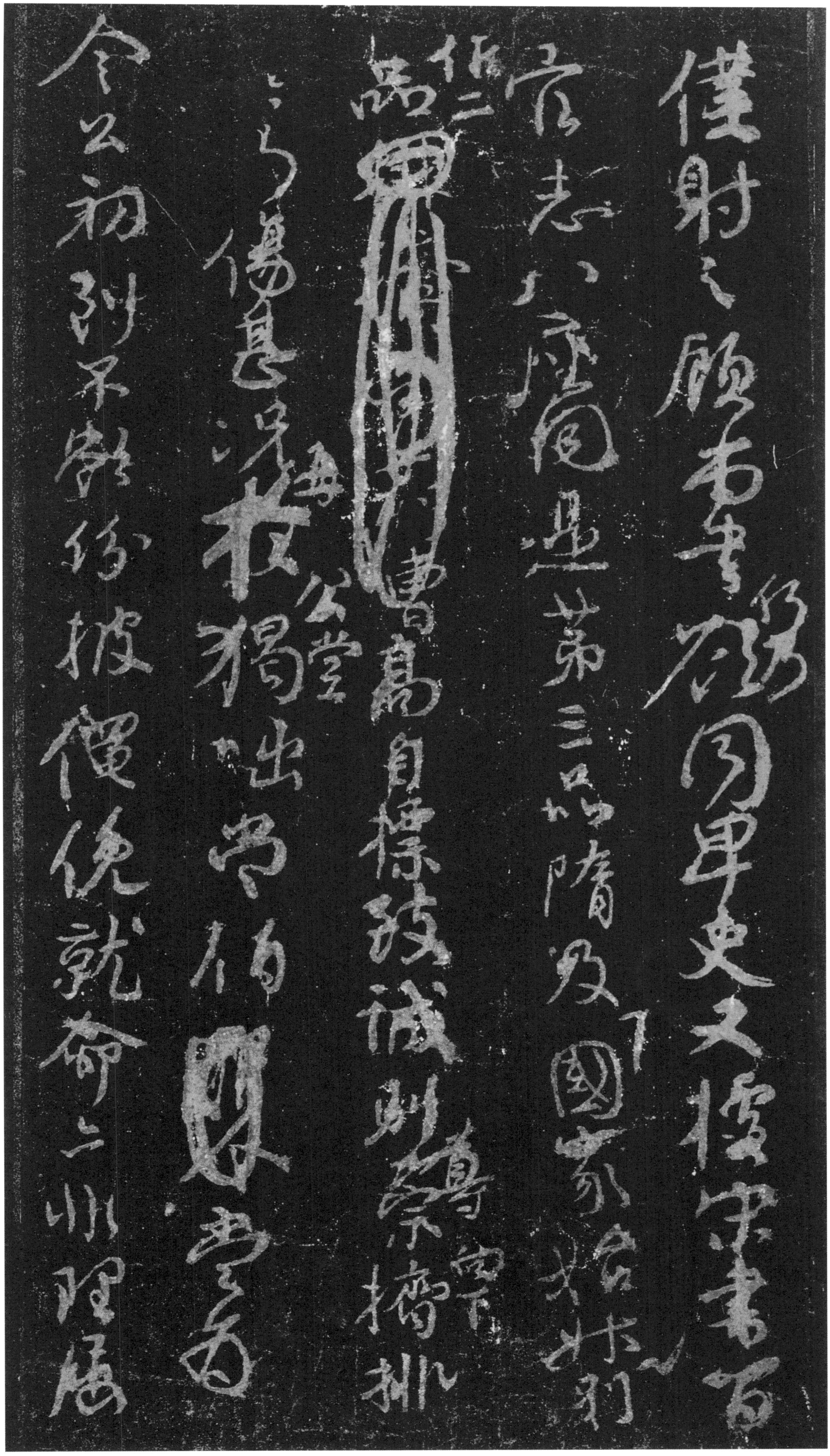

僕射之顧尚書何乃欲同卑吏又據宋書百
官志八座同是第三品隋及國家始升別
作二品高自標致誠則尊崇向下擠排
□乃傷甚況再於公堂獨咄常伯當為
令公初到不欲紛披僶俛就命亦非理屈

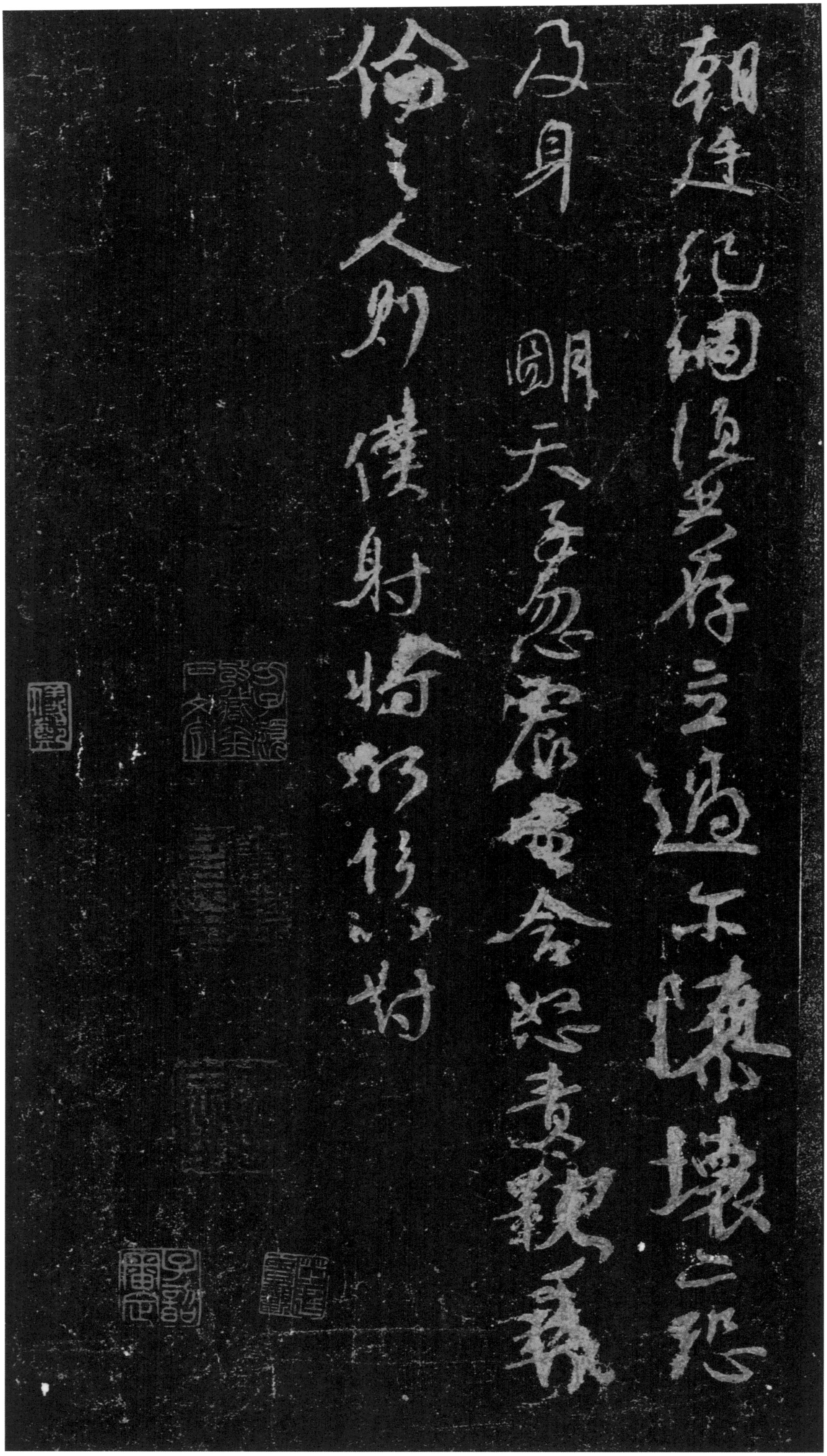

朝廷紀綱須共存立過尔隳壞亦恐　及身明天子忽震電含怒責戮彝　倫之人則僕射將何辭以對

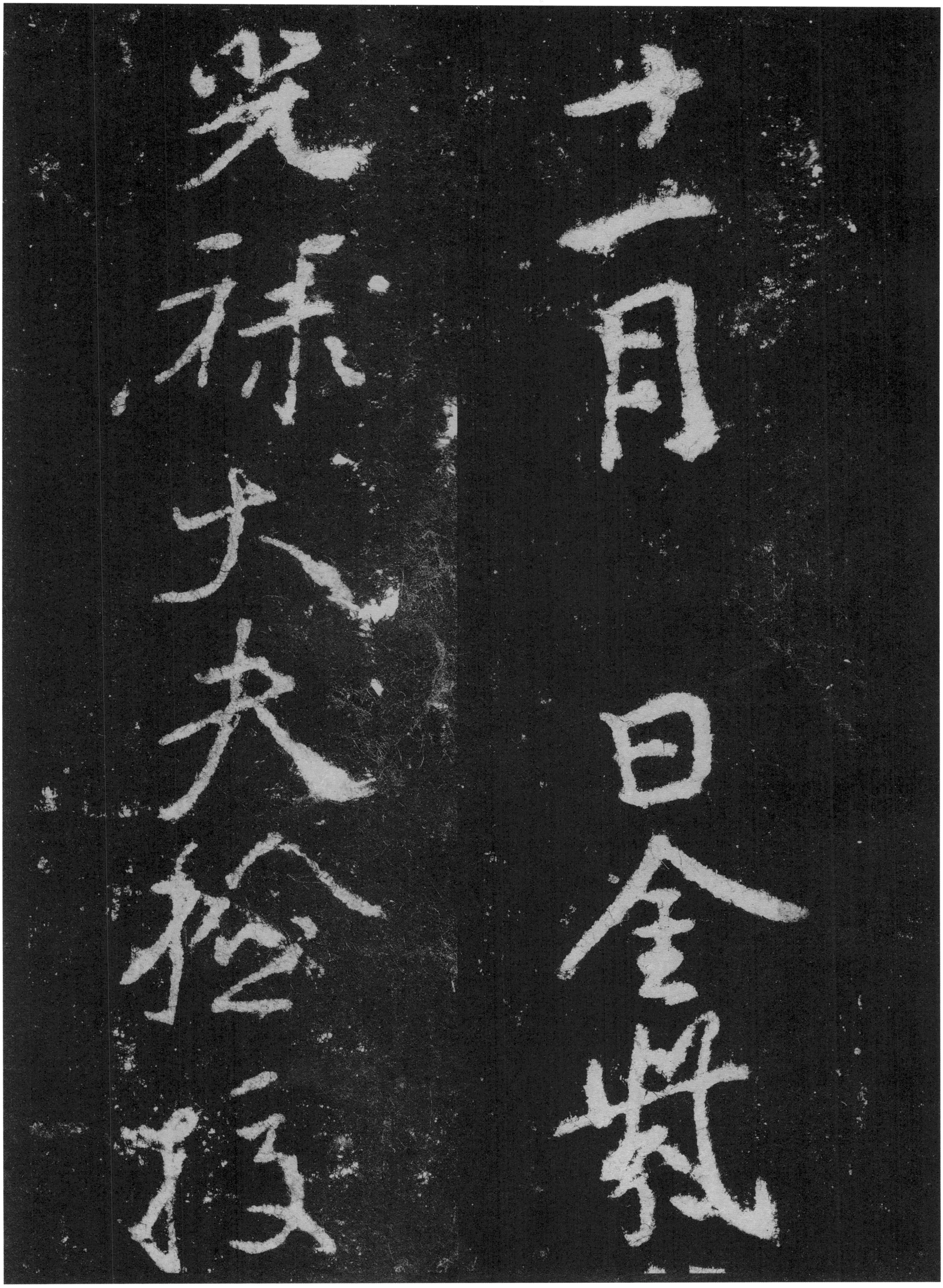
十一月 日金紫
光禄大夫检校

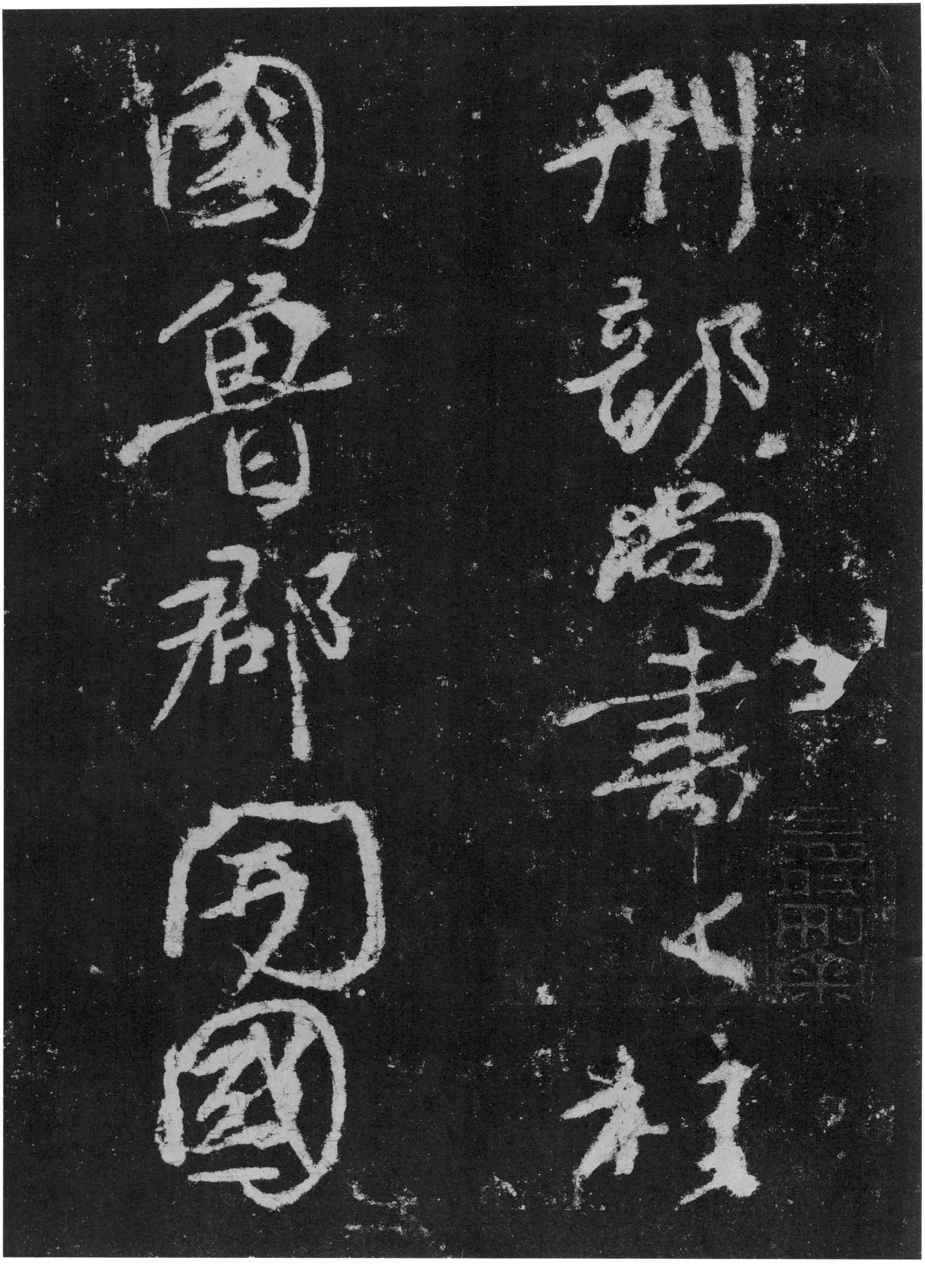
刑部尚書上柱
國魯郡開國

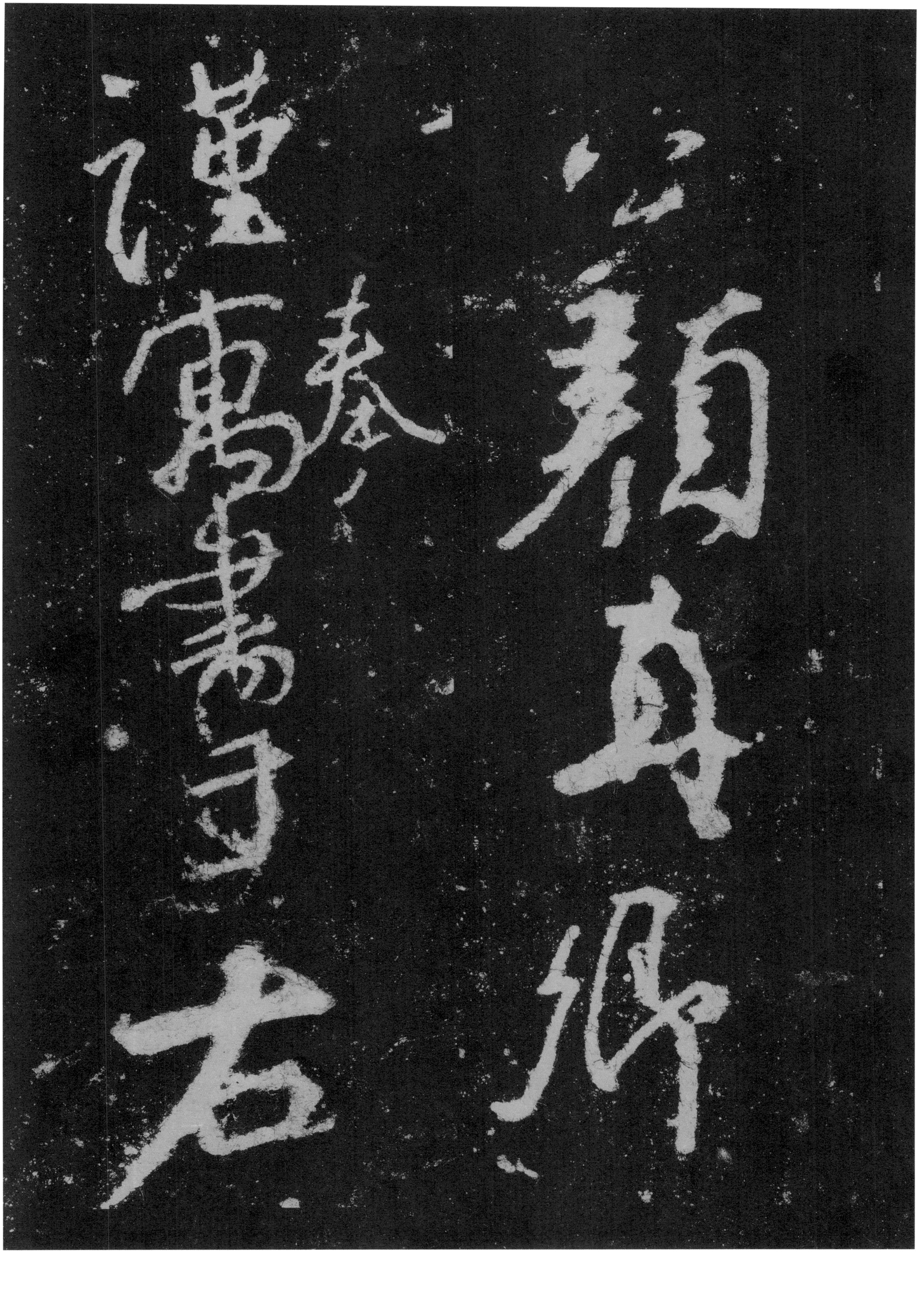
公颜真卿
谨寓书于右
奏

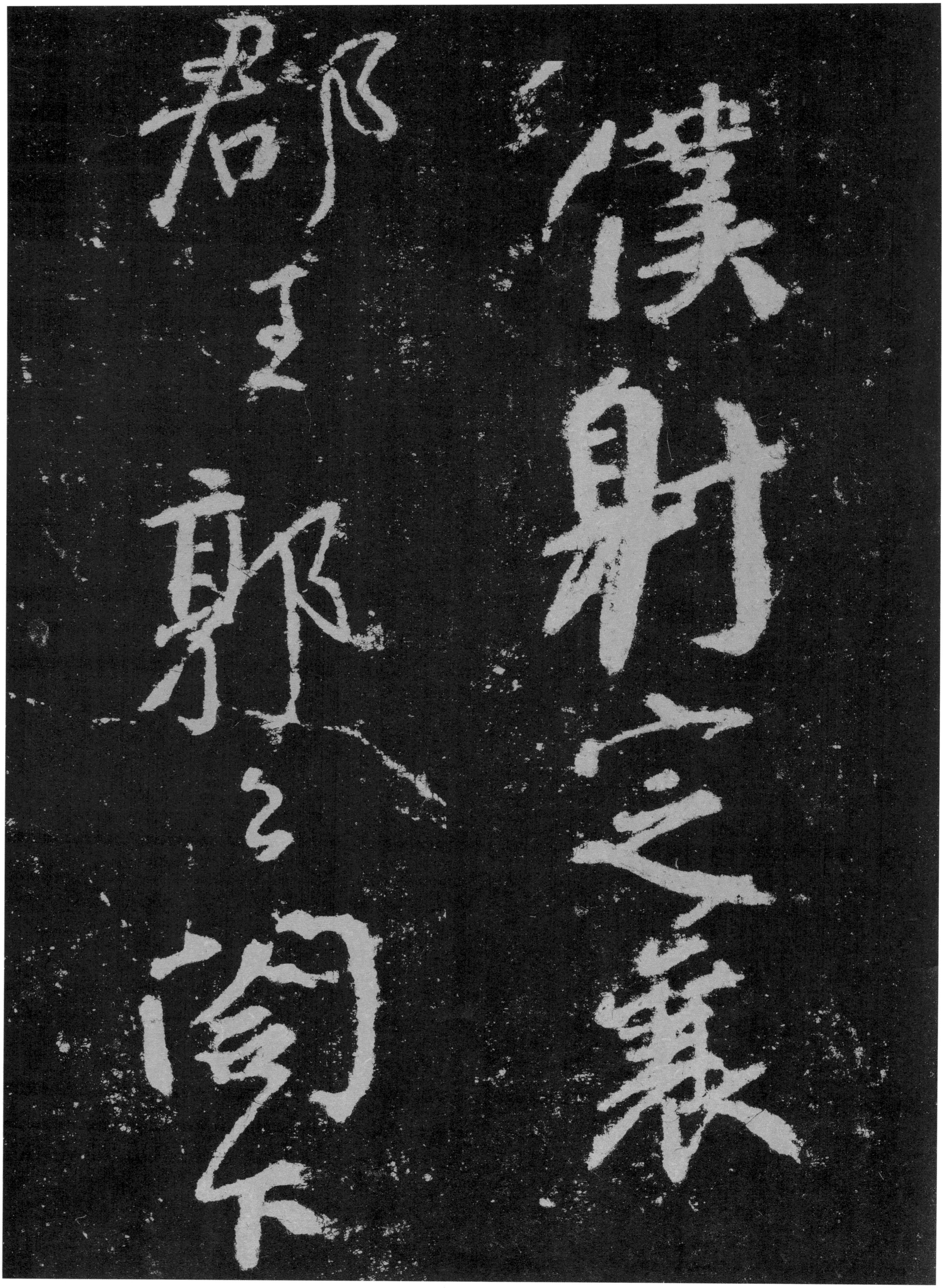
僕射之
郡王郭

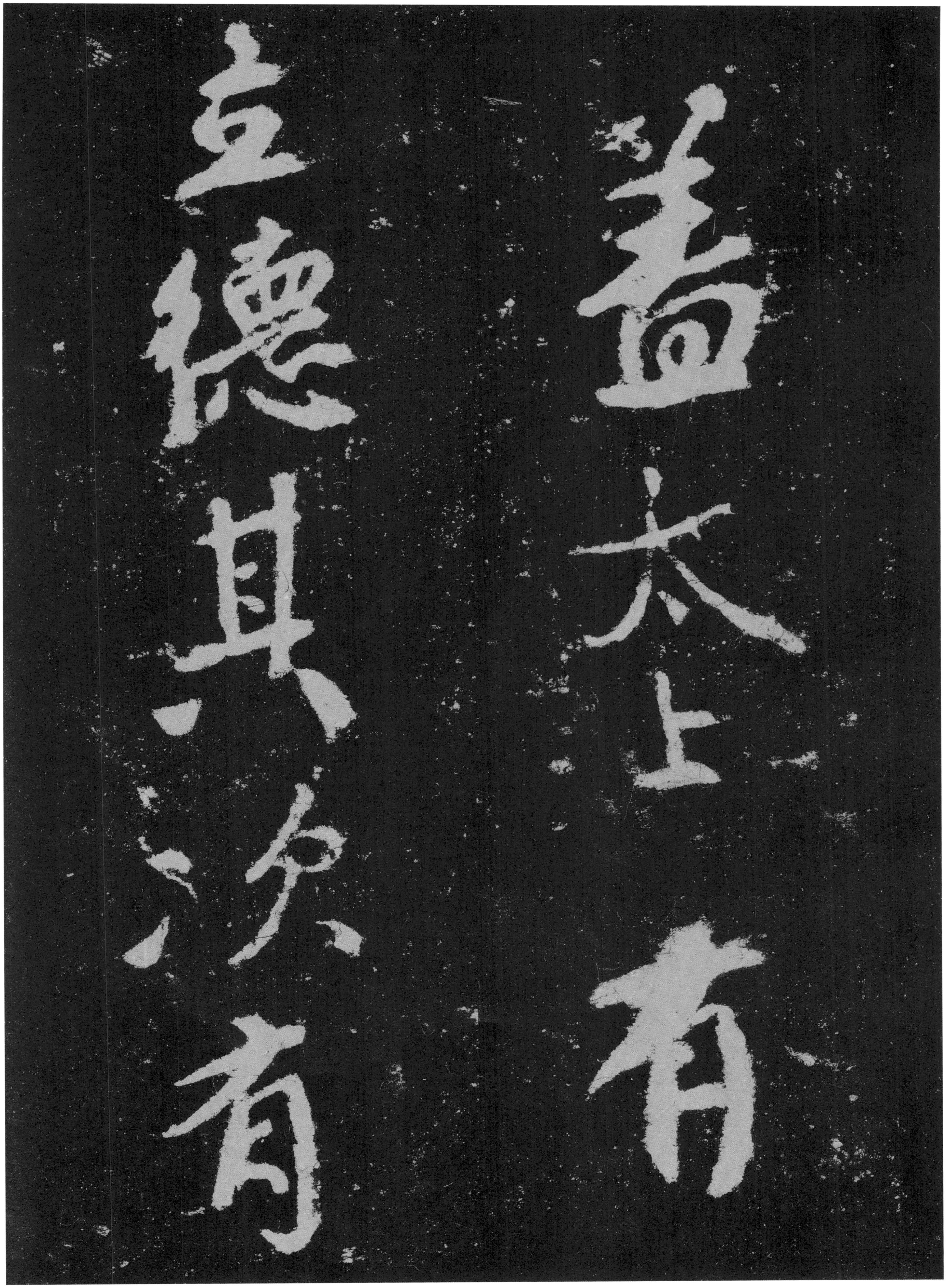
盖太上有
立德其次有

立功是謂不朽殷又椒閒

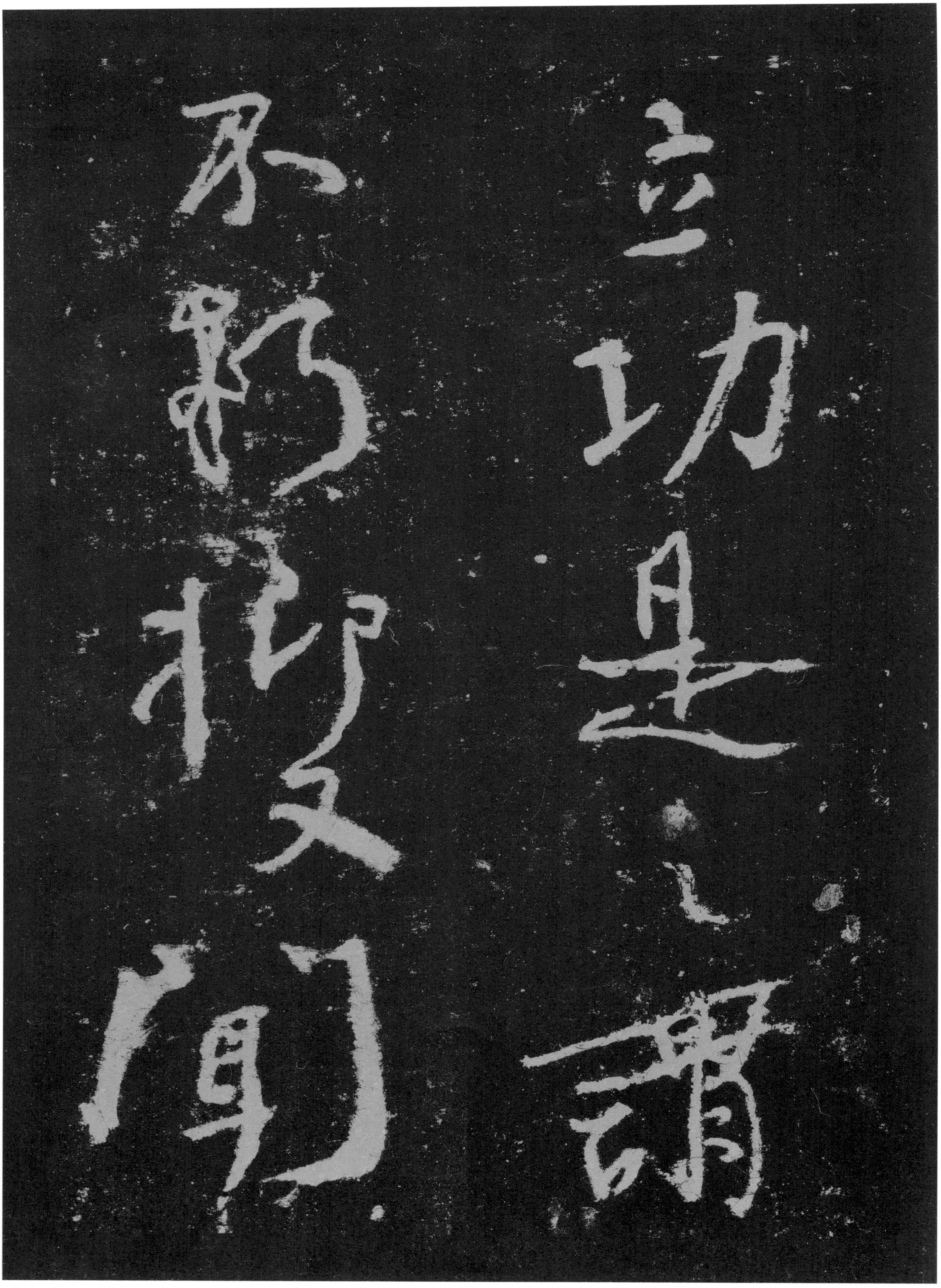

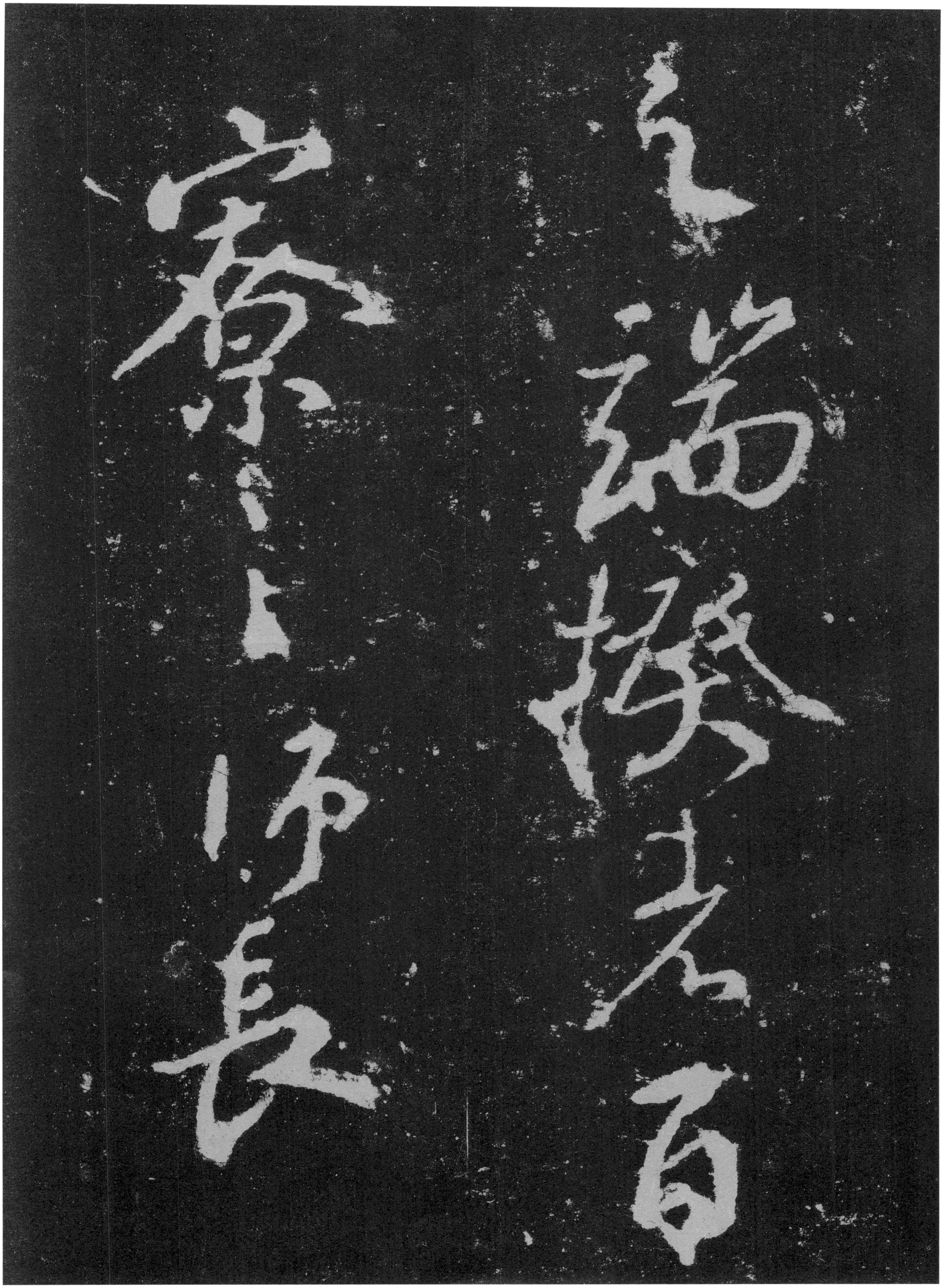
端揆者百
寮之師長

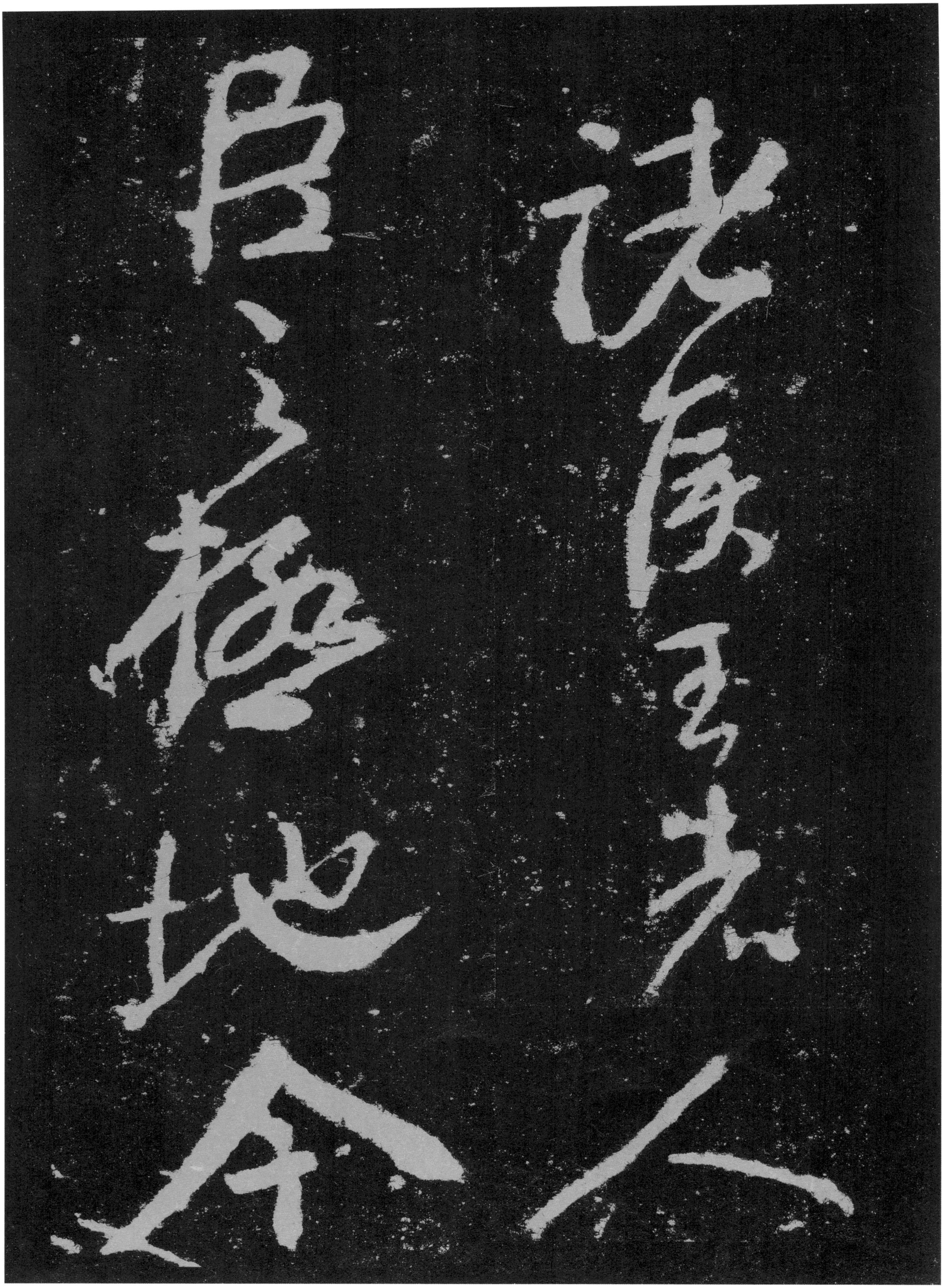

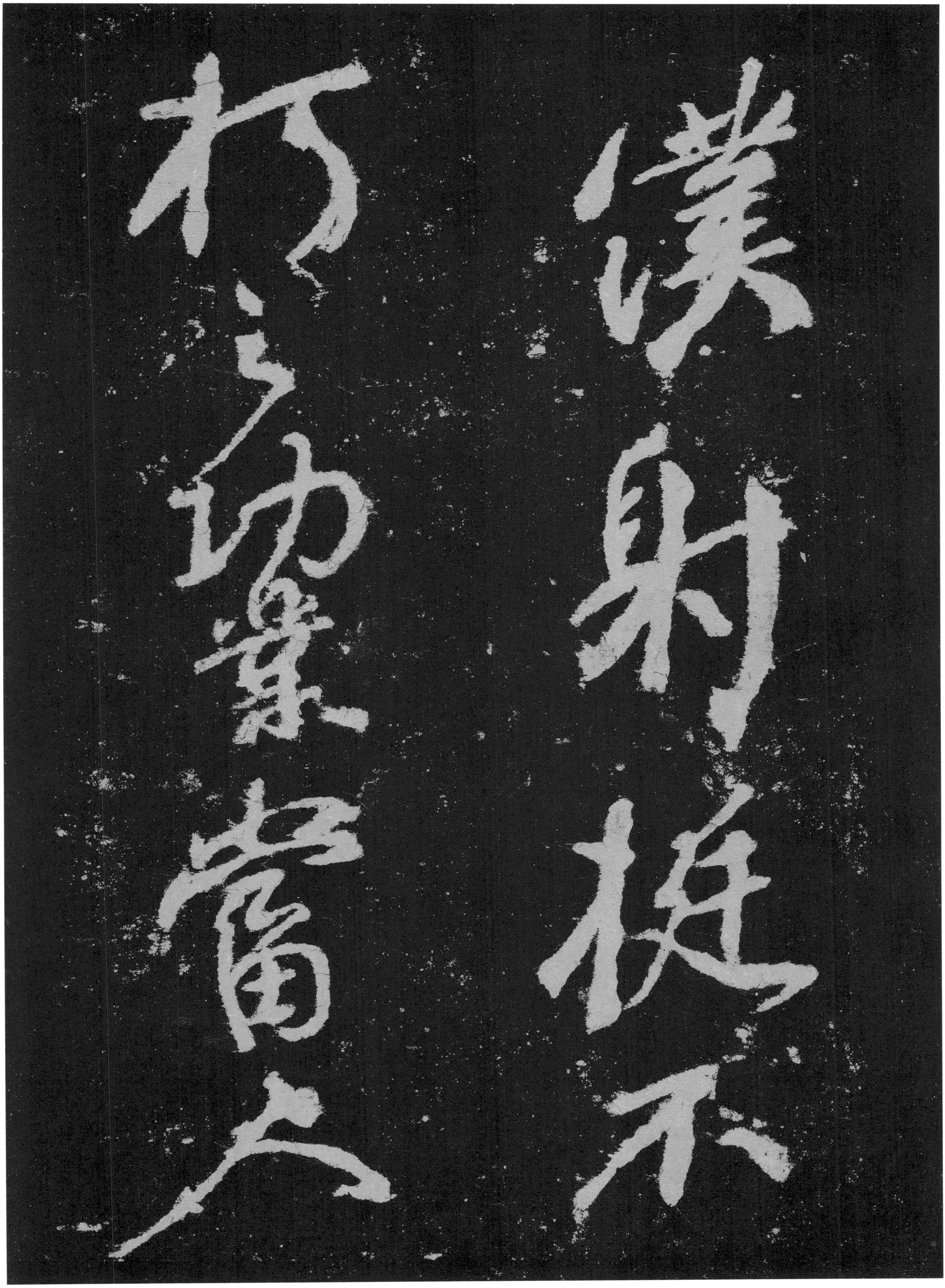
僕射挺不
朽之功業當人

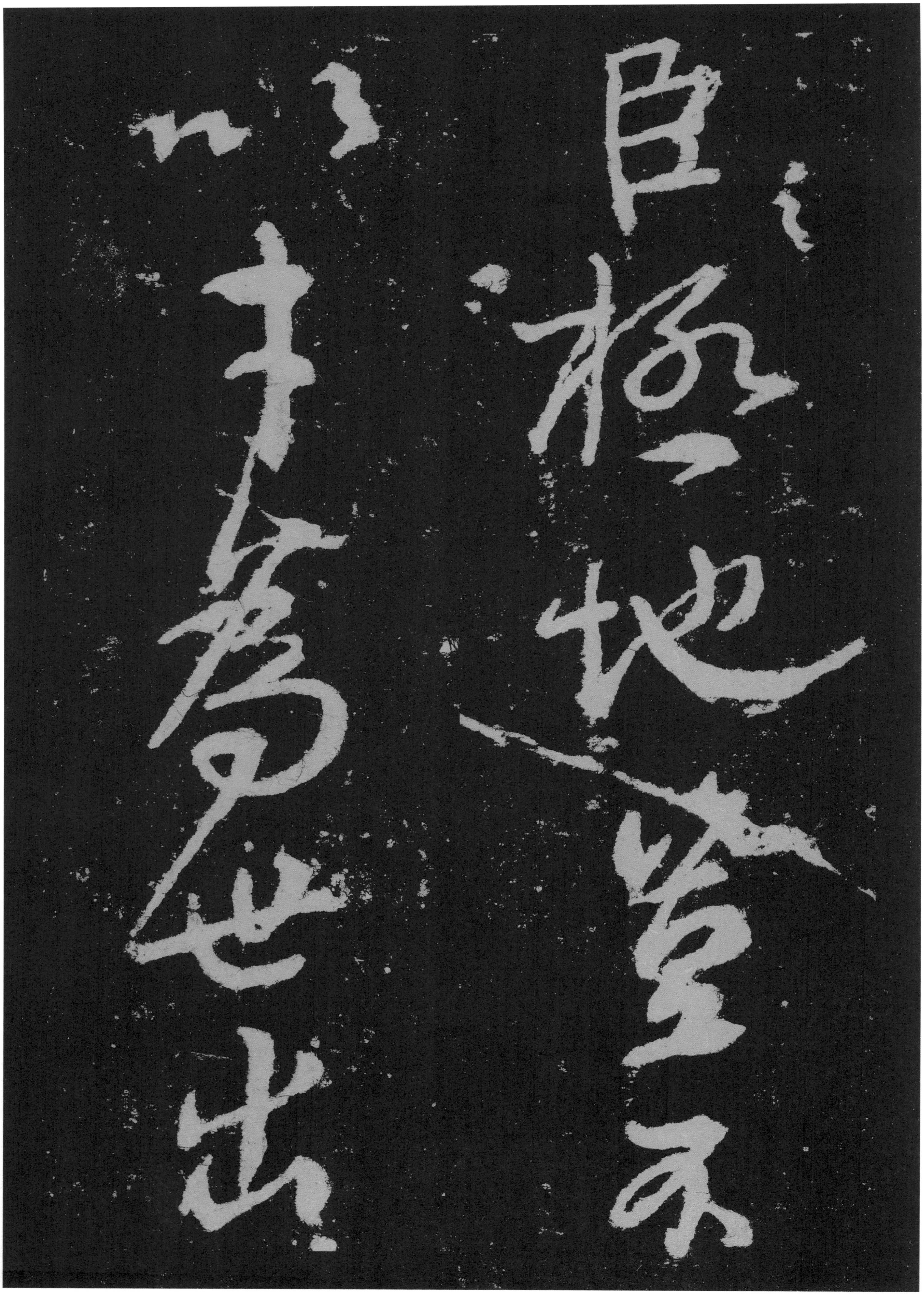

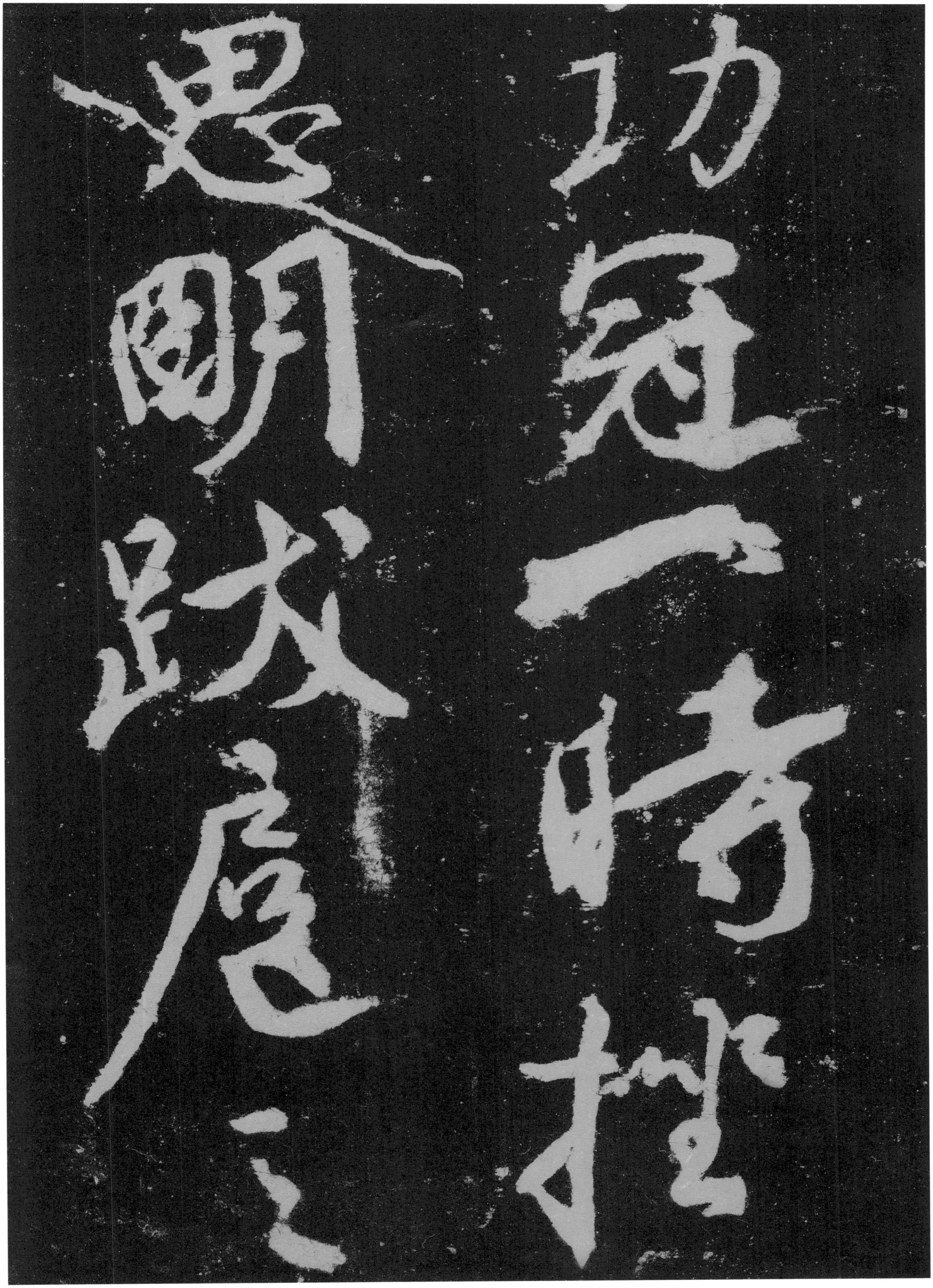
功冠一時挫
思明跋扈之

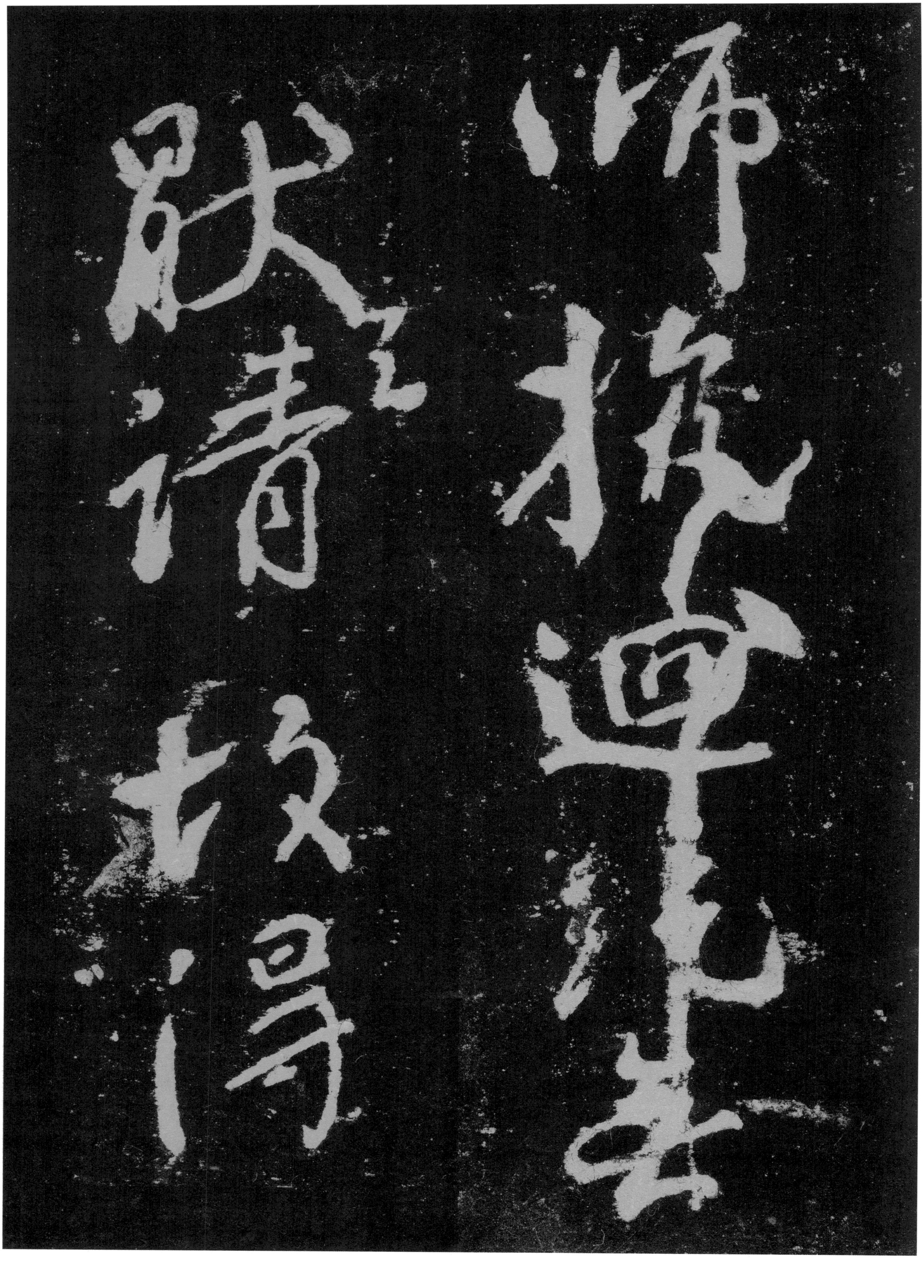

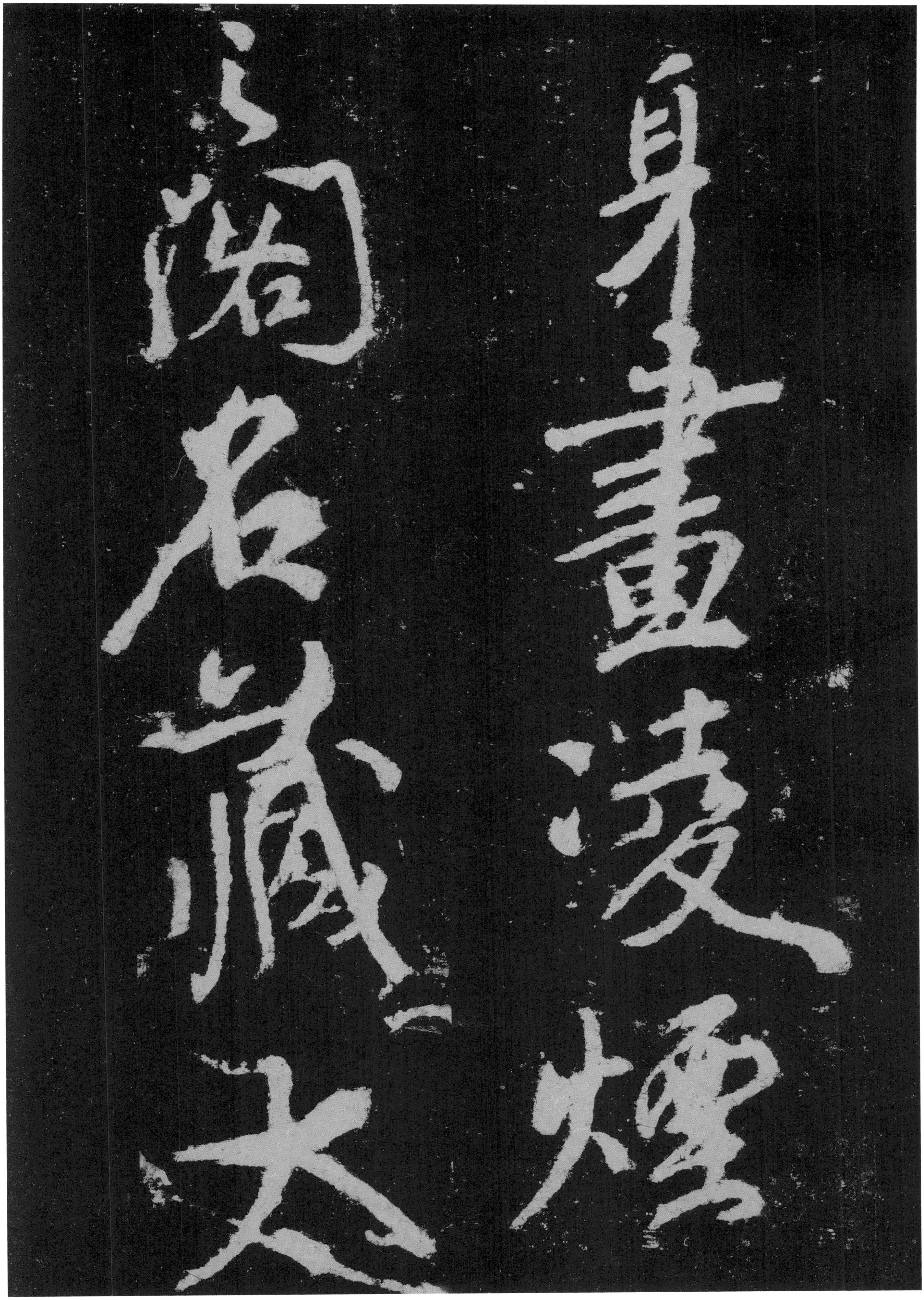
身畫凌煙
之閣名藏太

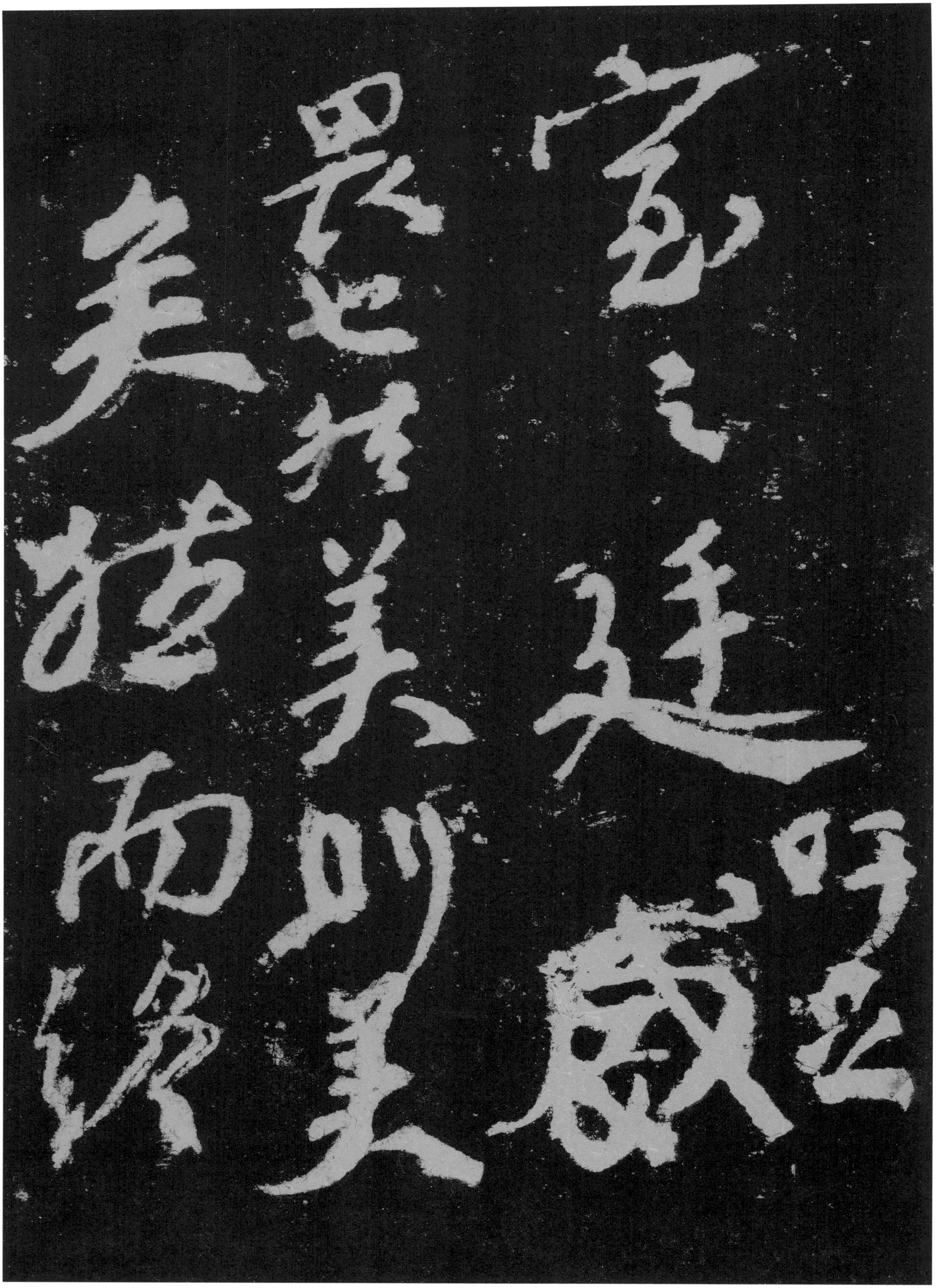

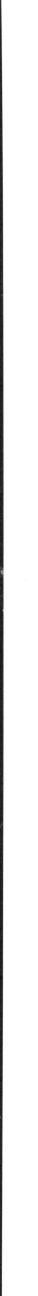

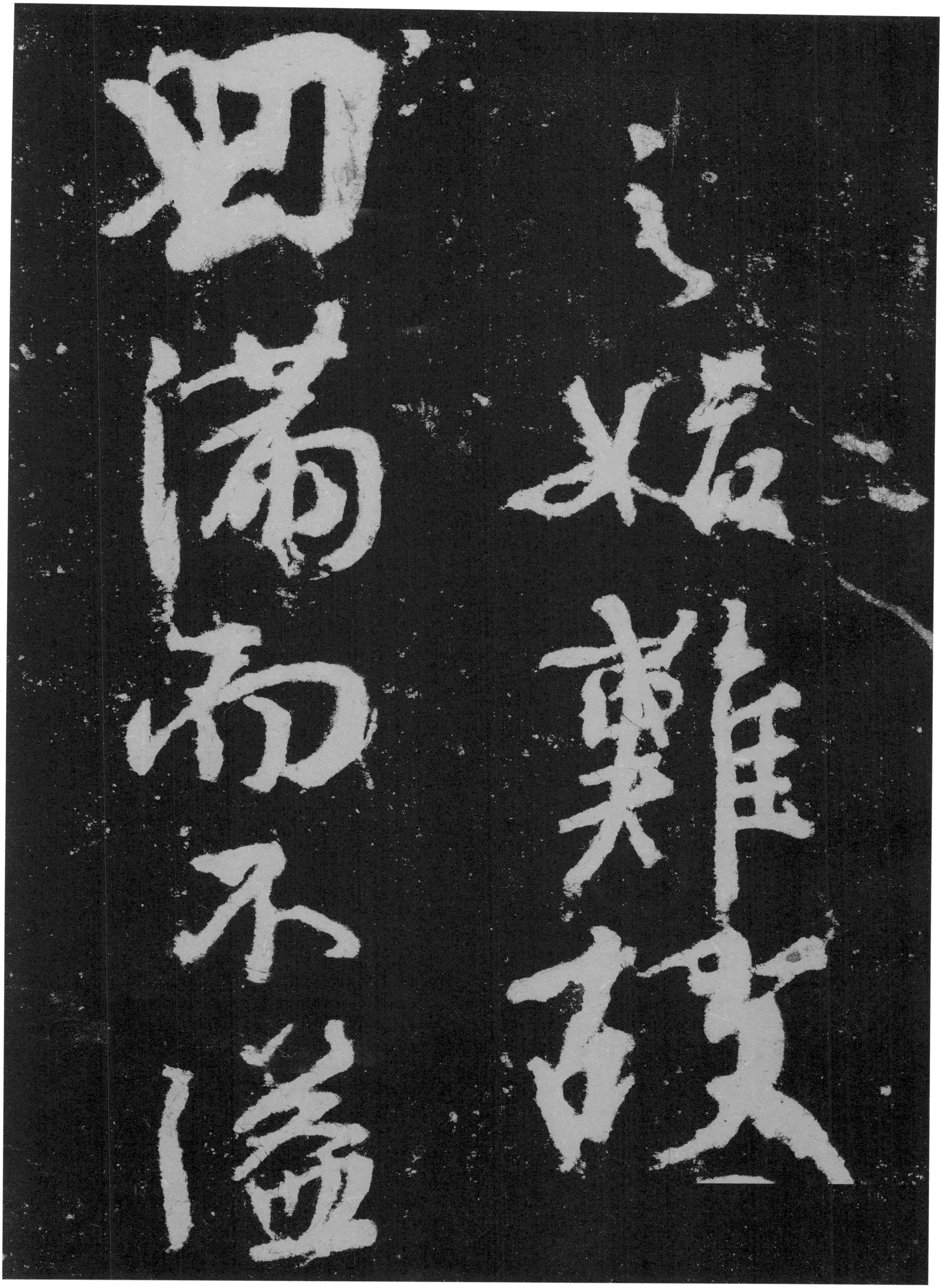
難故
滿而不溢

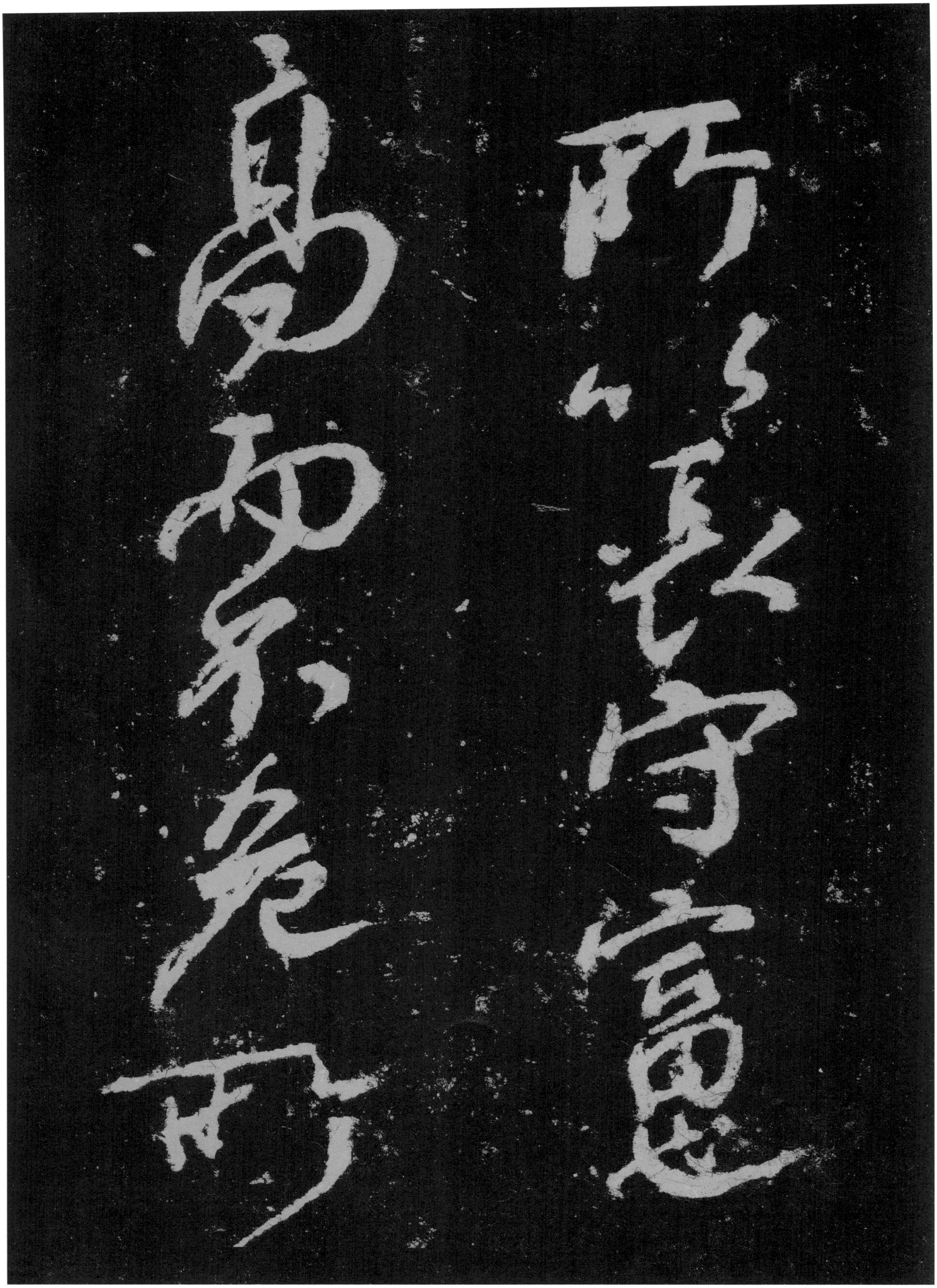
所以長守富

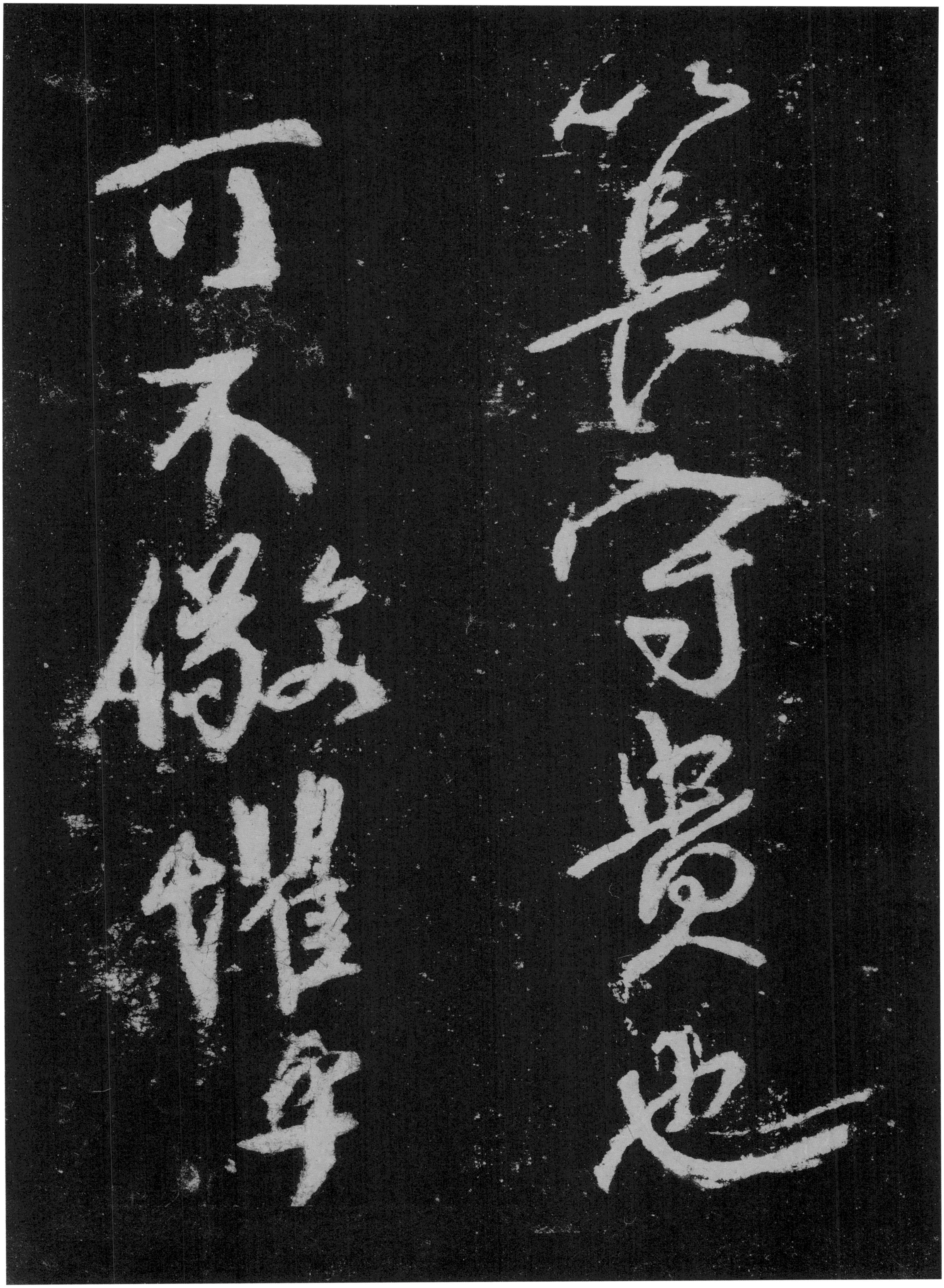
以長守貴也
可不儆懼乎

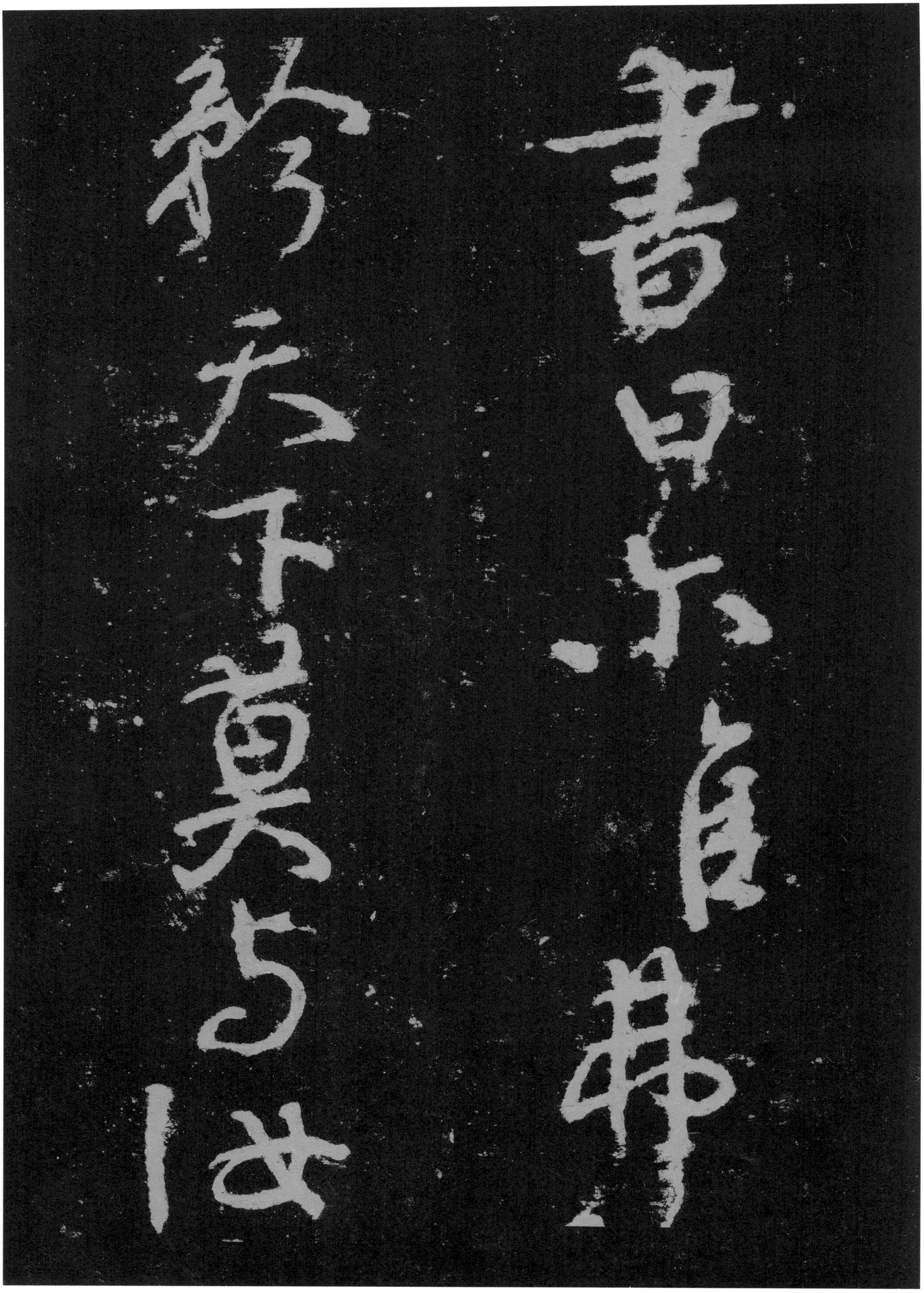

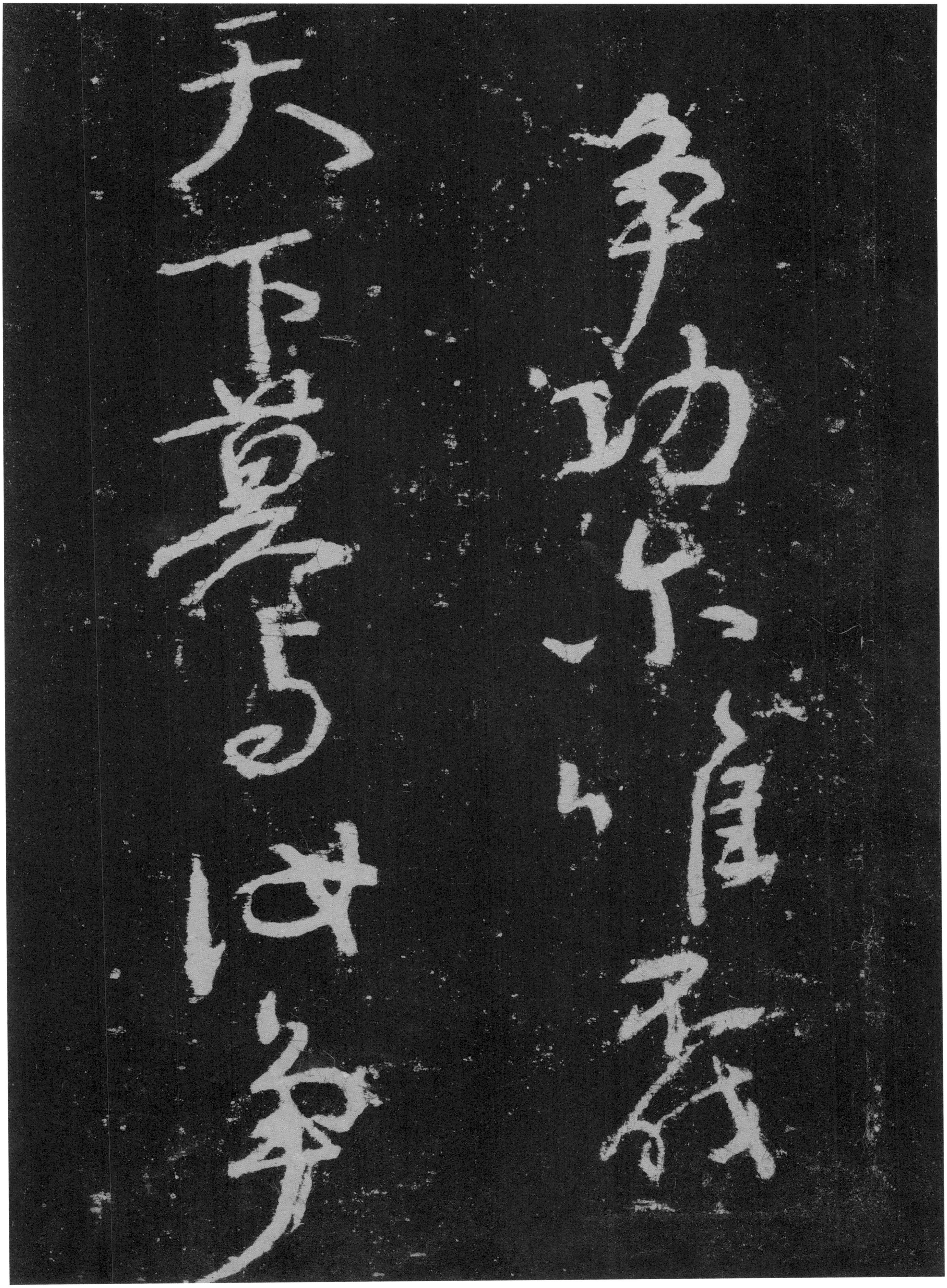

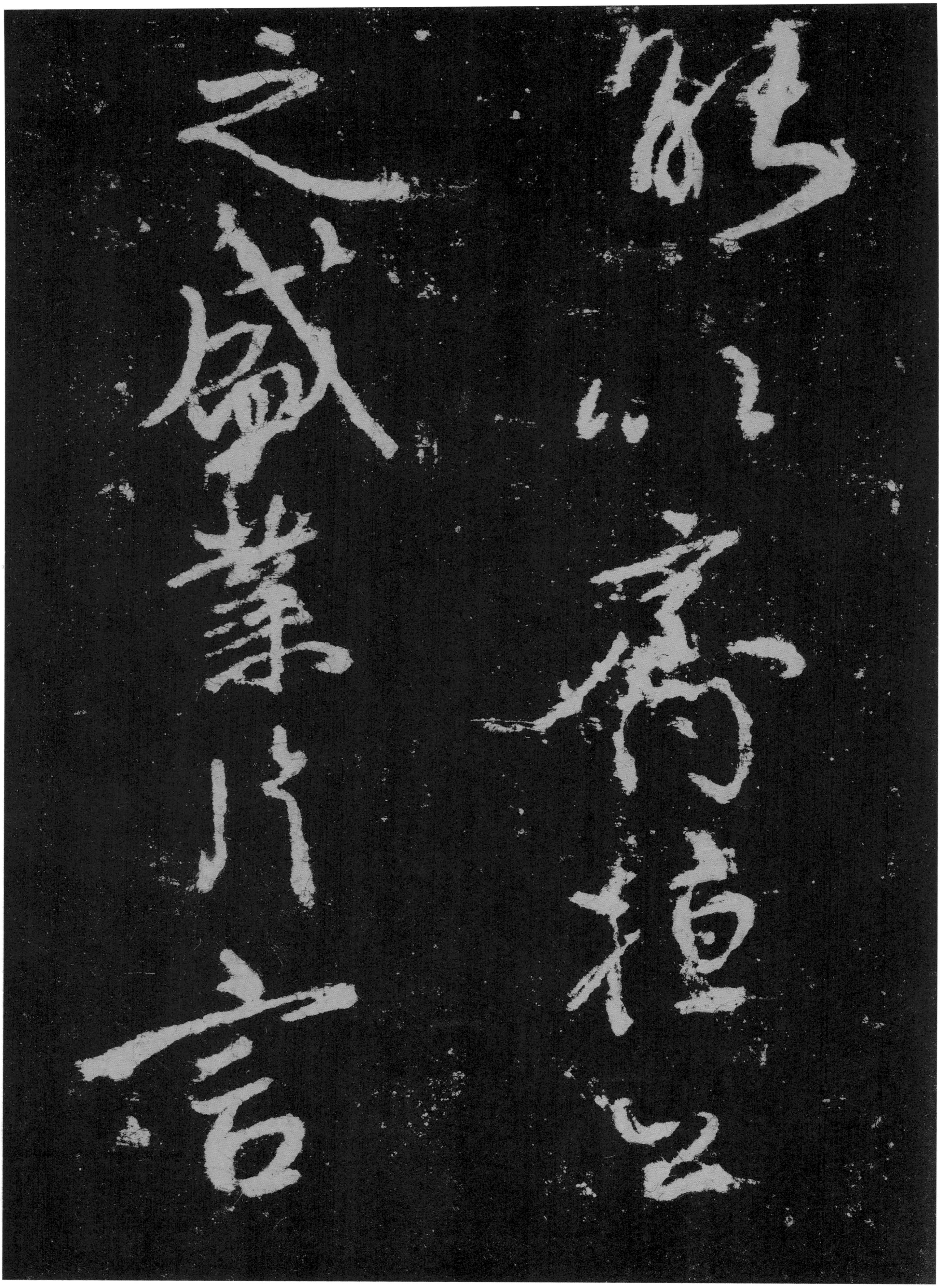

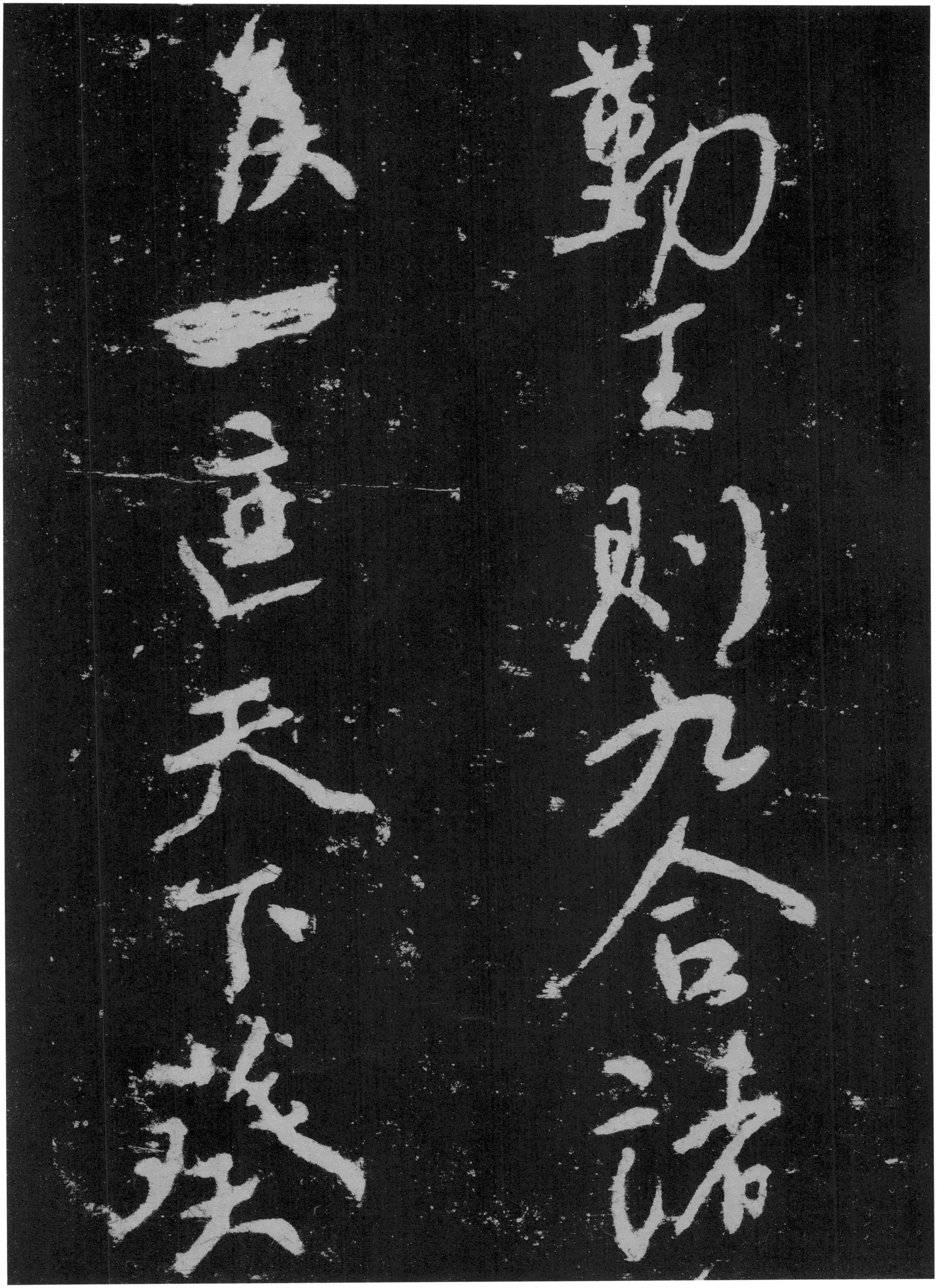
勤王则九合诸
侯一匡天下葵

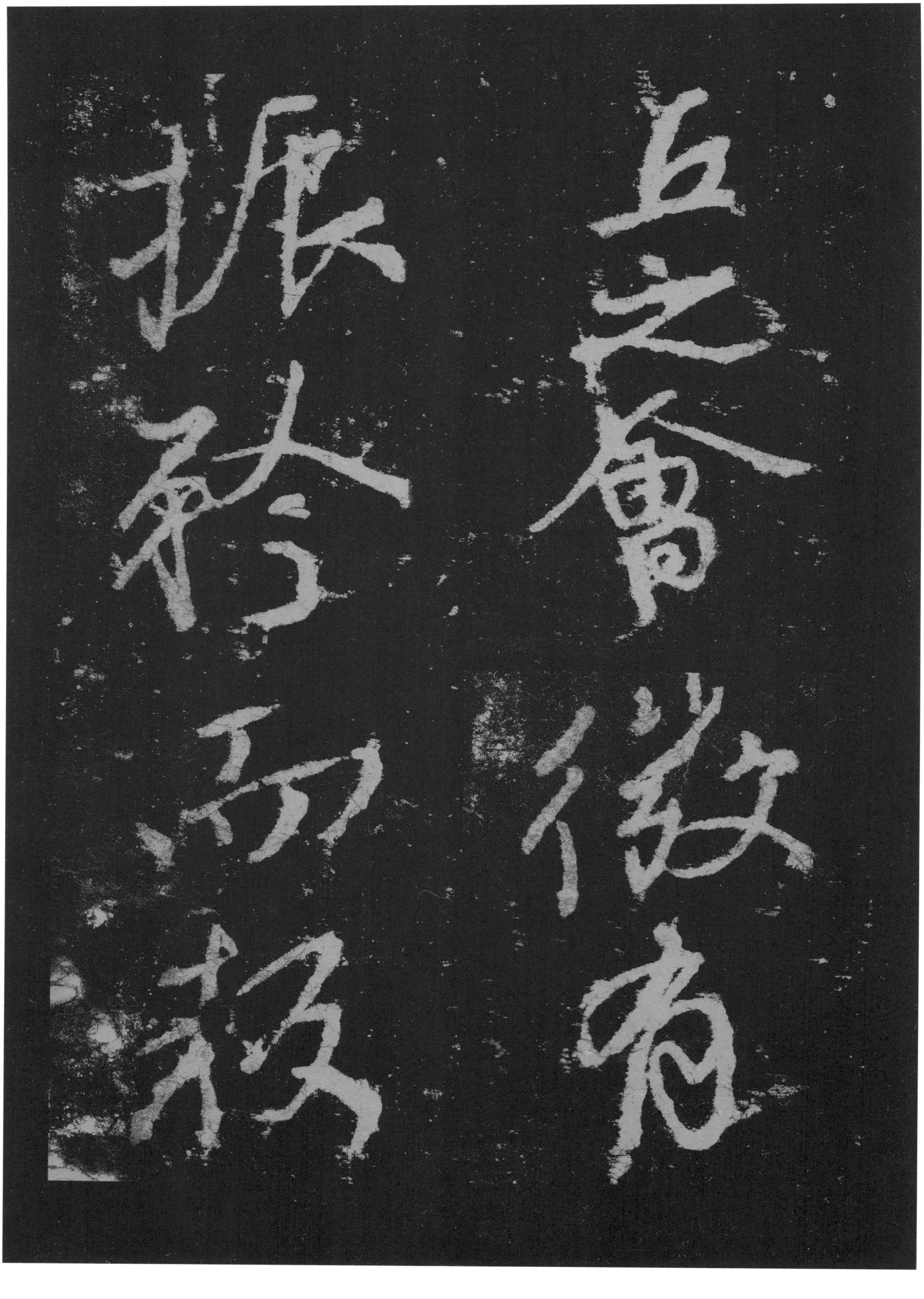

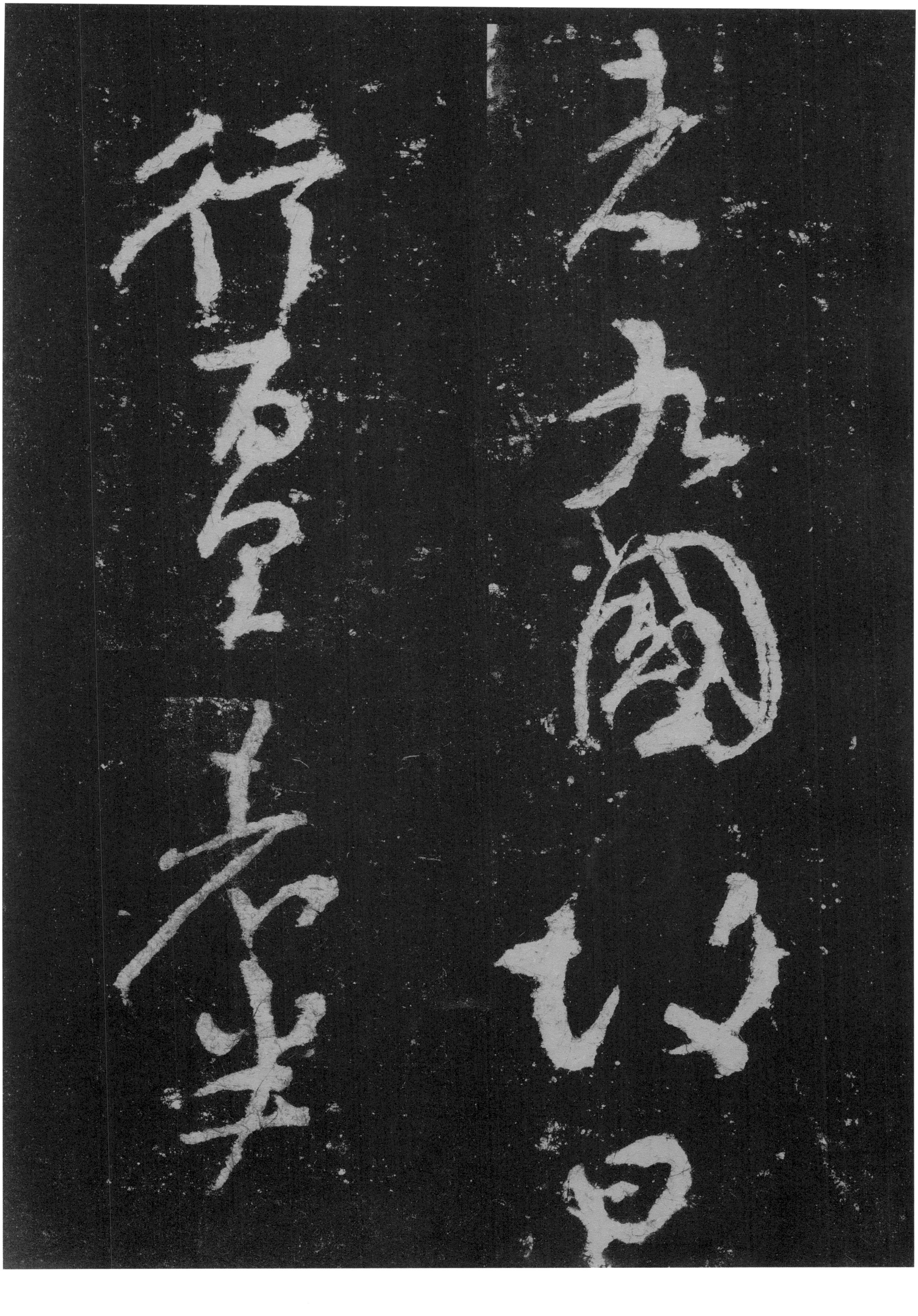

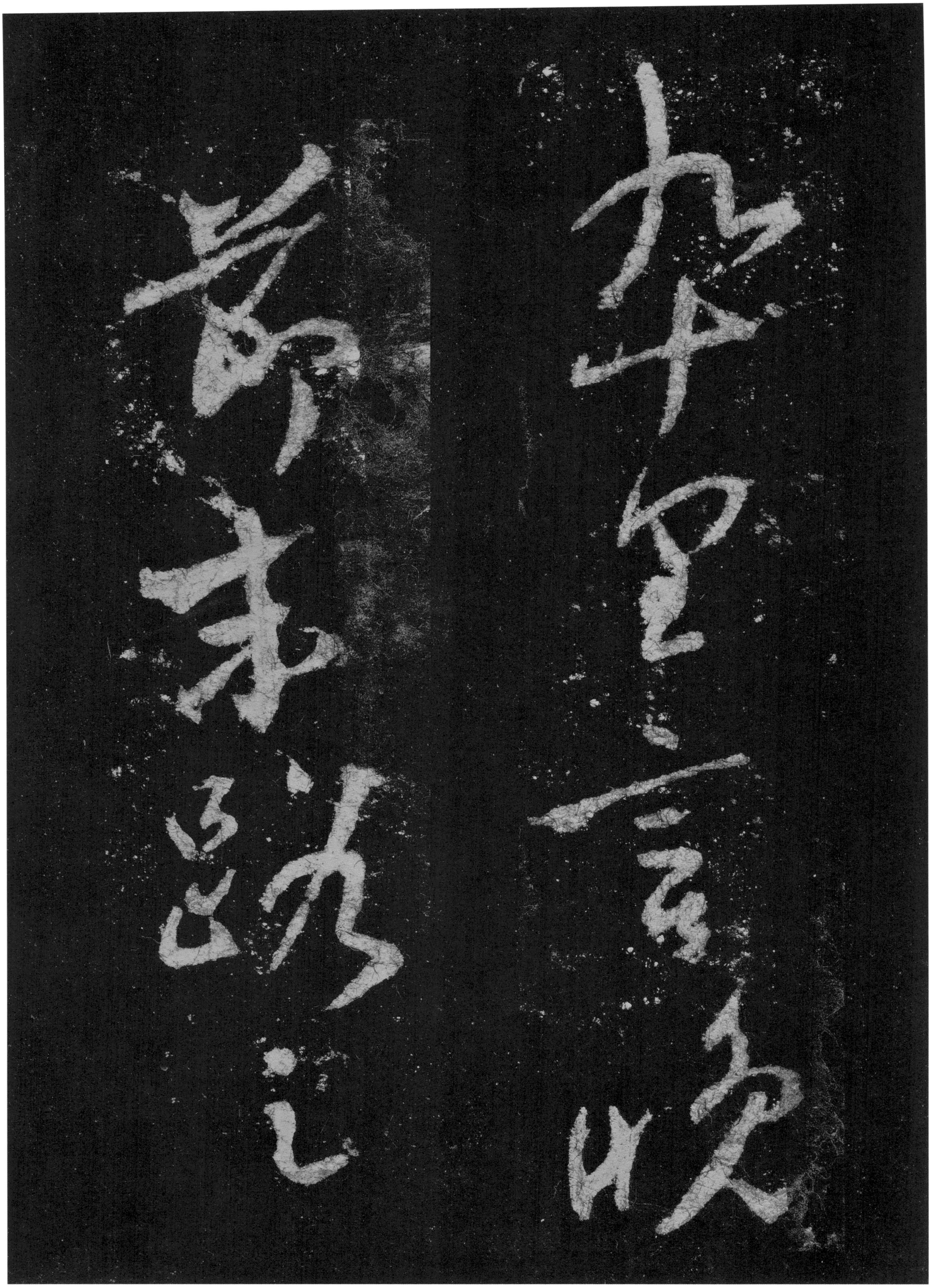

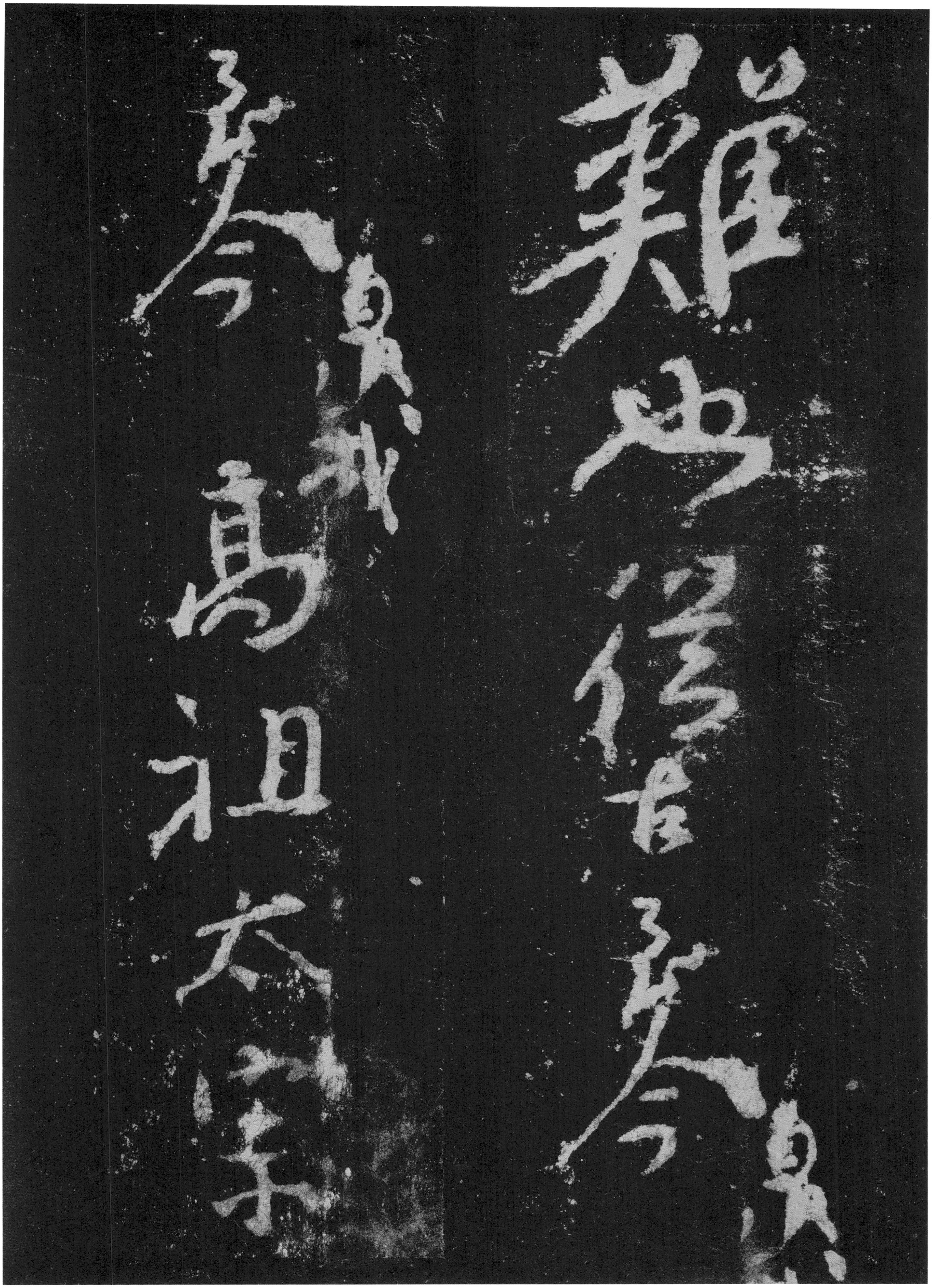
難也從古至今暨
今暨我高祖太宗

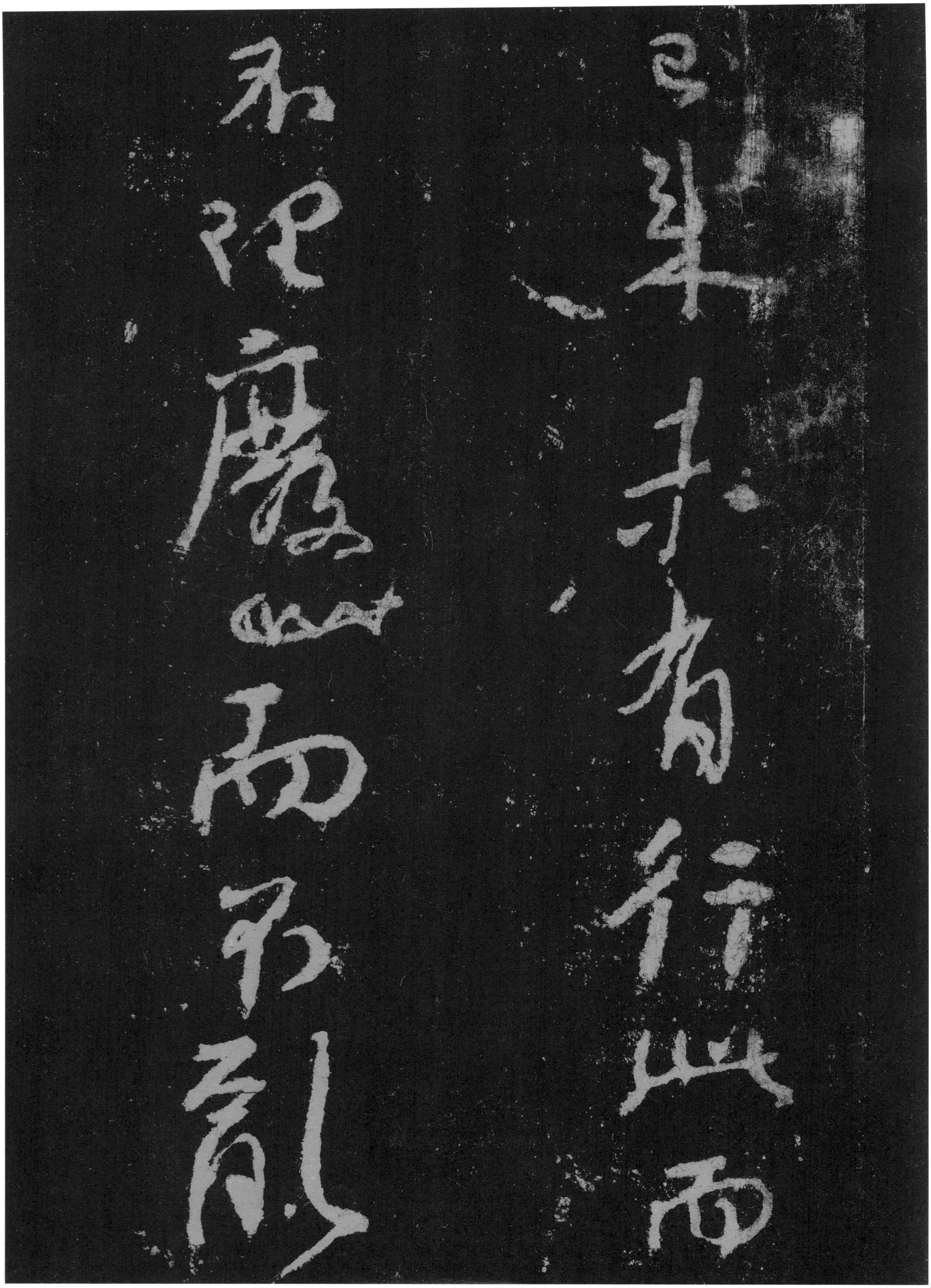
已年未有行此而
廢此而不亂

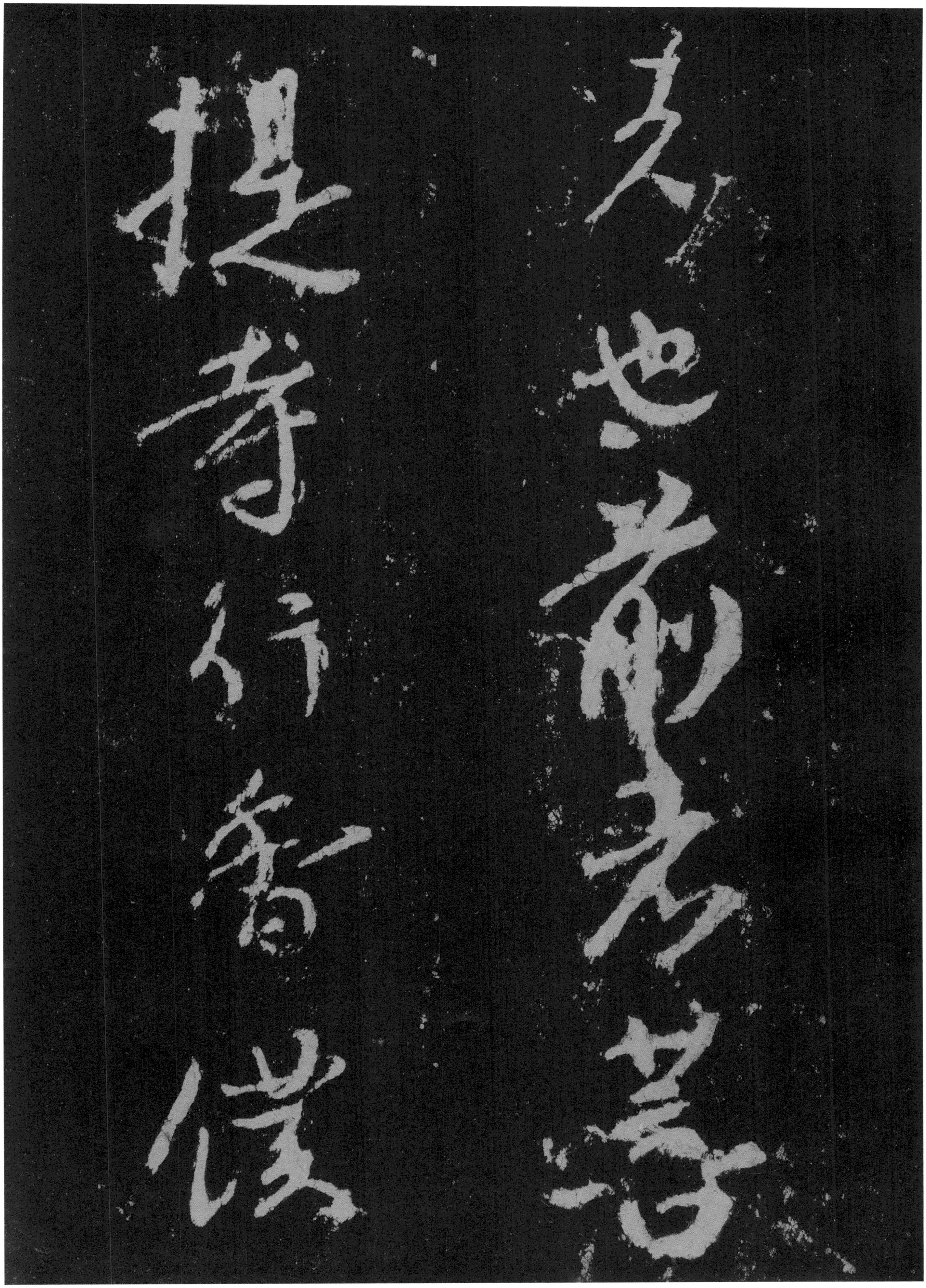
士也前者菩
提寺行香僕

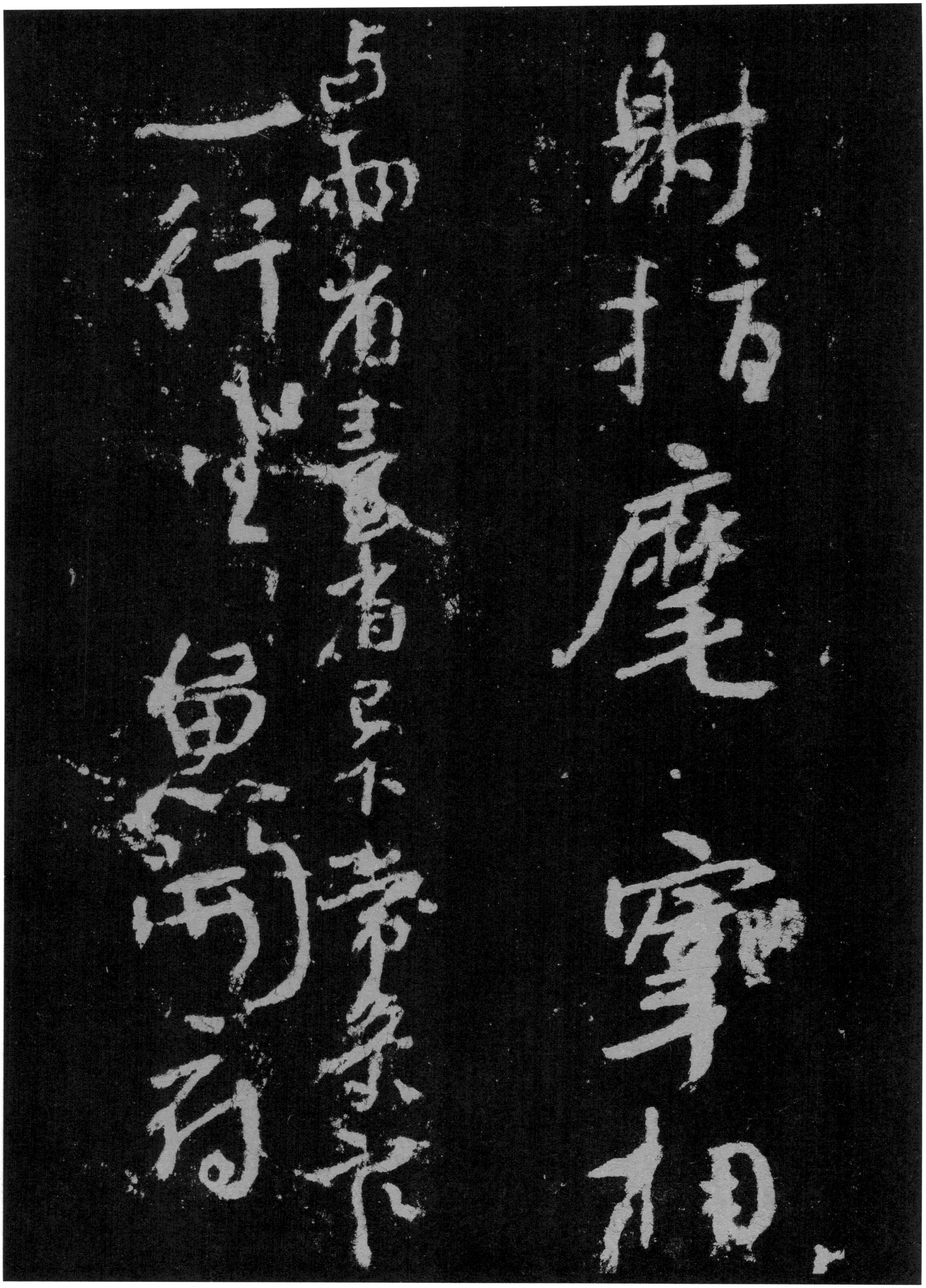

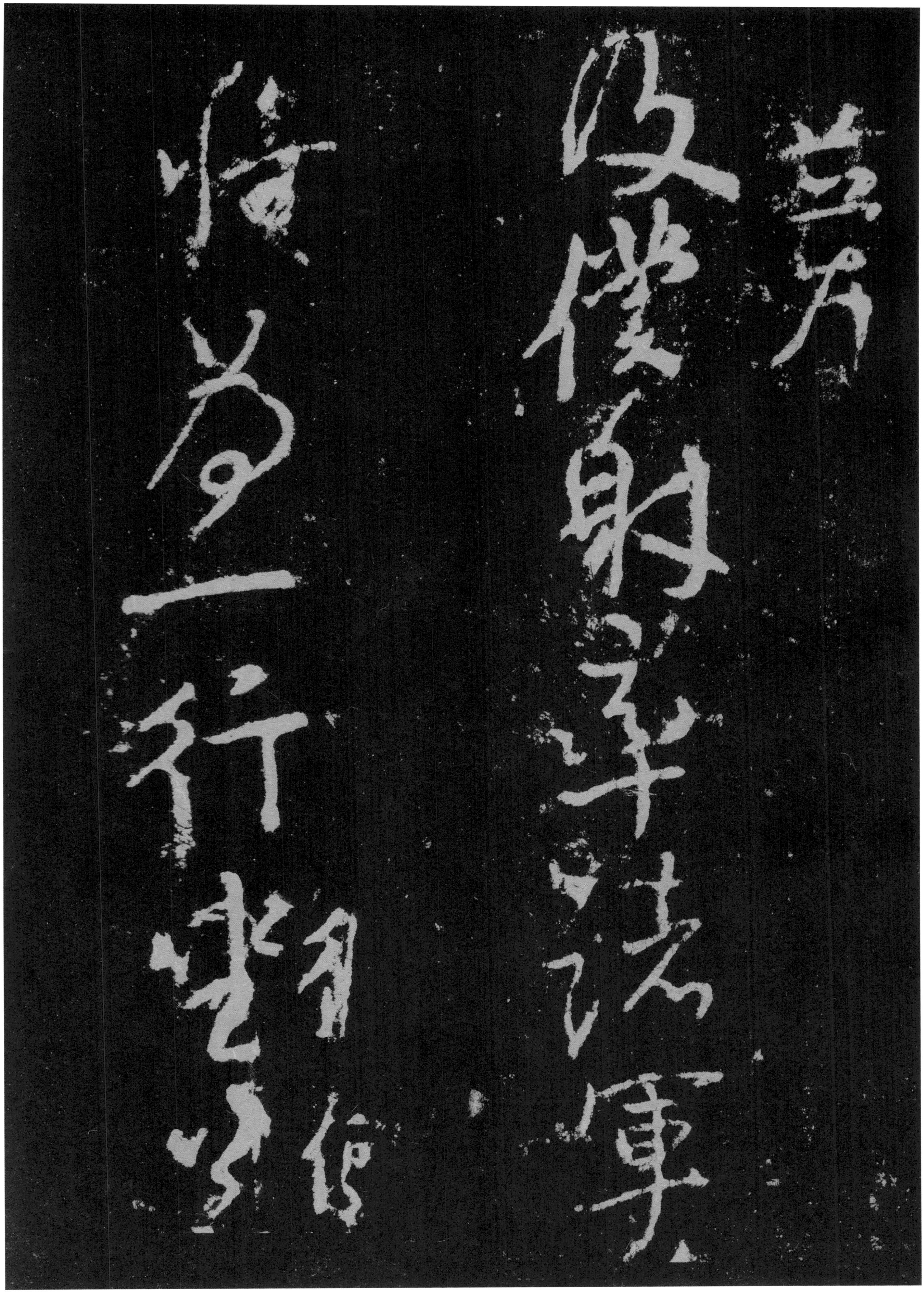
及僕射率諸軍
將為一行

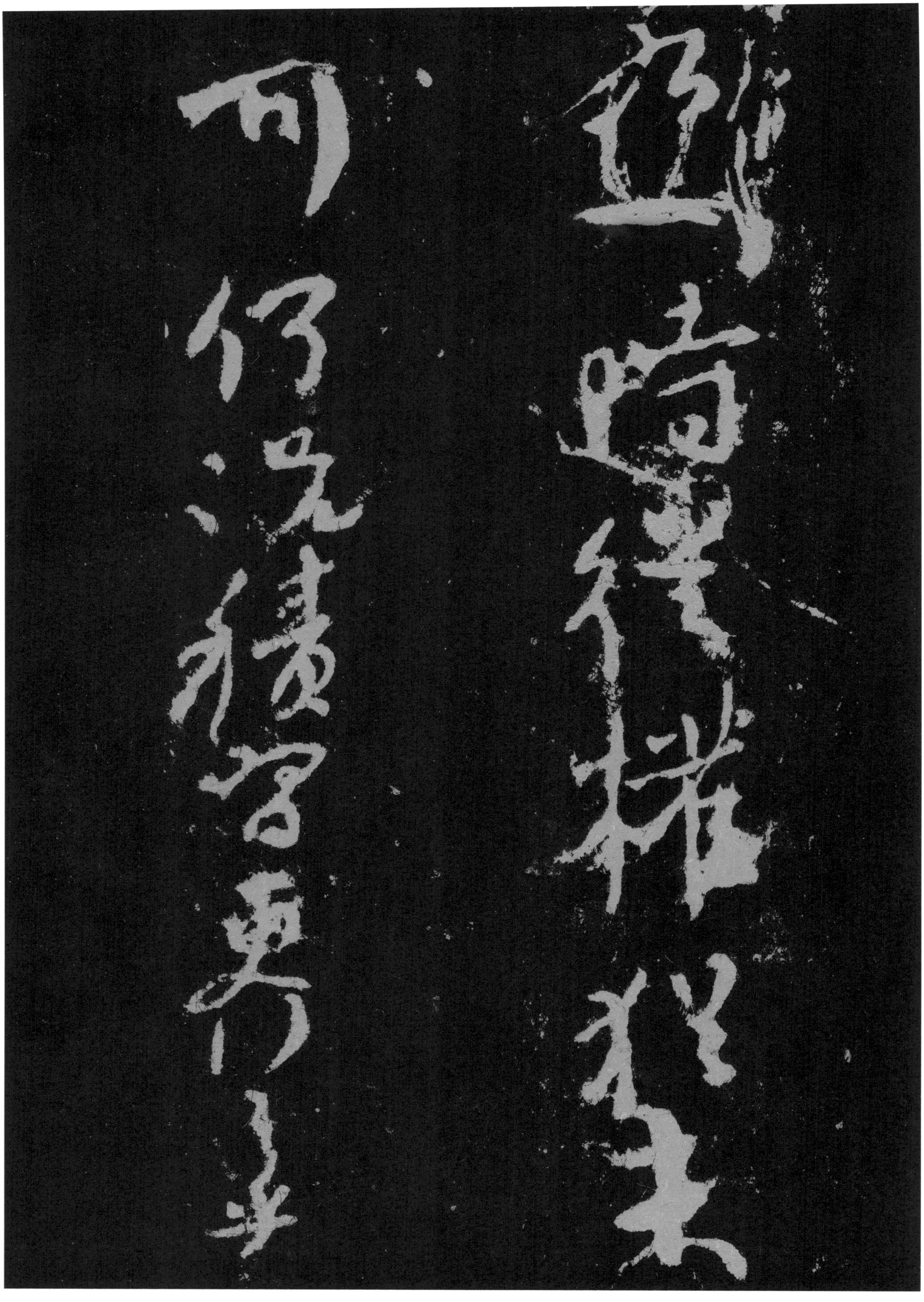

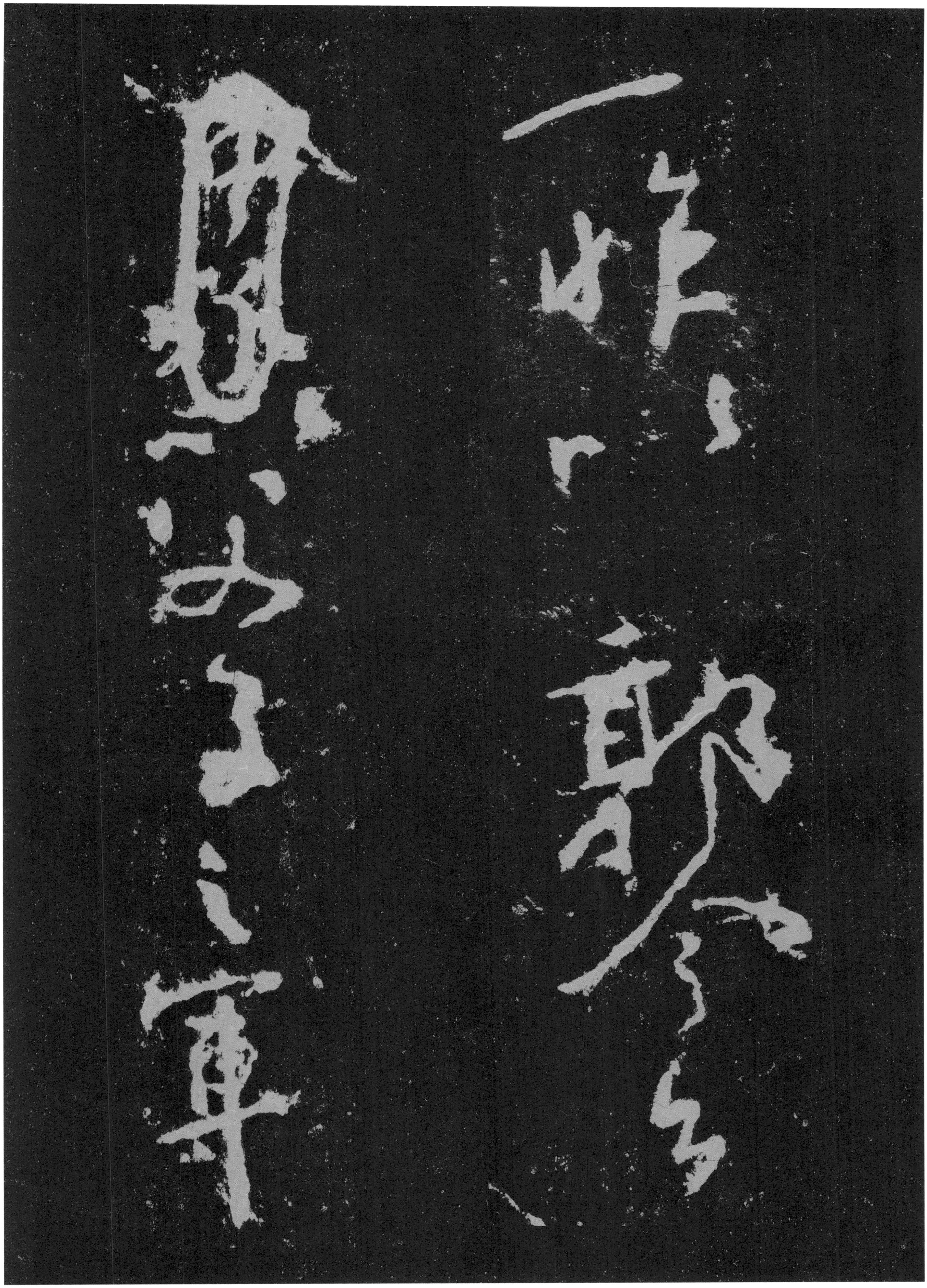

启夫羊参逵之家
羁情僧喜帖

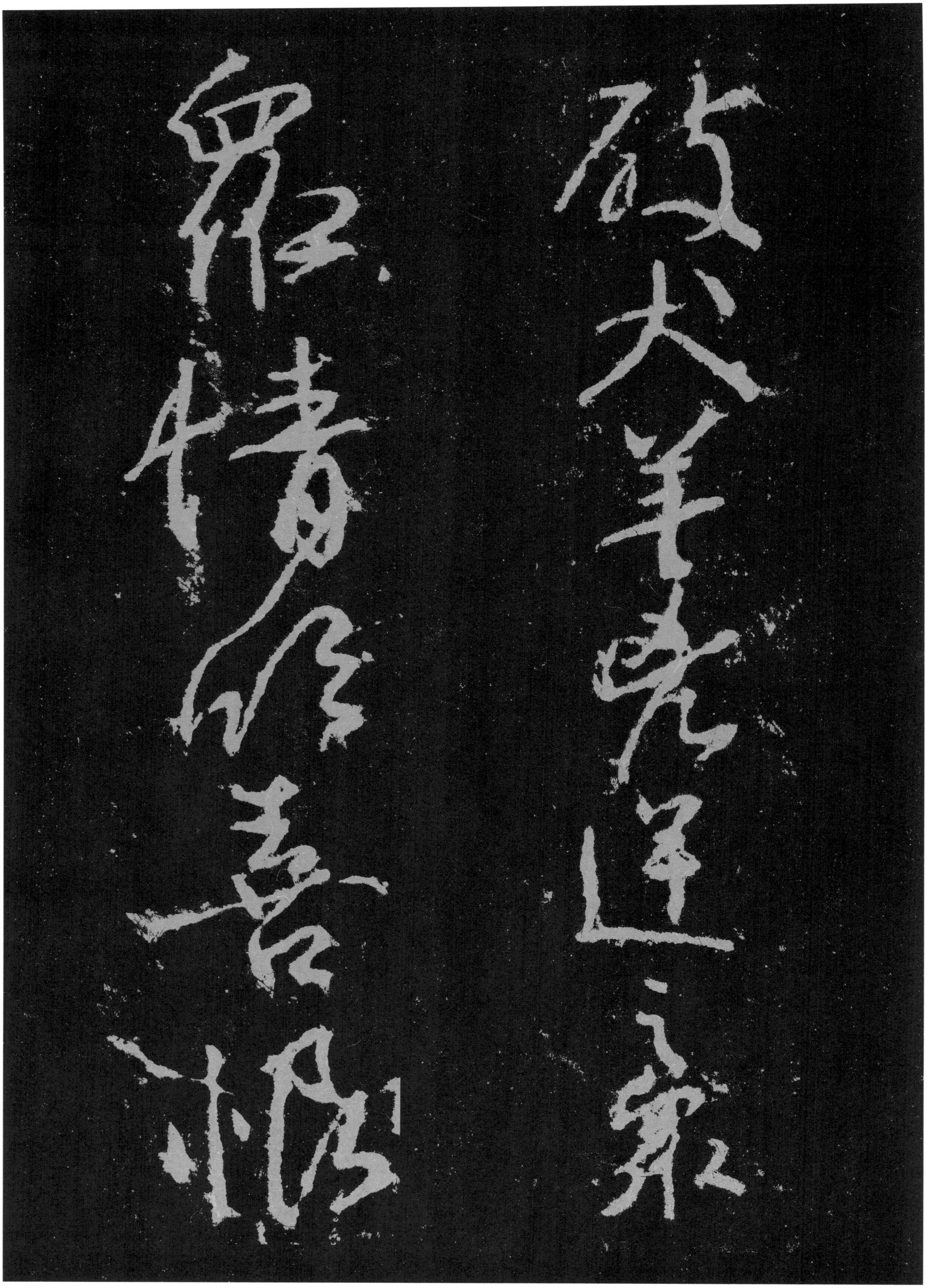

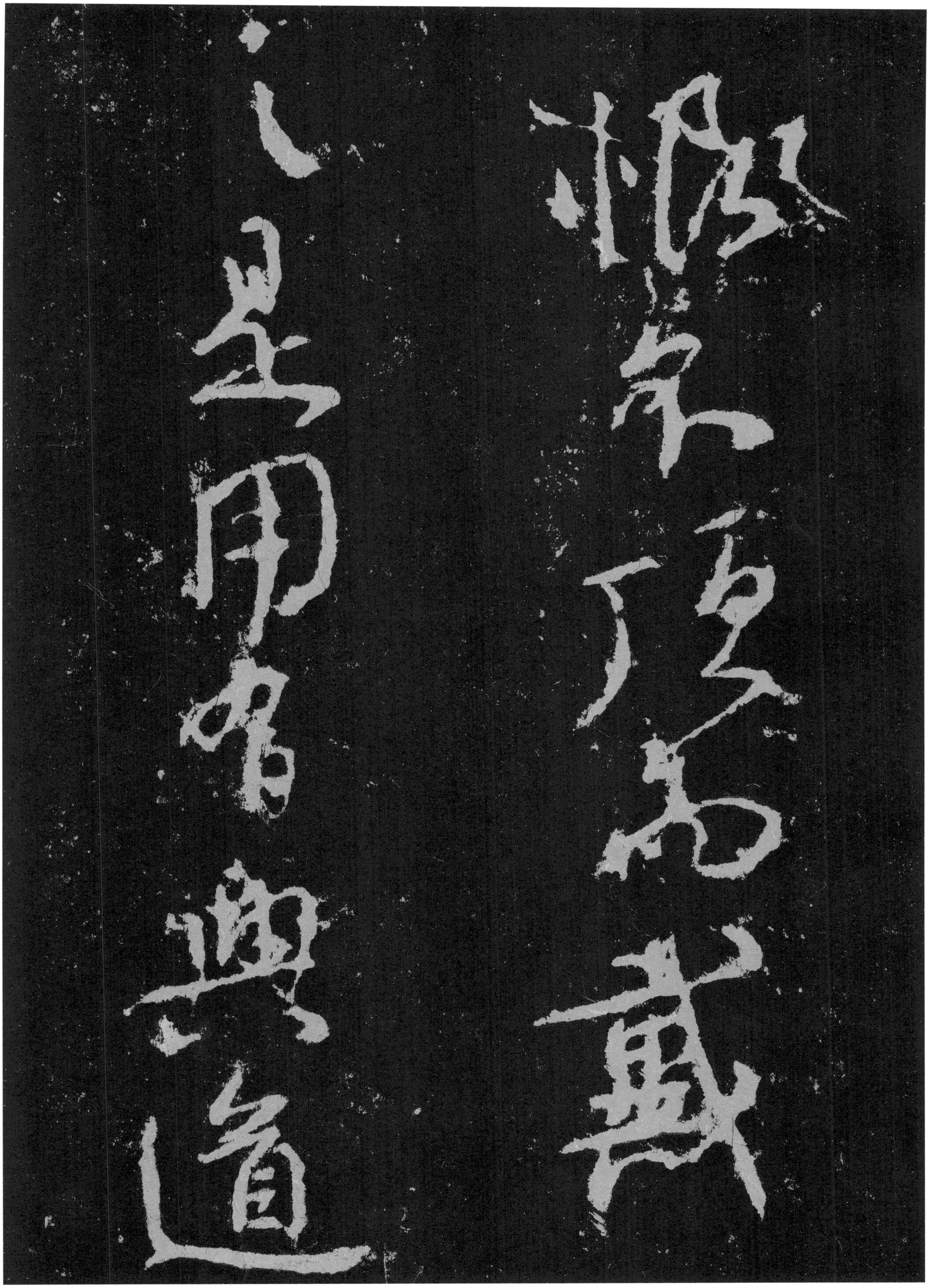

之會僕射又
不悟前失徑

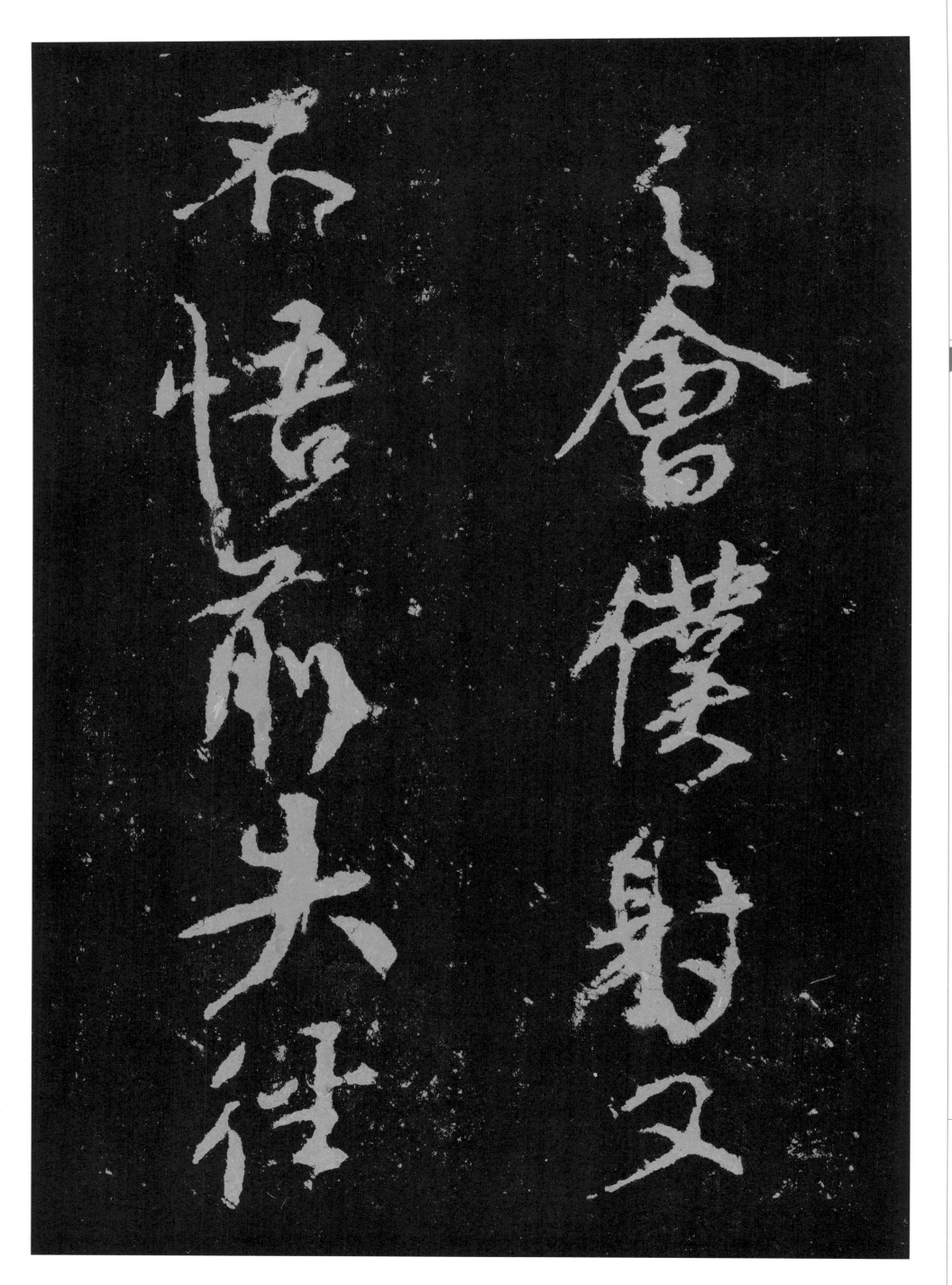

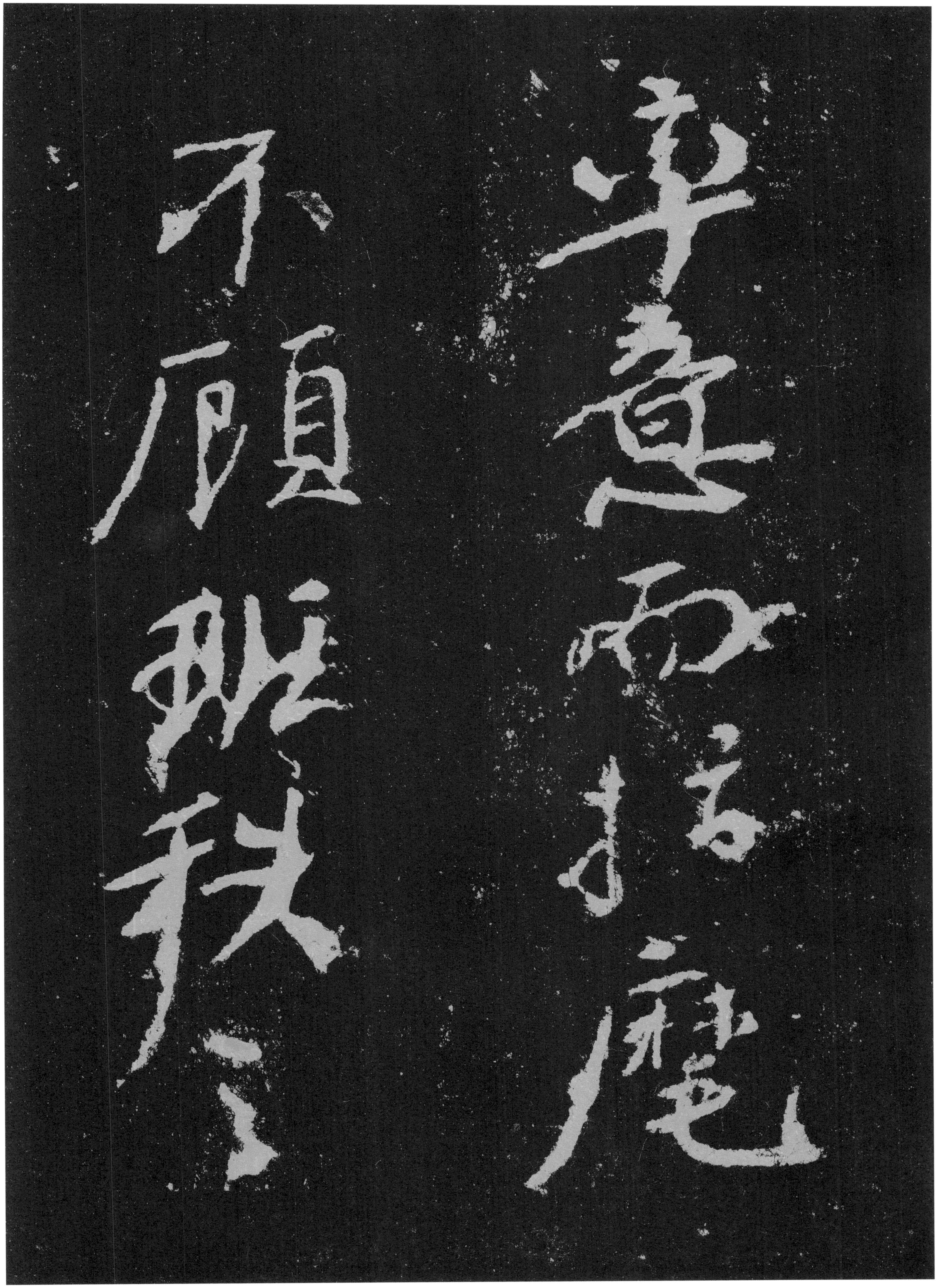
乎意而指麾
不顧班秩

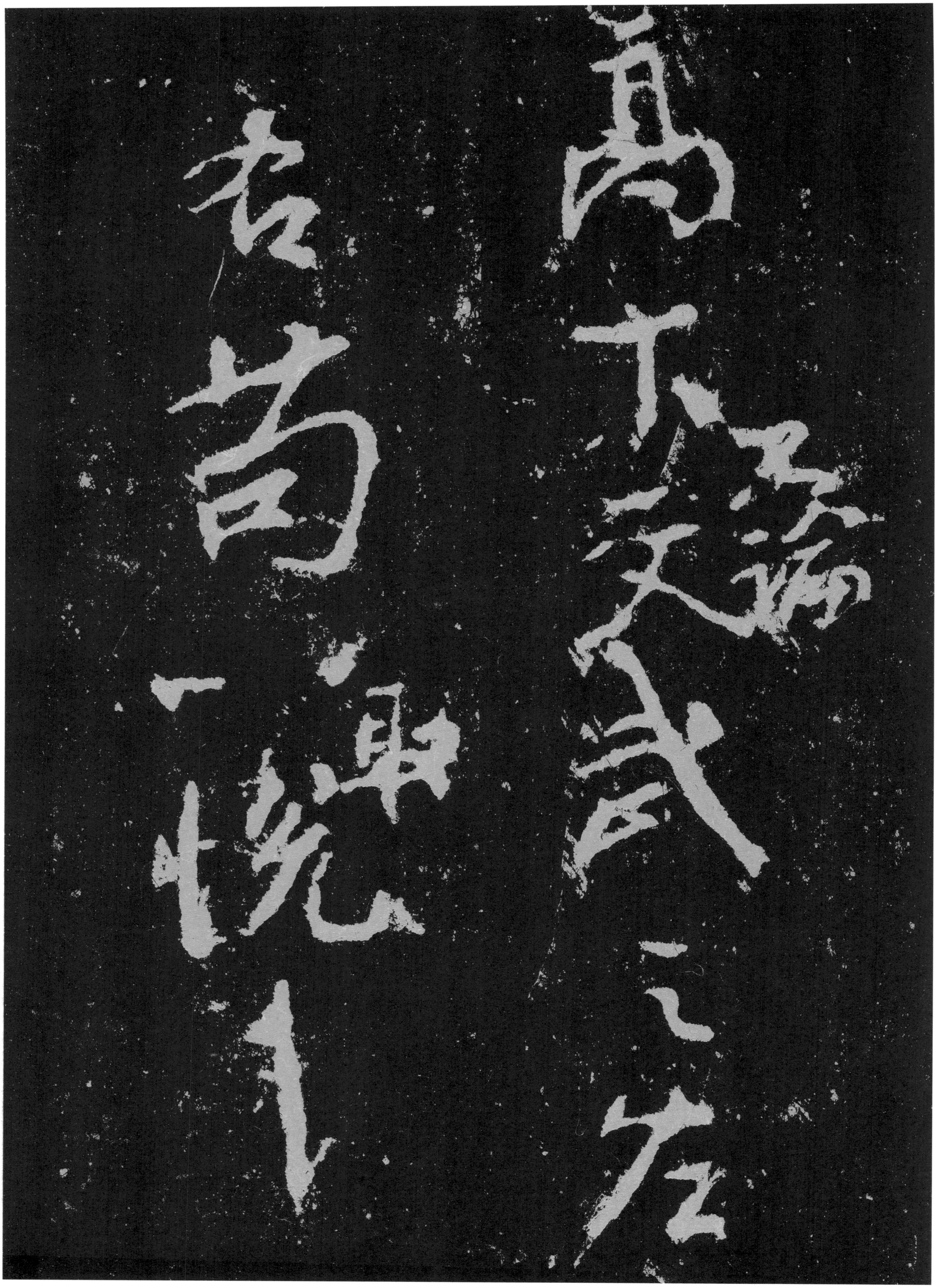

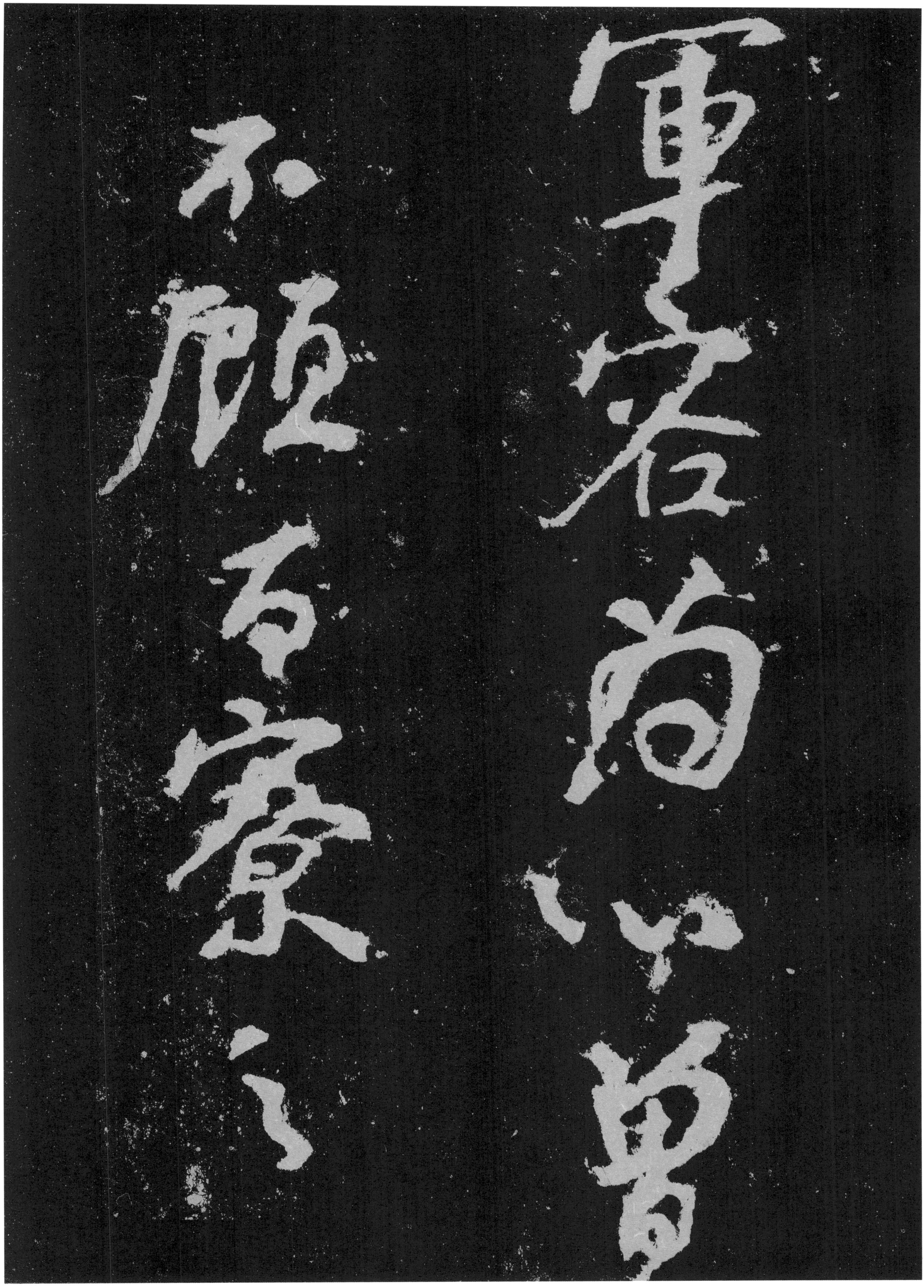
軍容皆曾
不顧百寮之

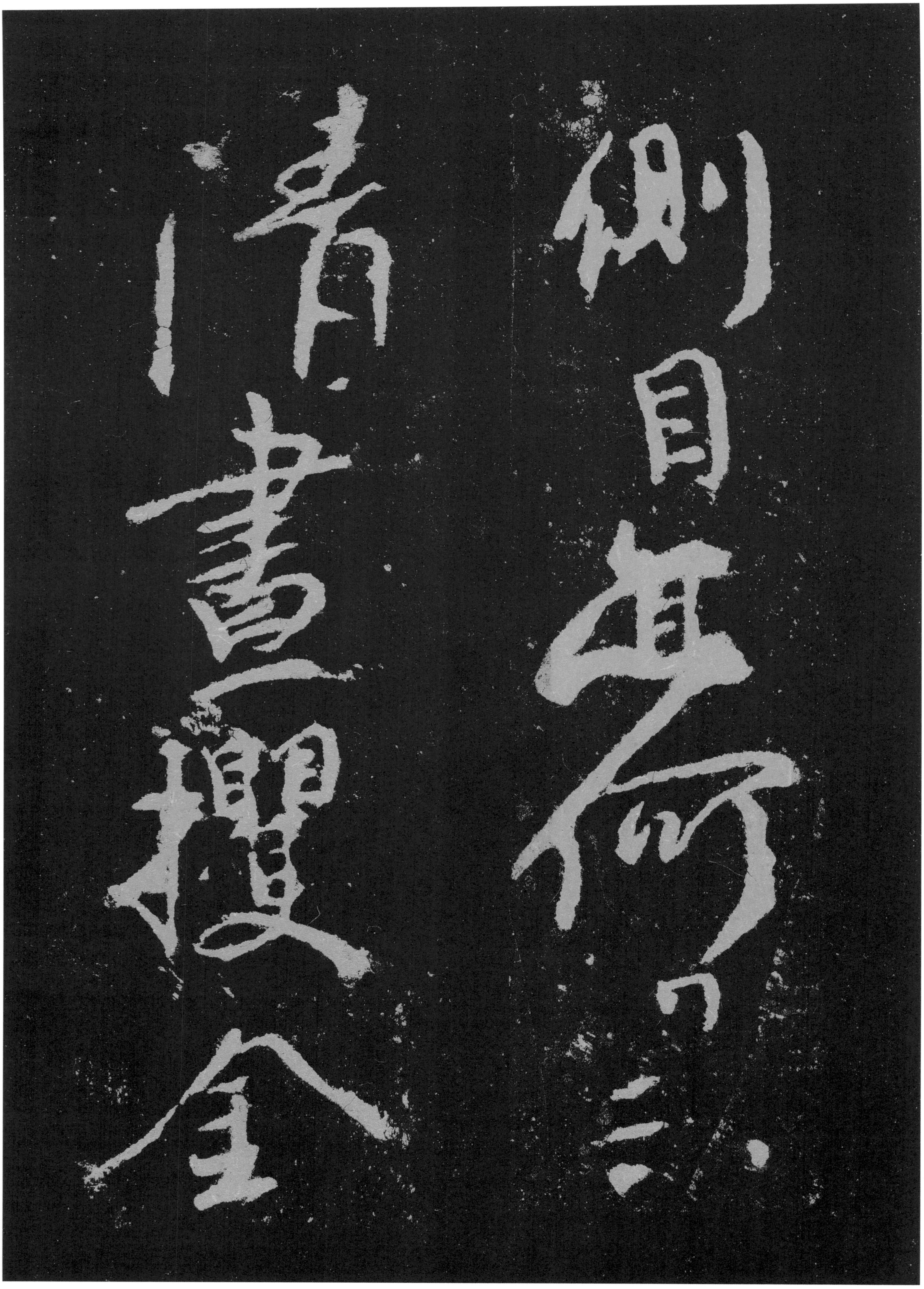
側目在何三
清書攖全

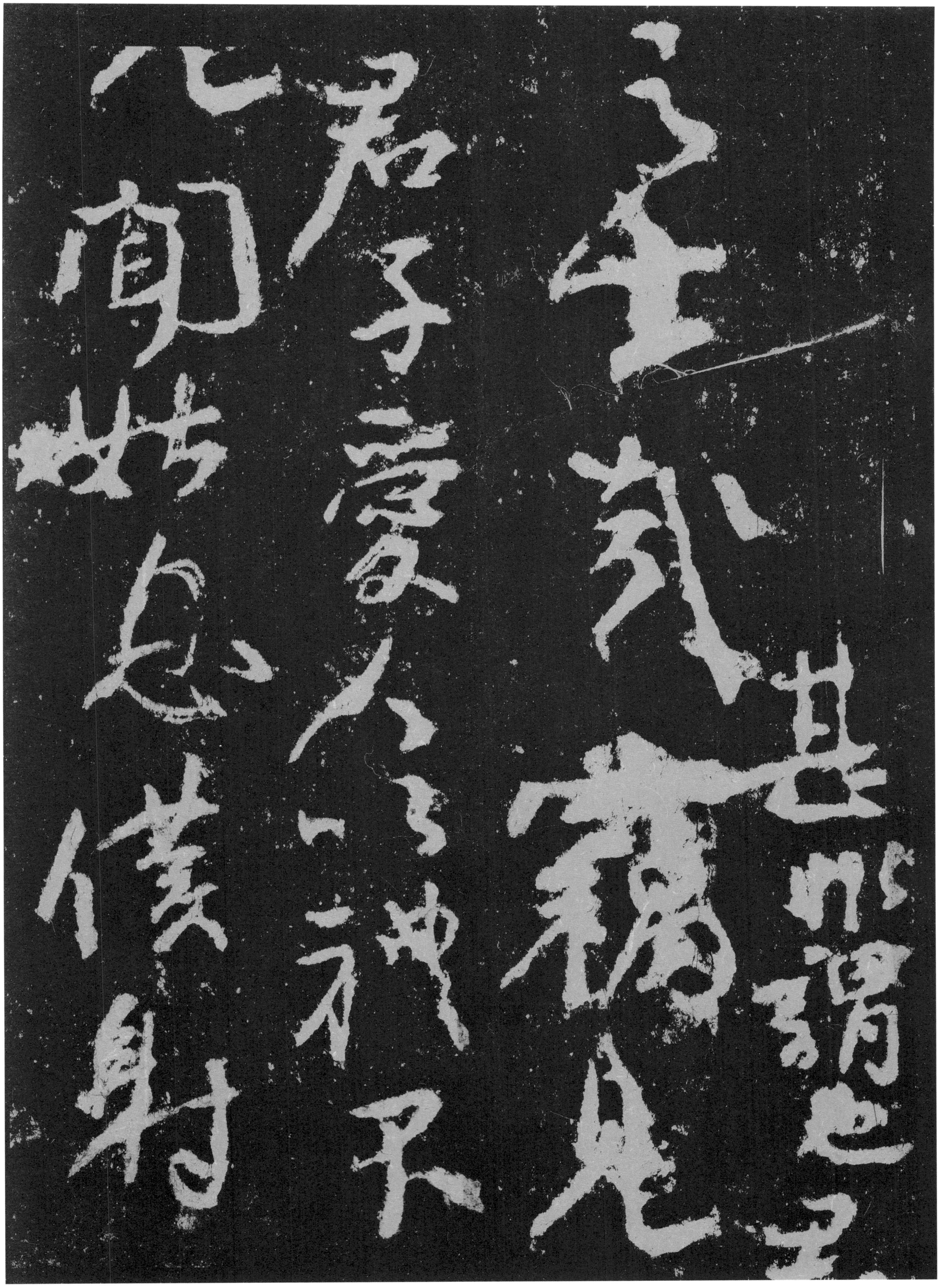
之士哉
甚非謂也
君子愛人以禮
不聞姑息僕射

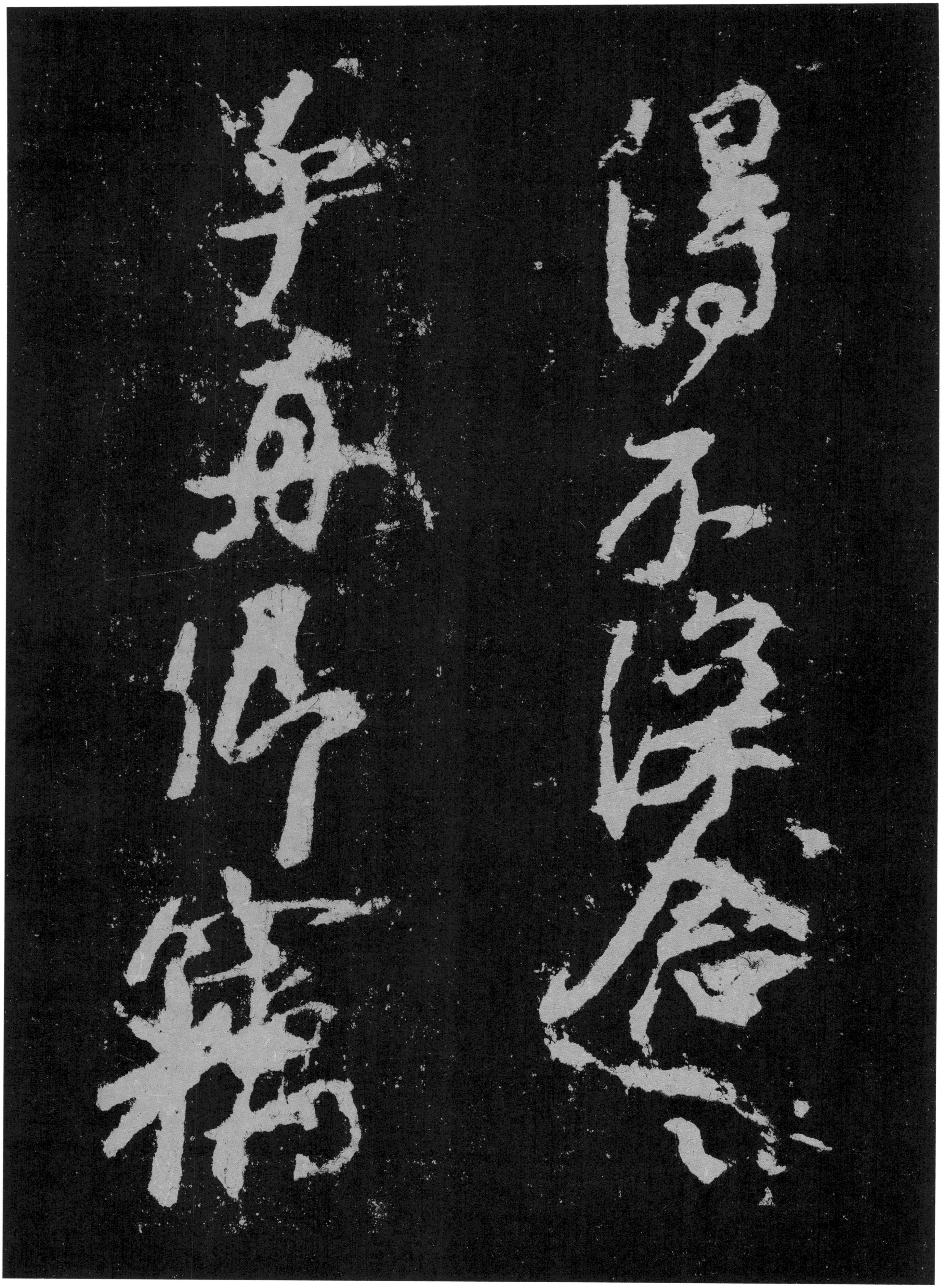

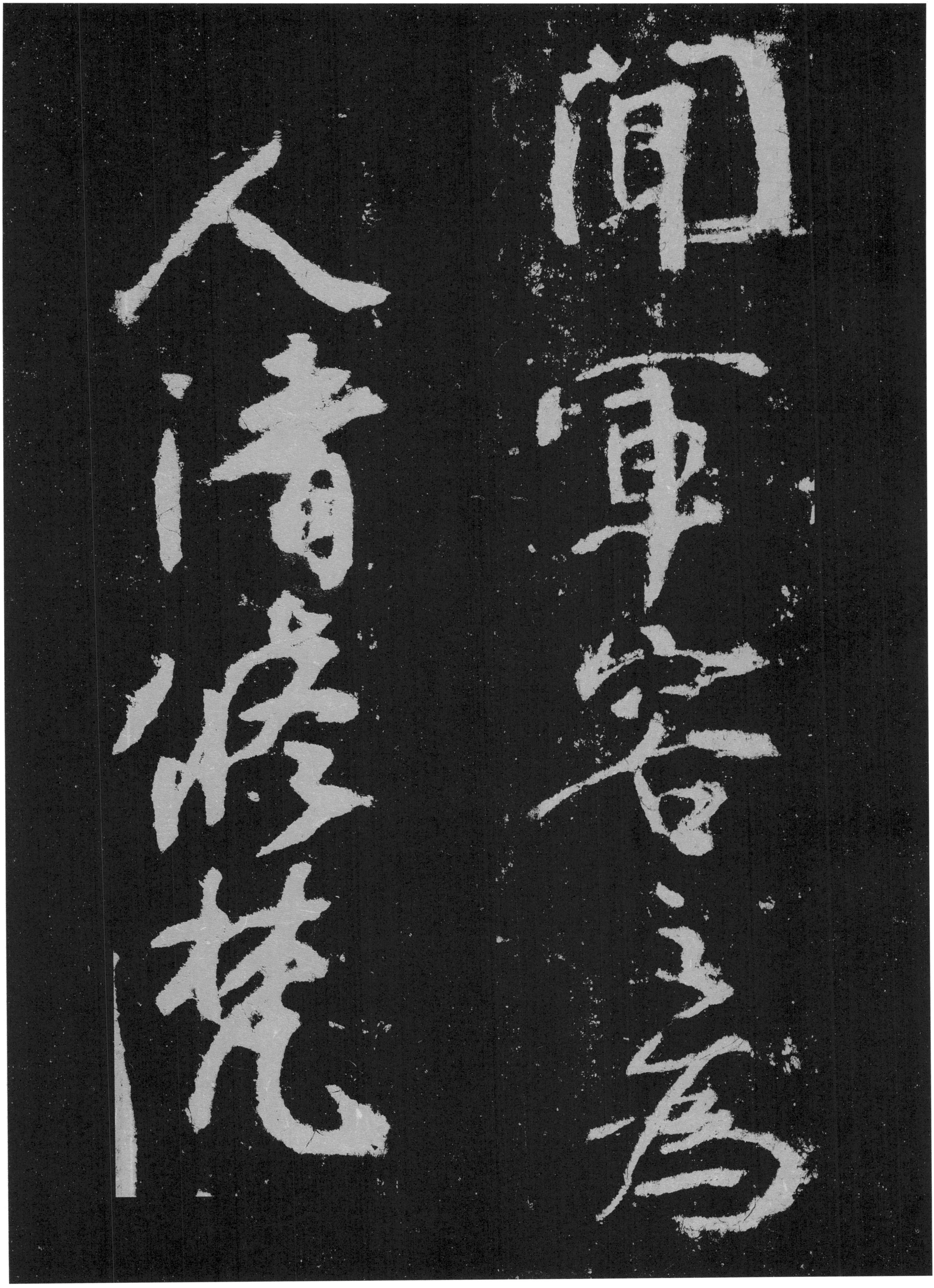
聞軍容之為
人清修梵

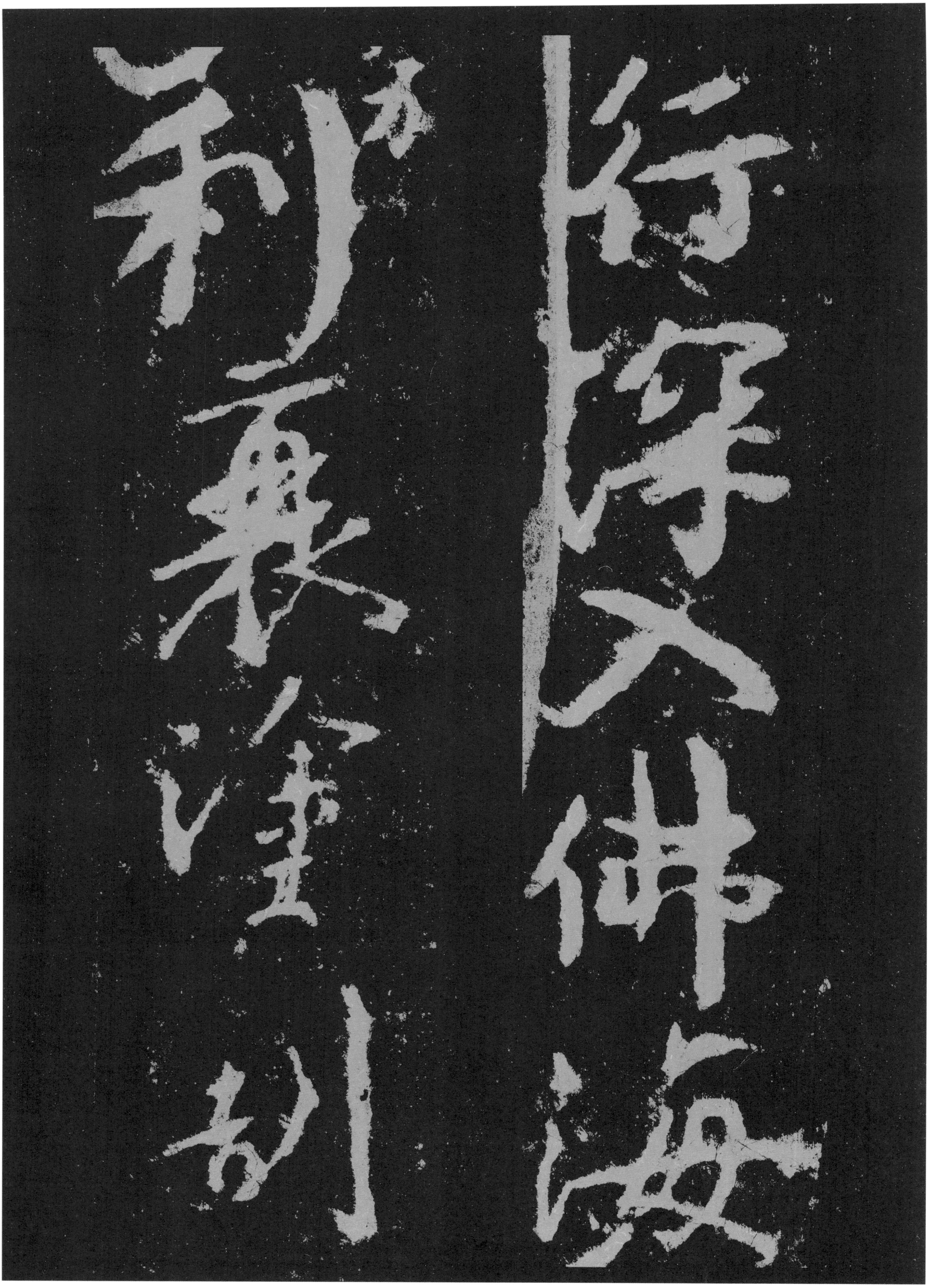

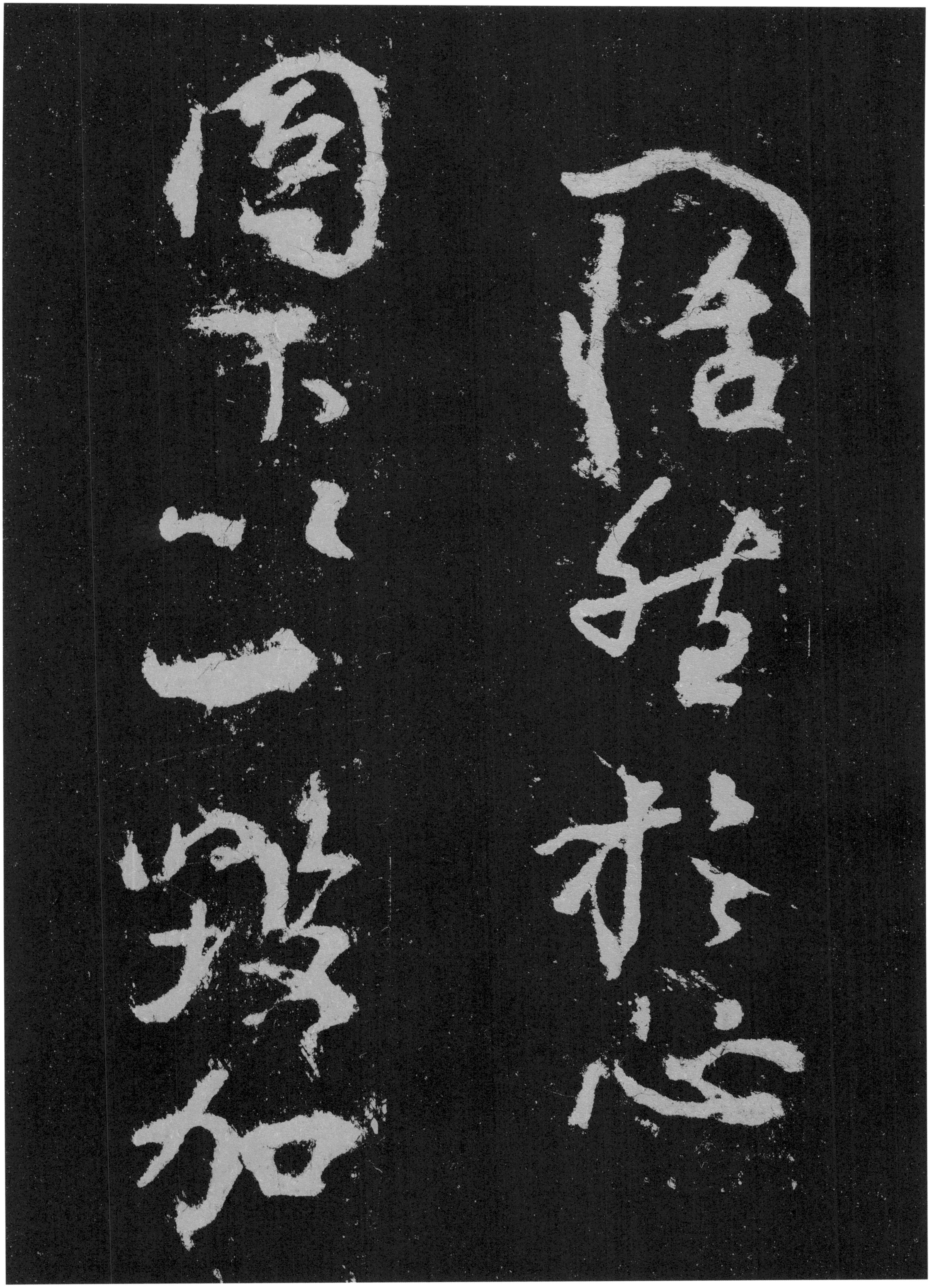

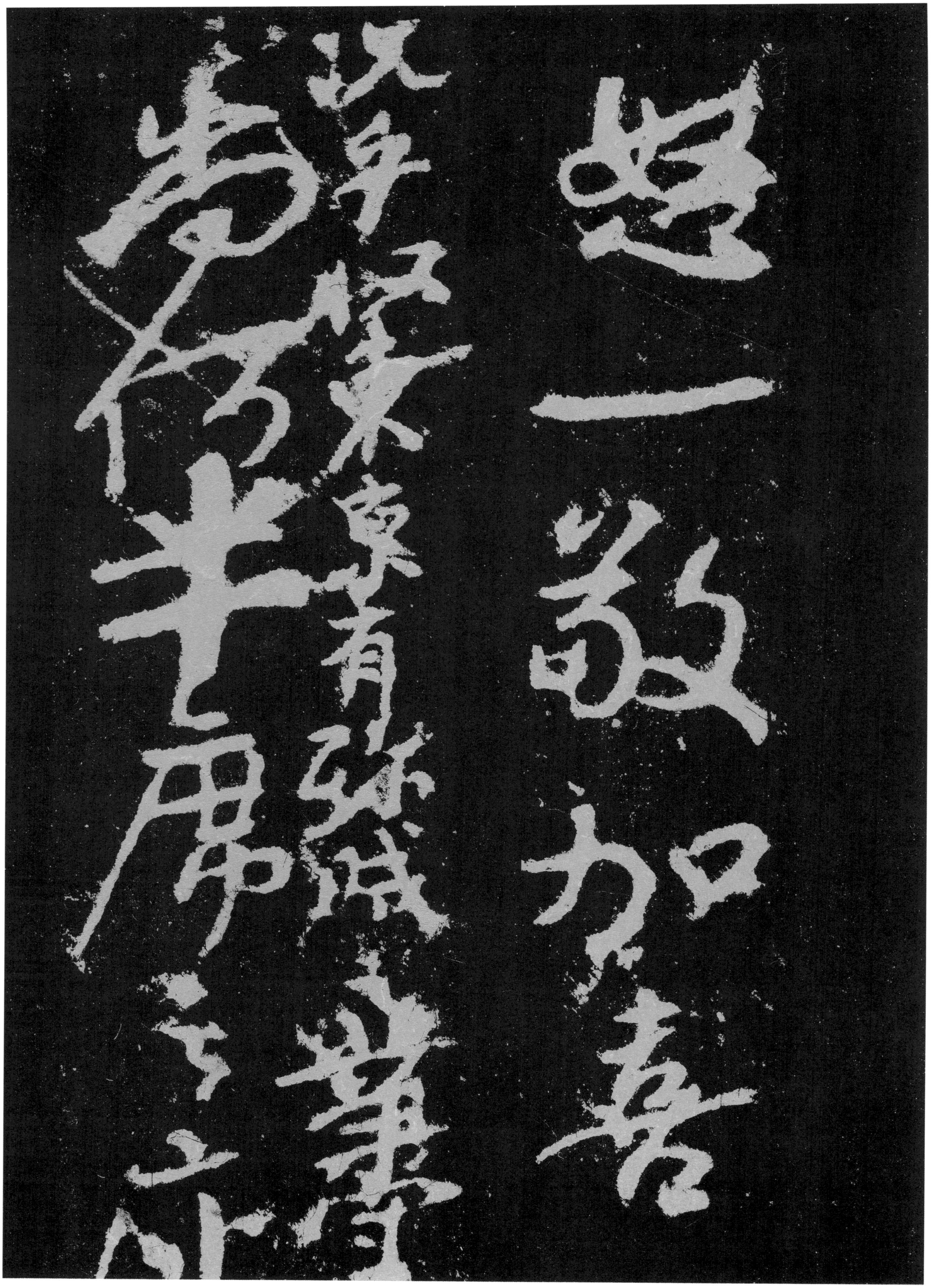

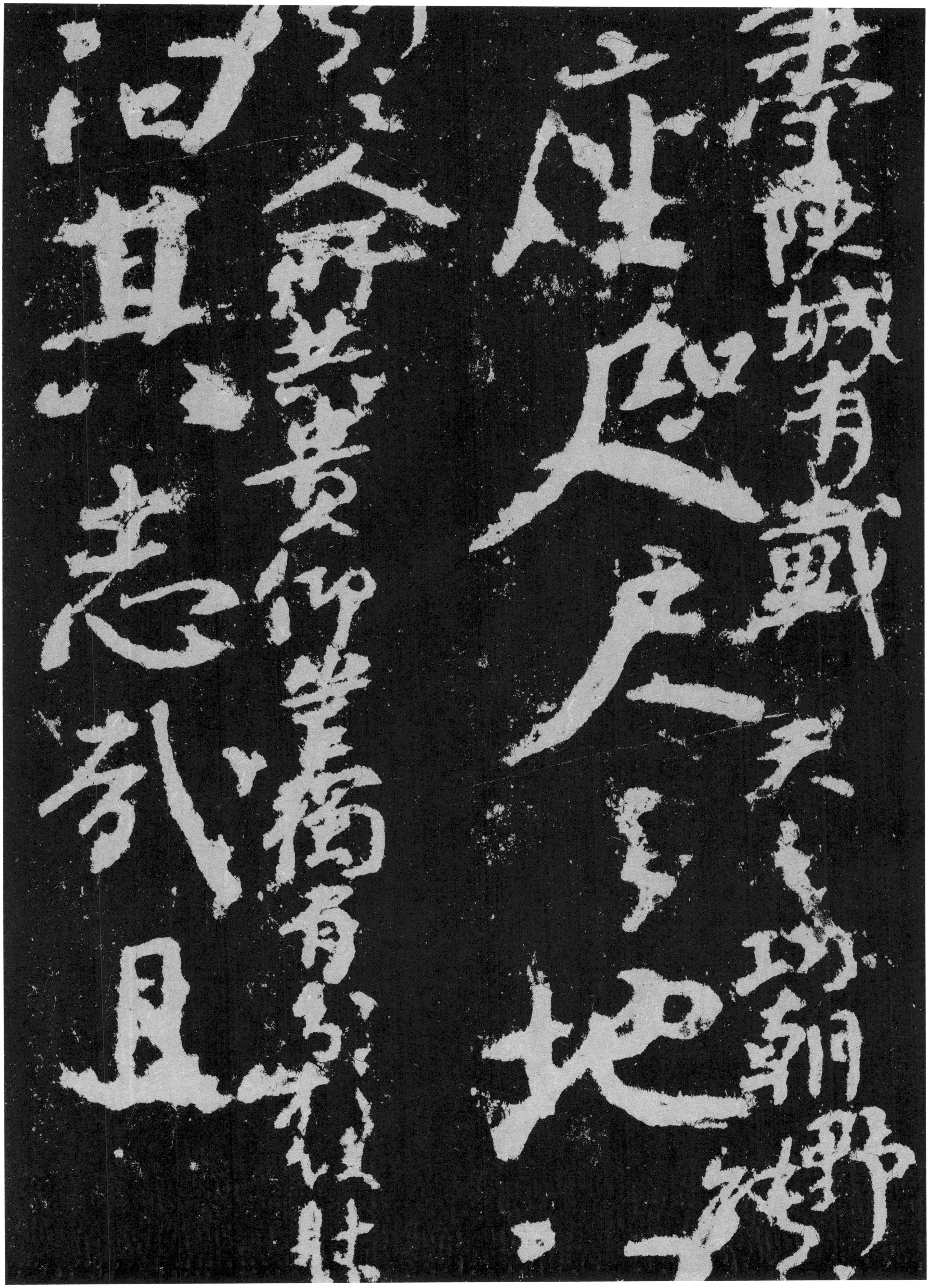

鄉里上達宗
廟上壽朝

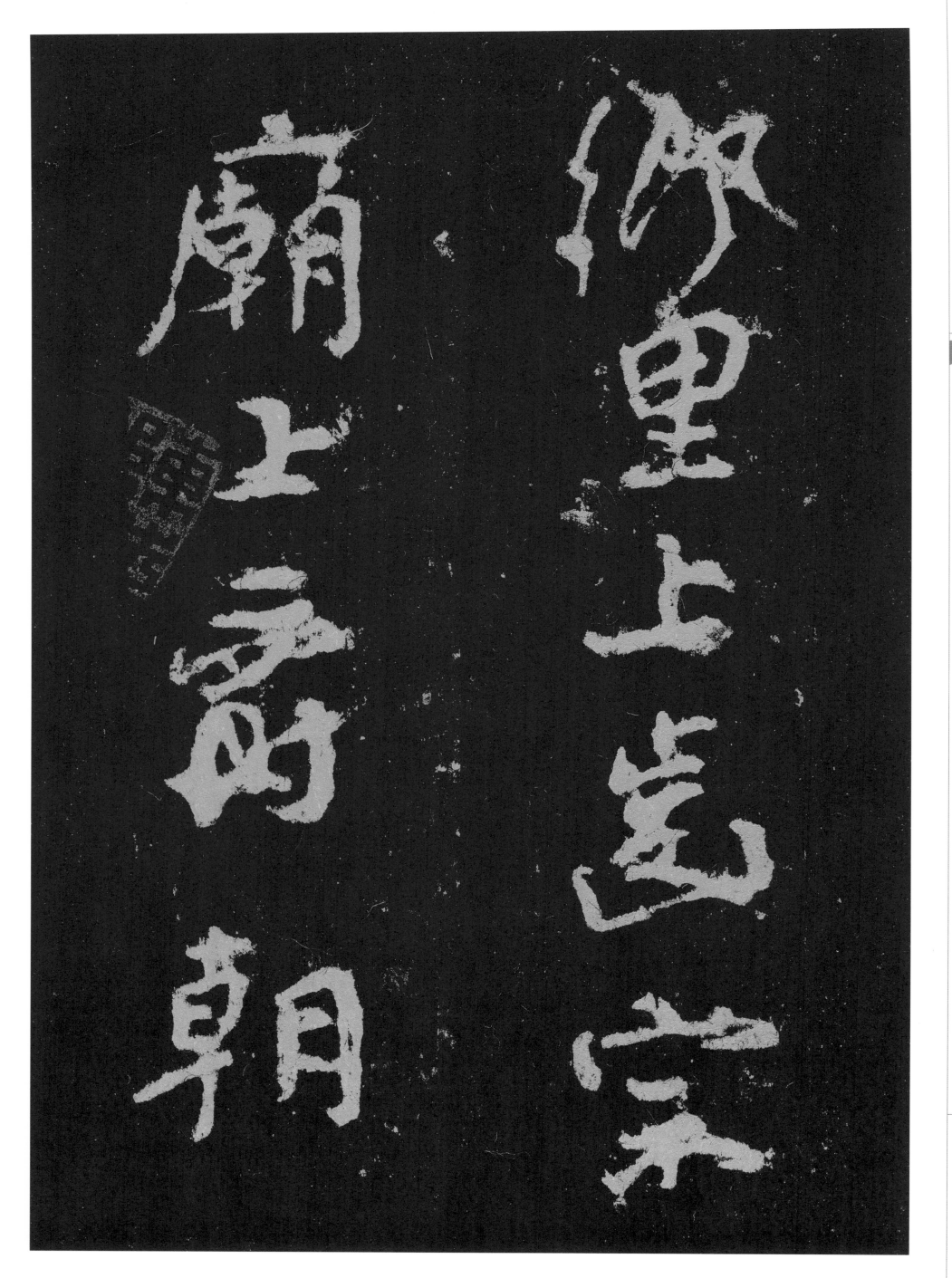

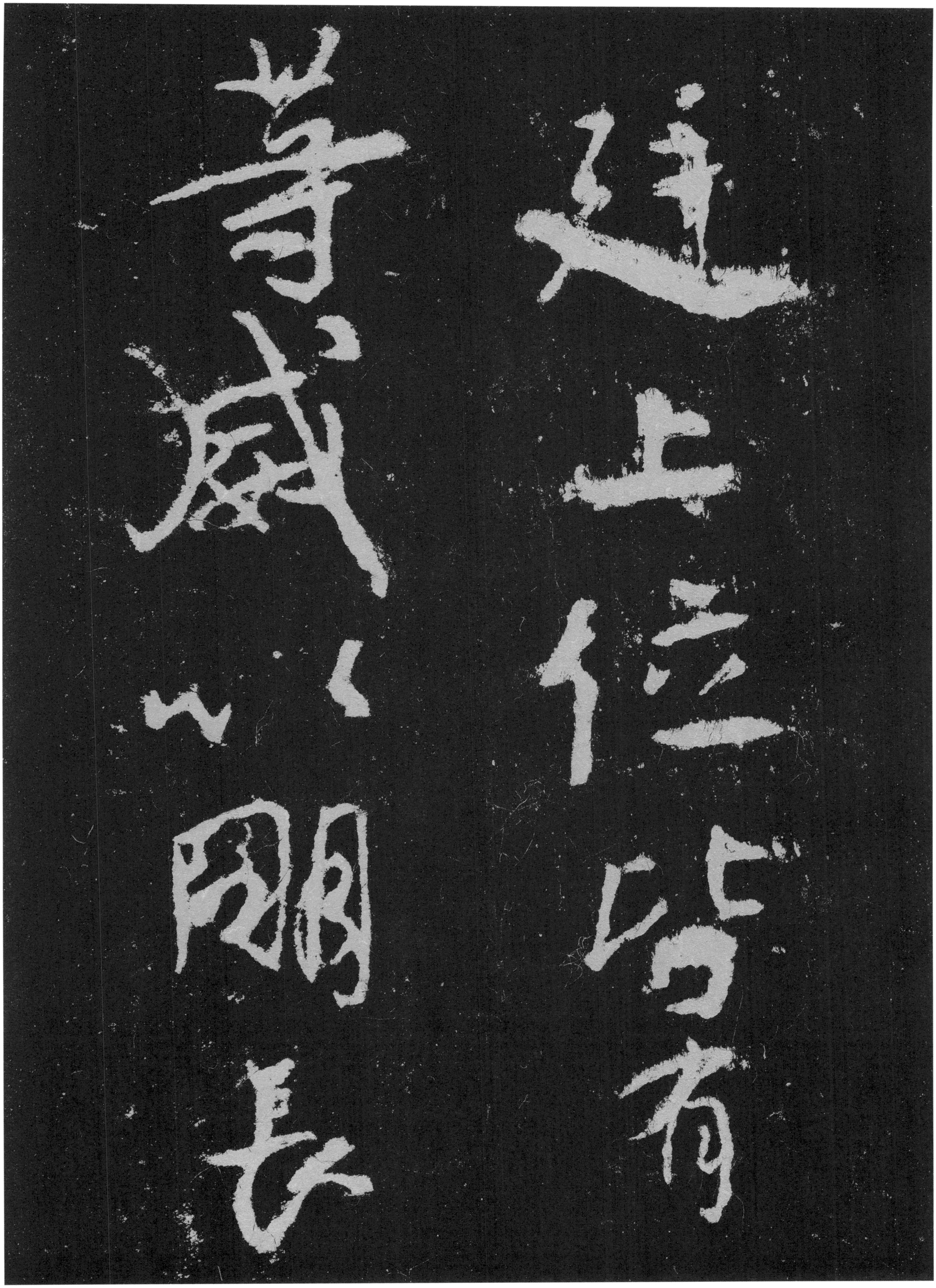
廷上位皆有
等威以明長

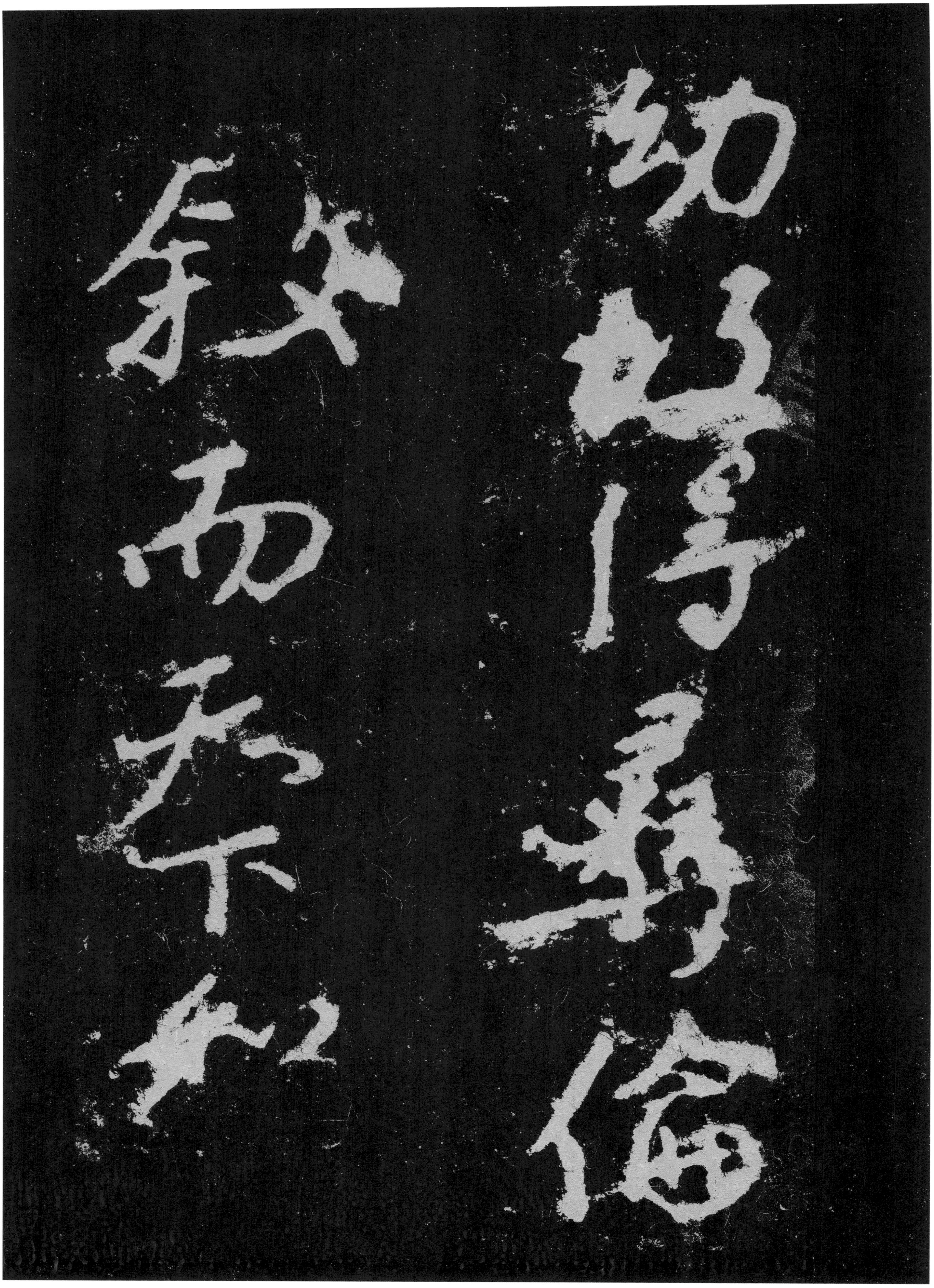

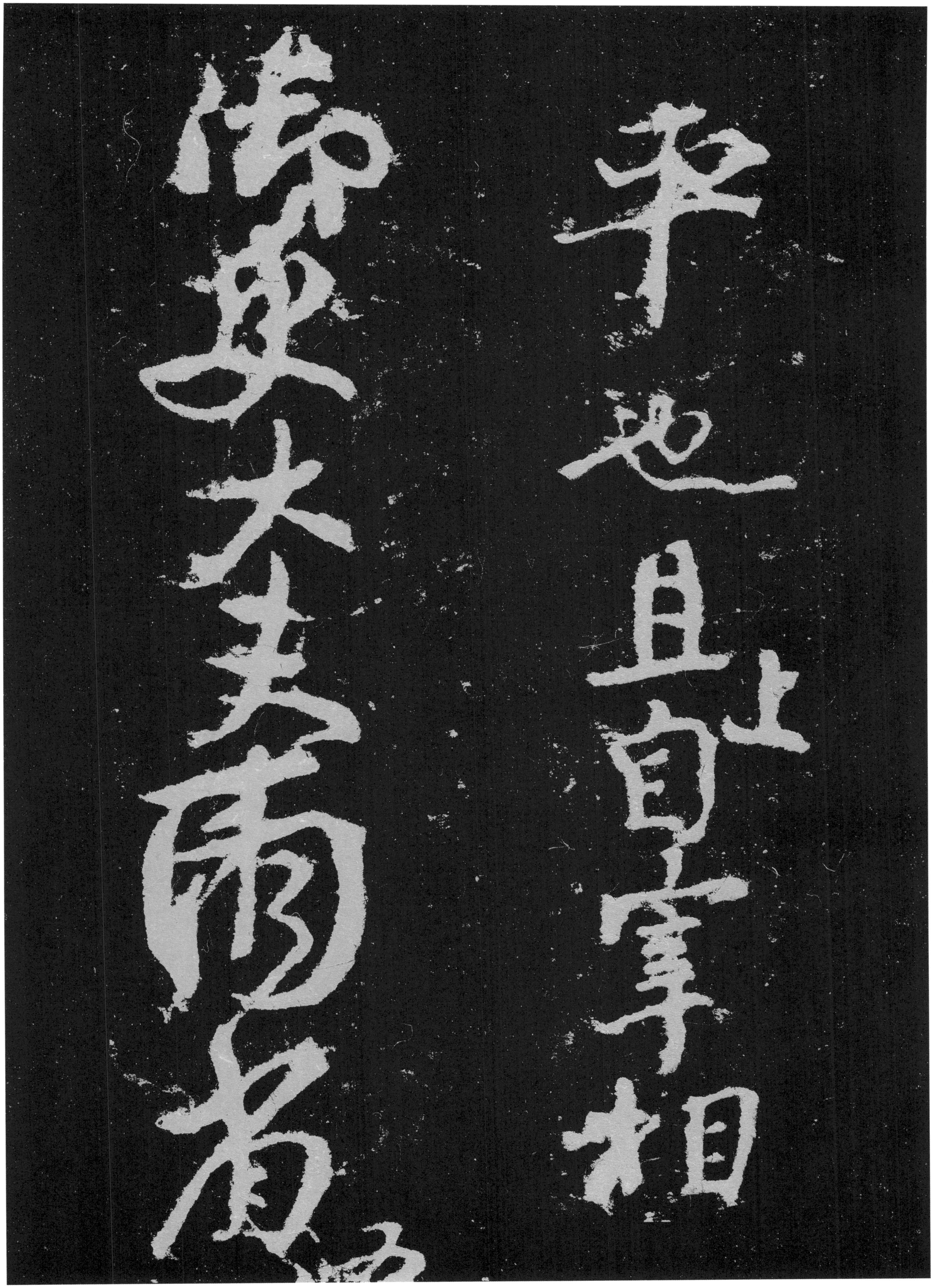
平也且上自宰相
御史大夫兩

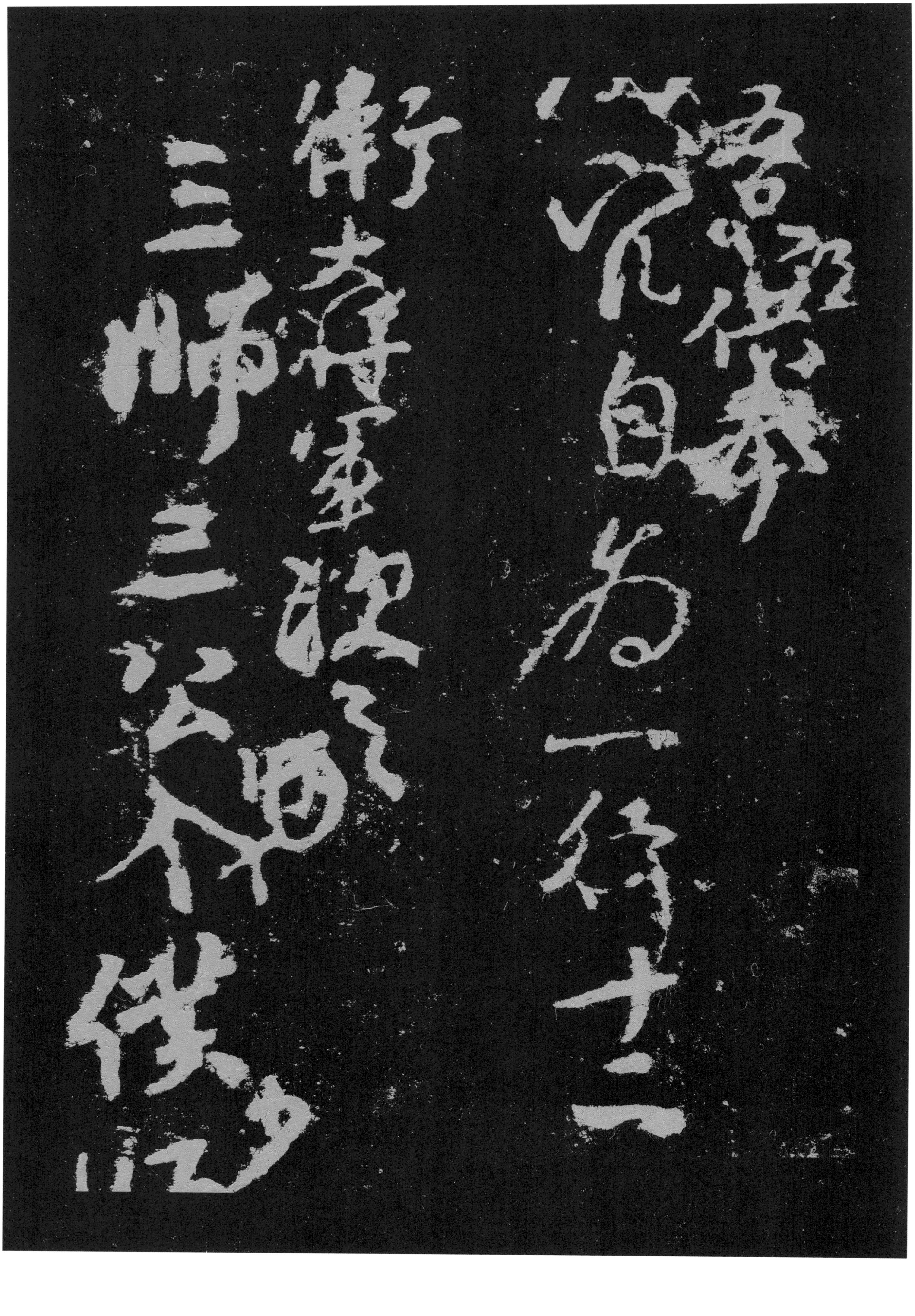

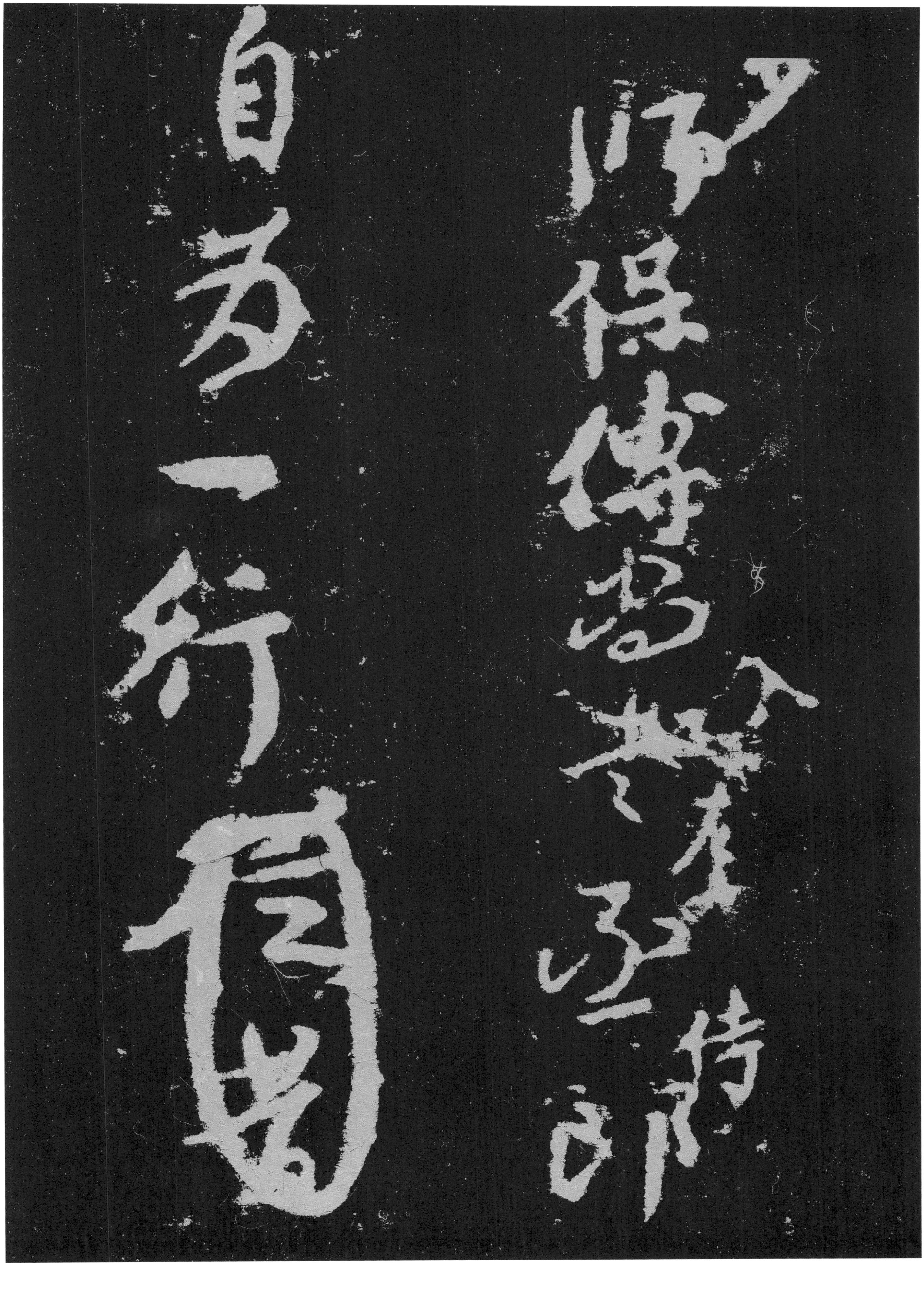
師保傅尚書左丞
侍郎
自為一行

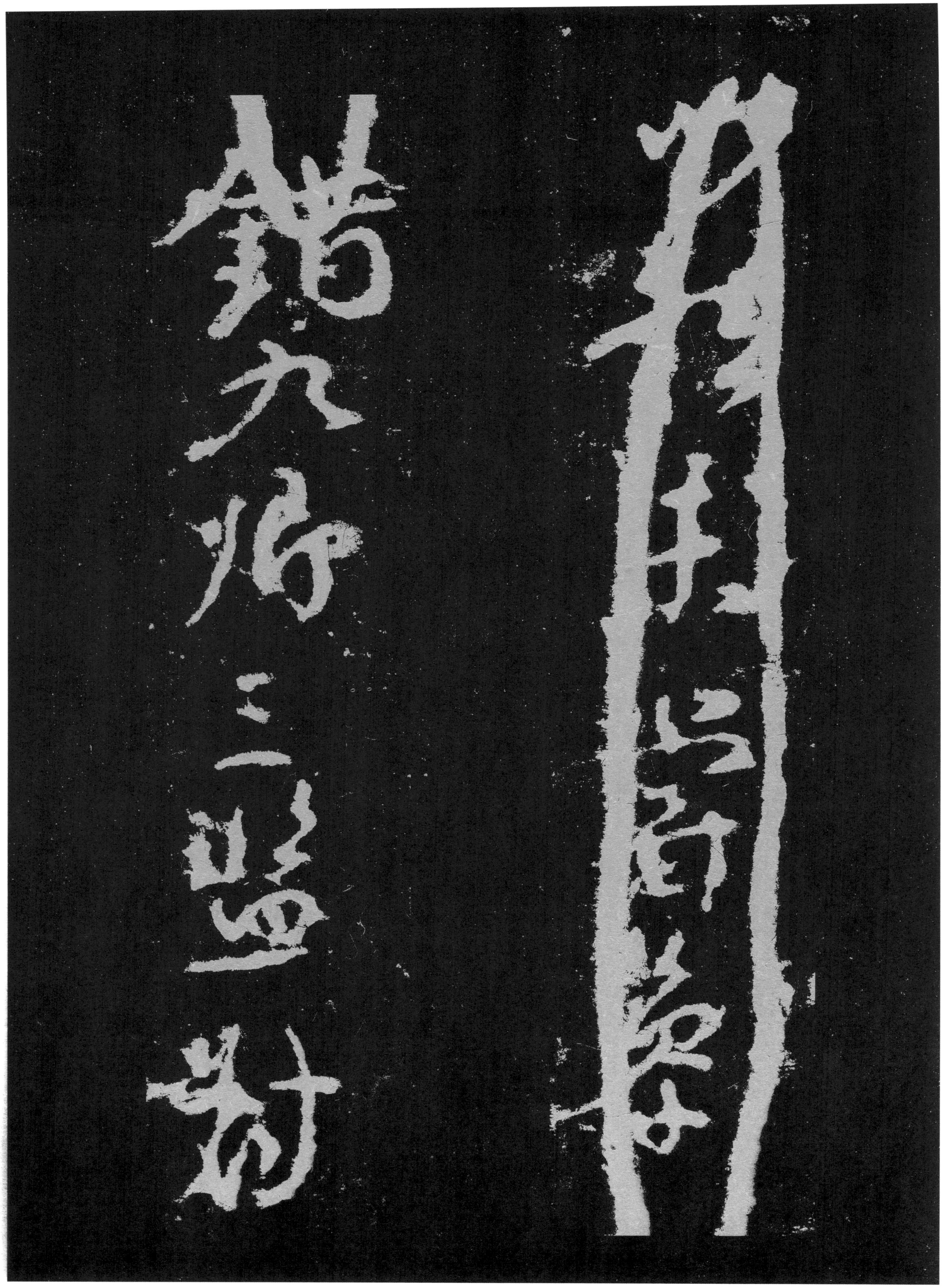

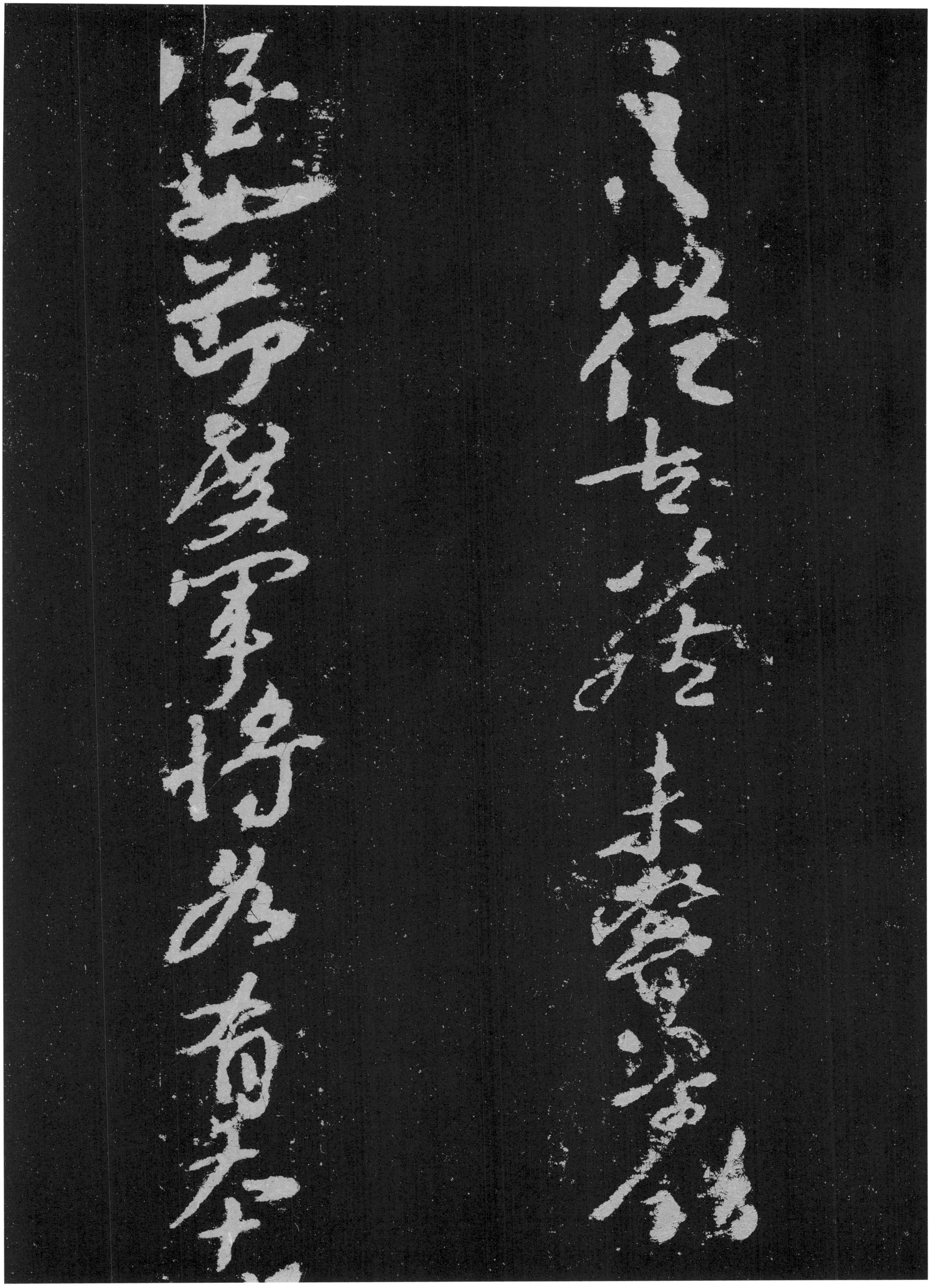

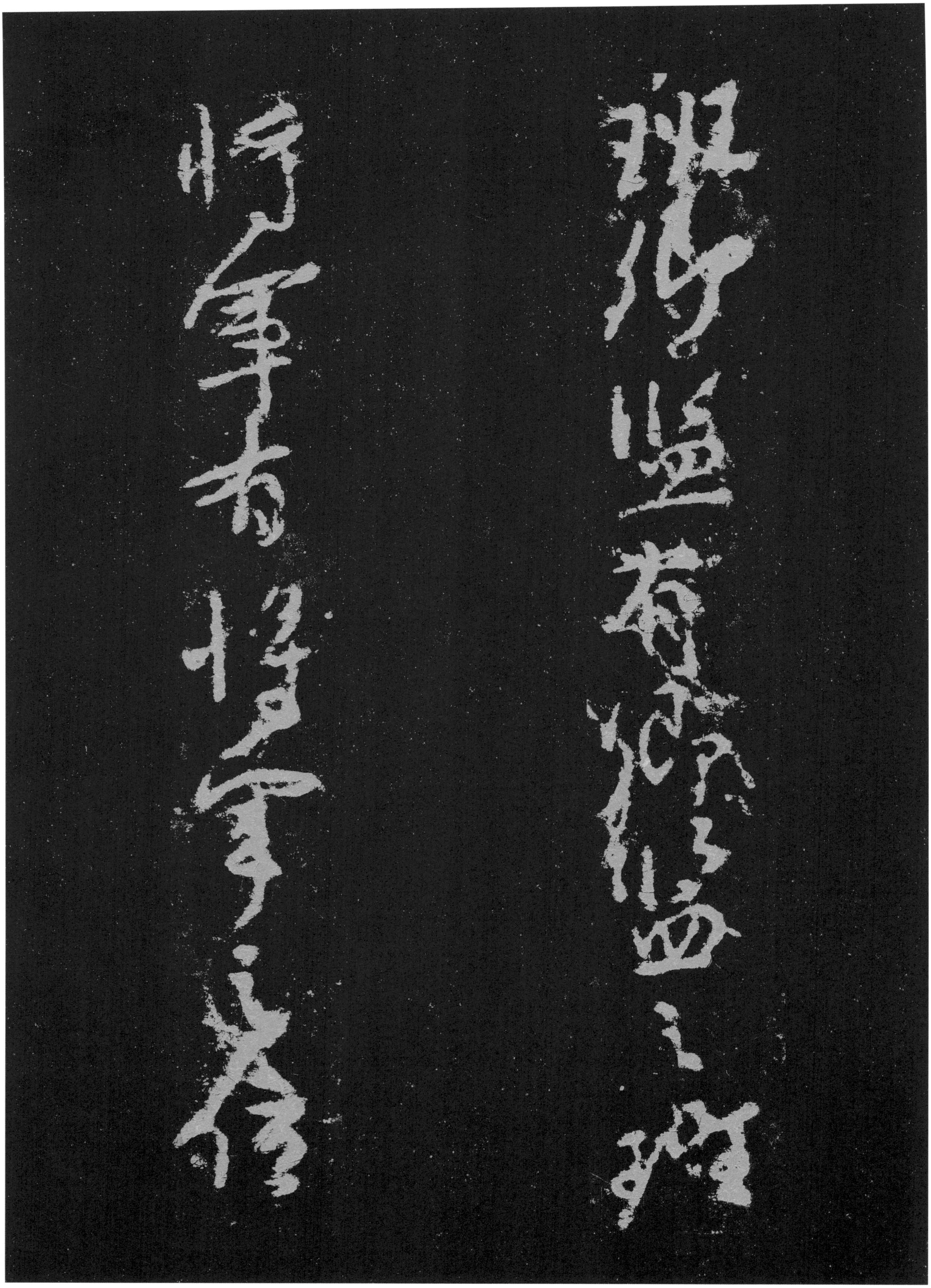

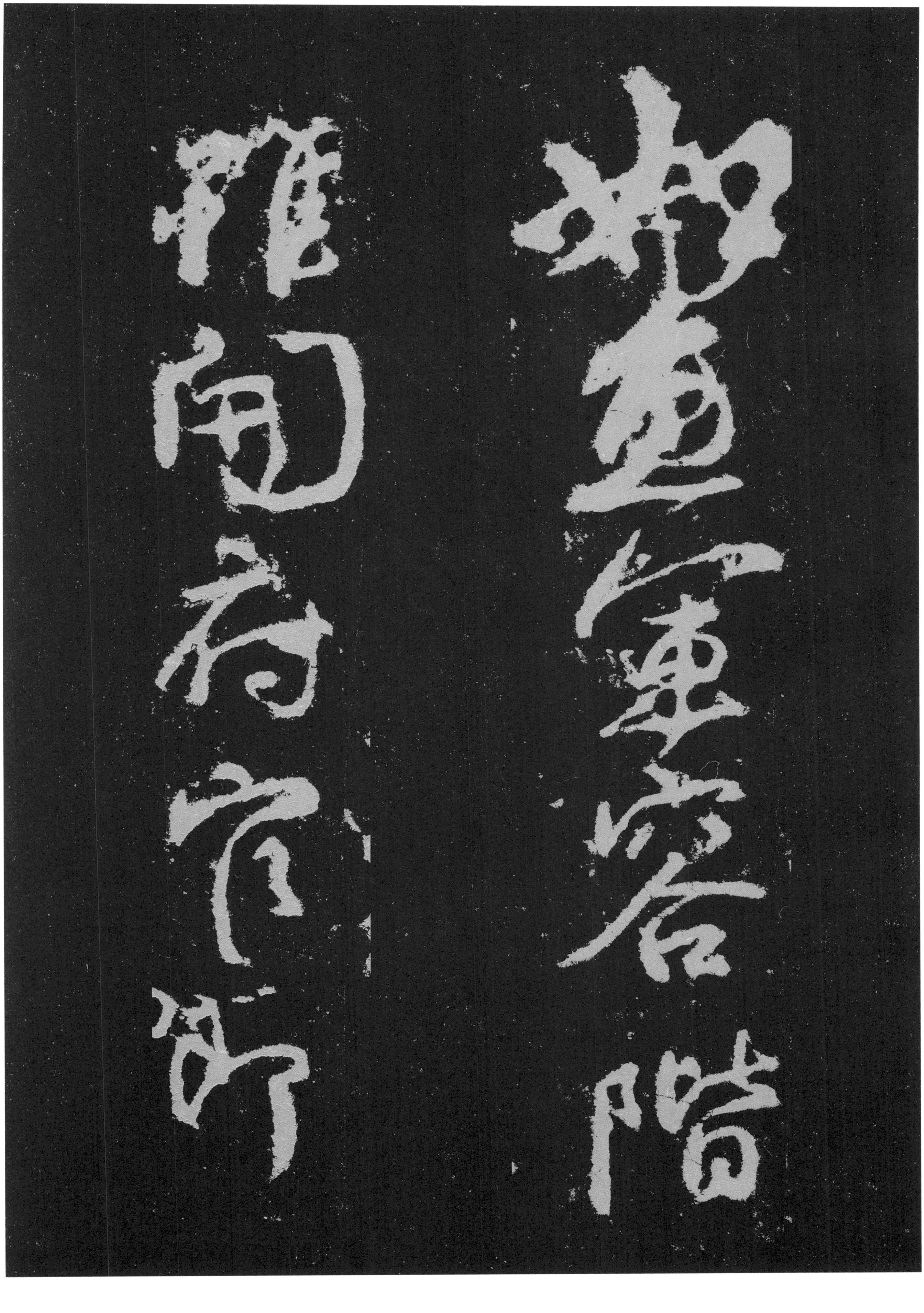

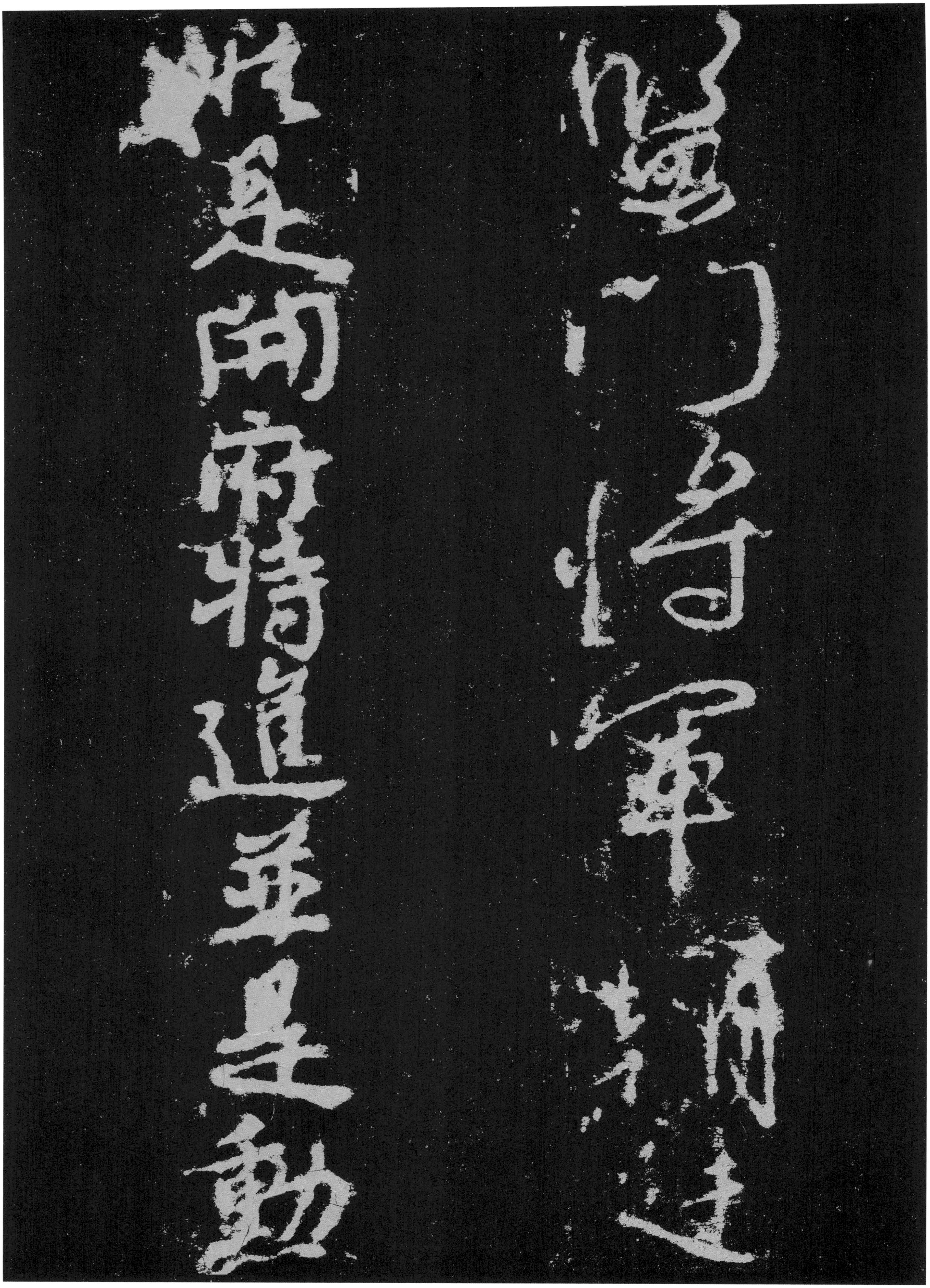

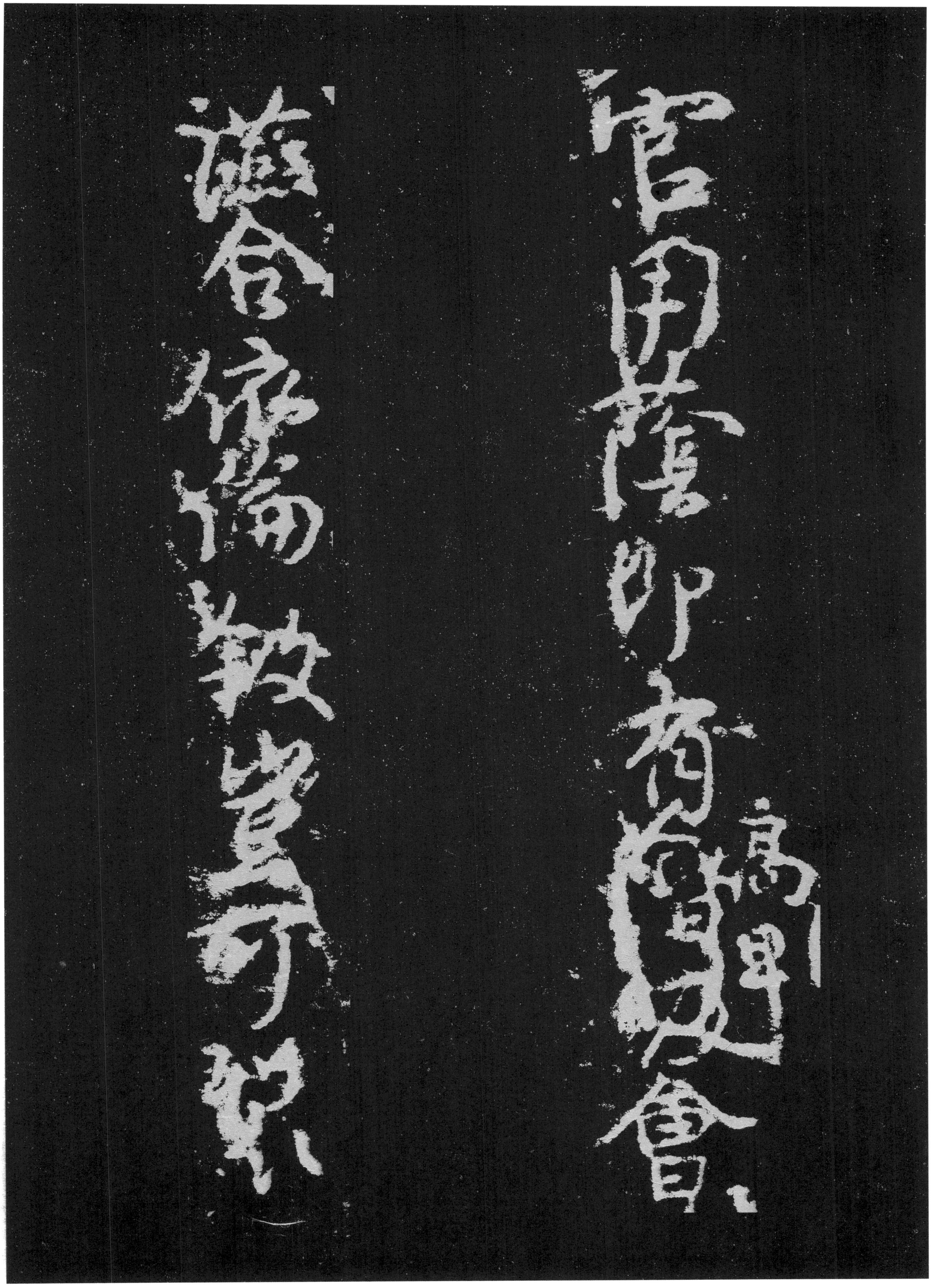
宜用蔭即有高卑會
讌合依倫叙豈可

列位身有欸敦

位功積陵

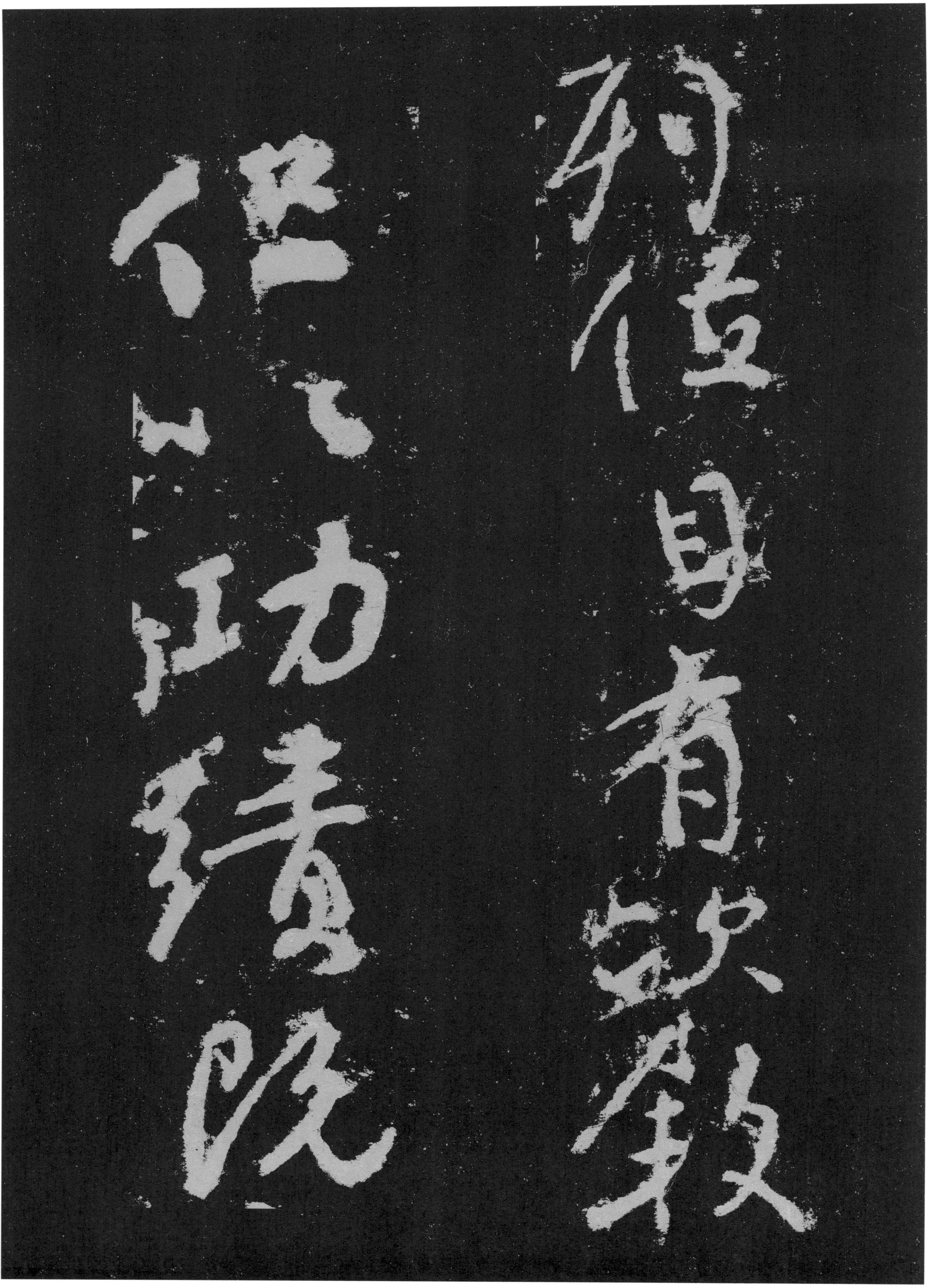

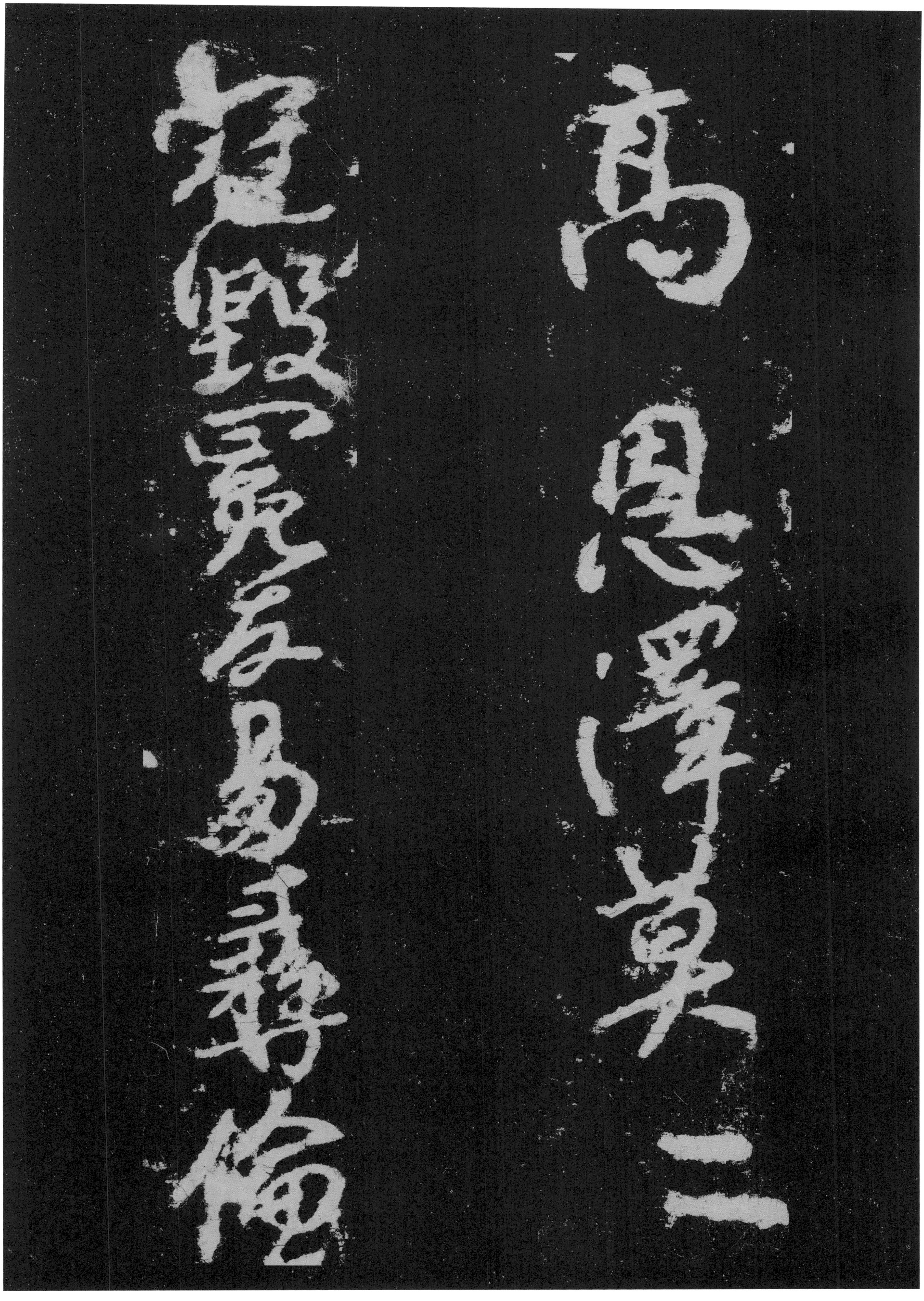
高恩澤莫二

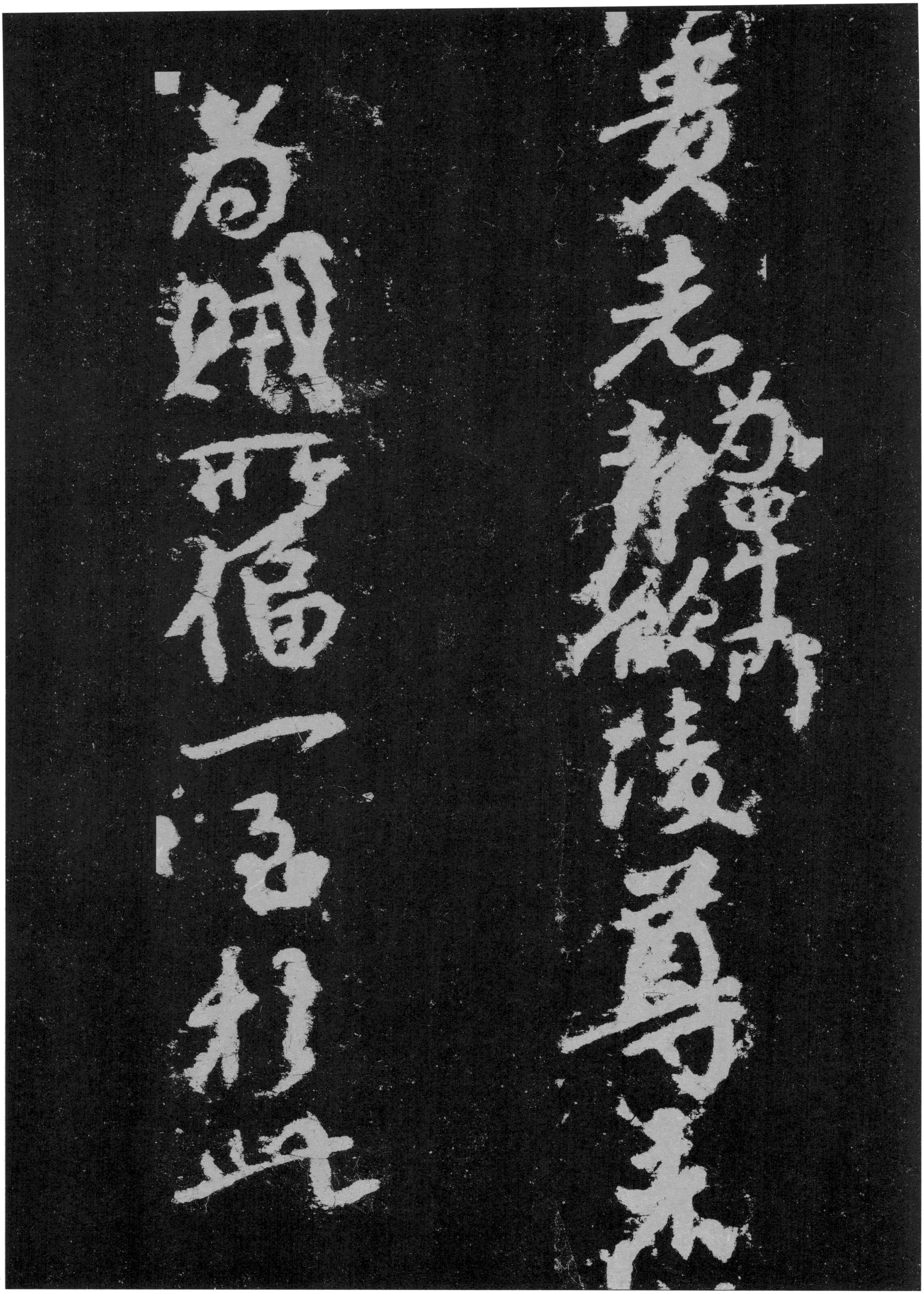

唐 顏真卿 爭座位帖

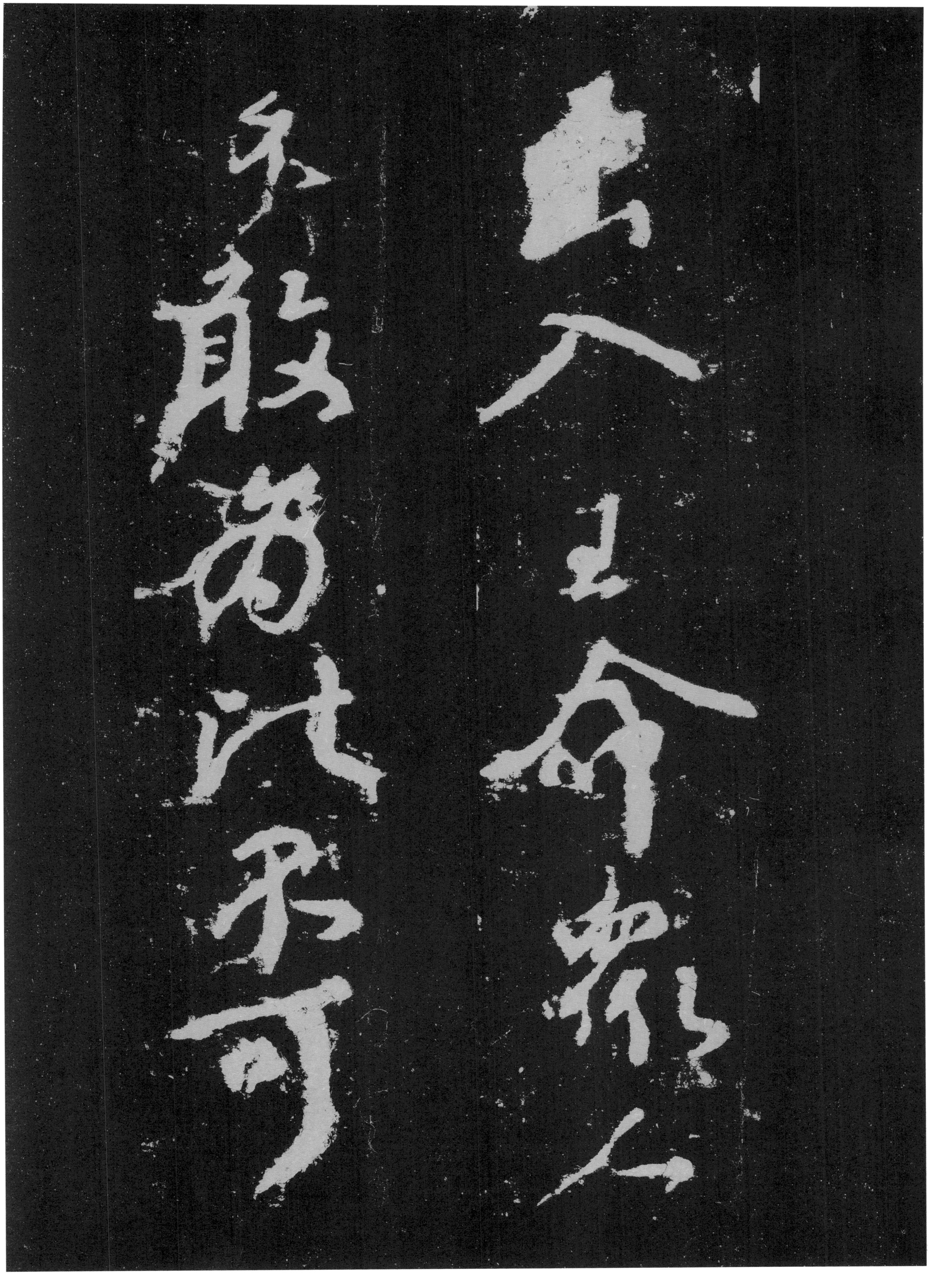

今屈不信頃須別

拥书无闻

不宜尊崇然

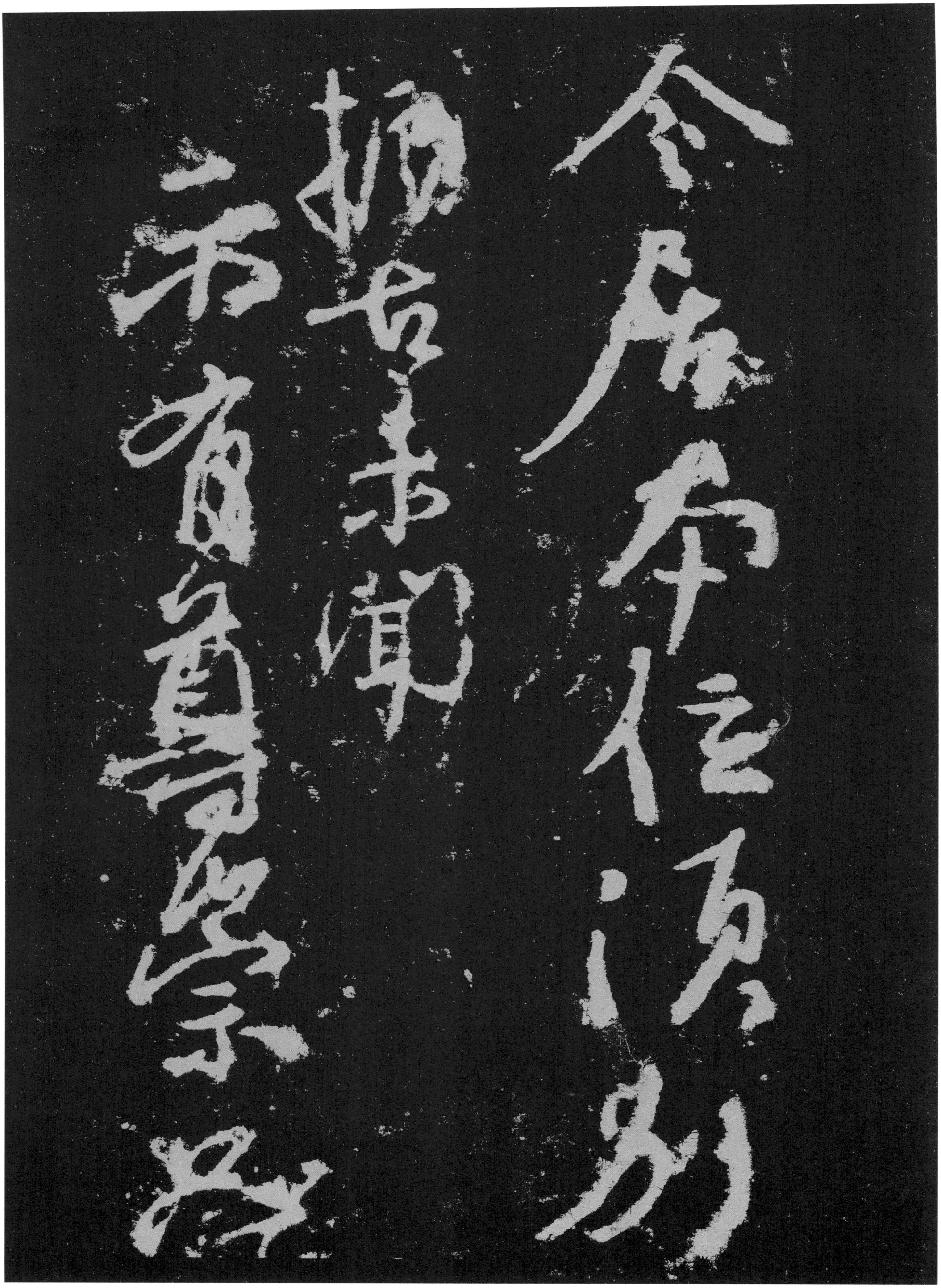

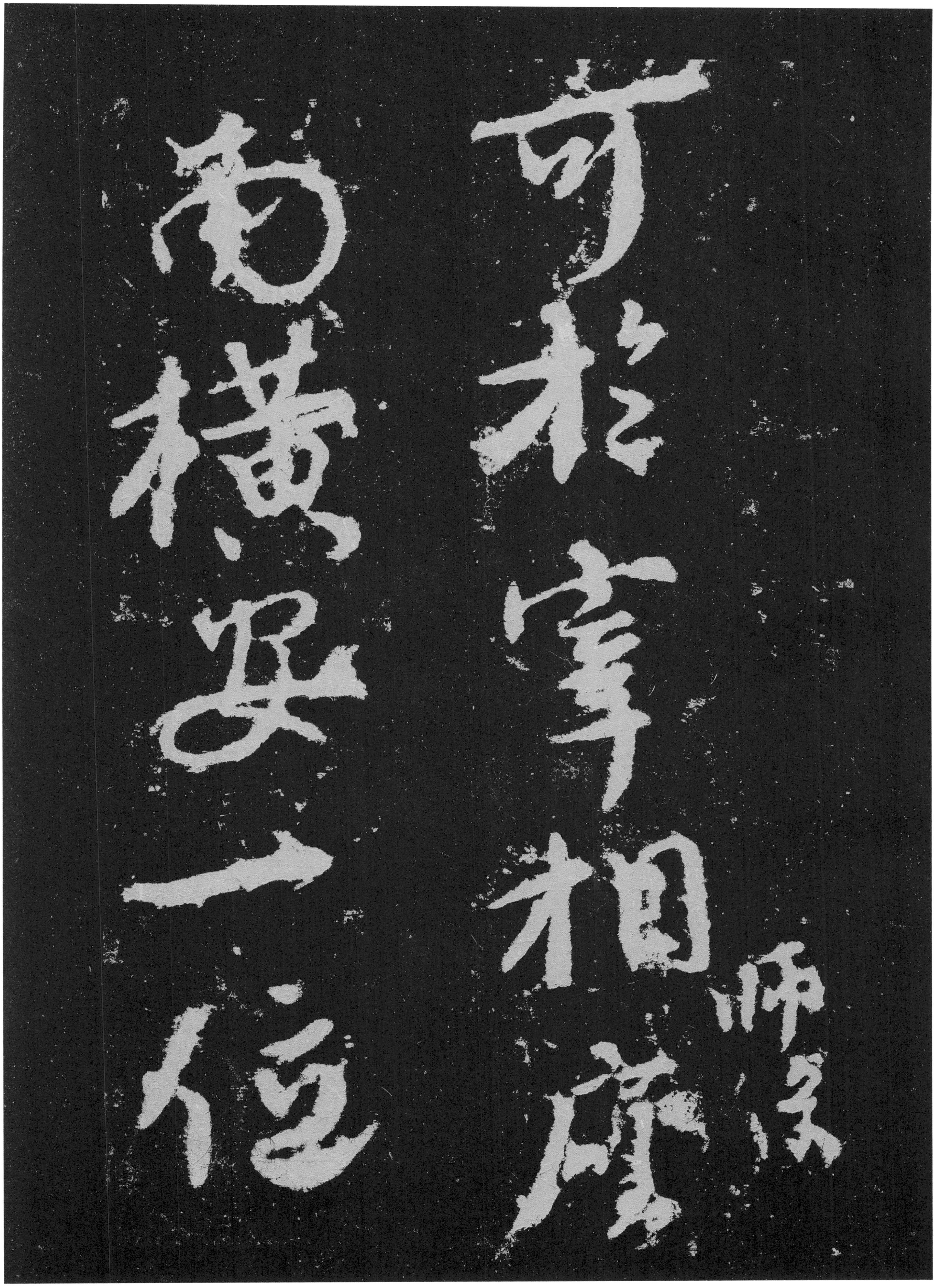
可於宰相師保座
南横安一位

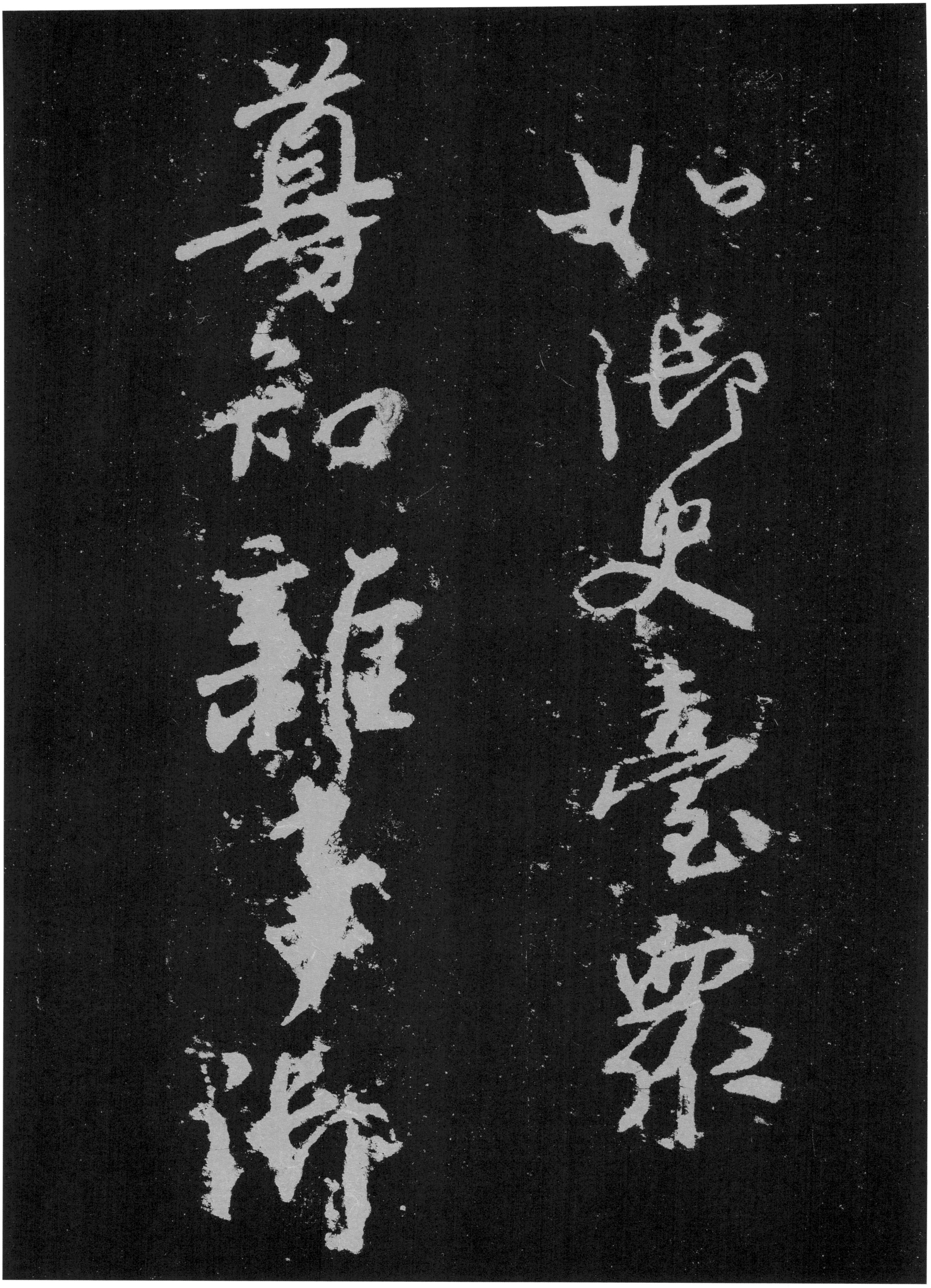

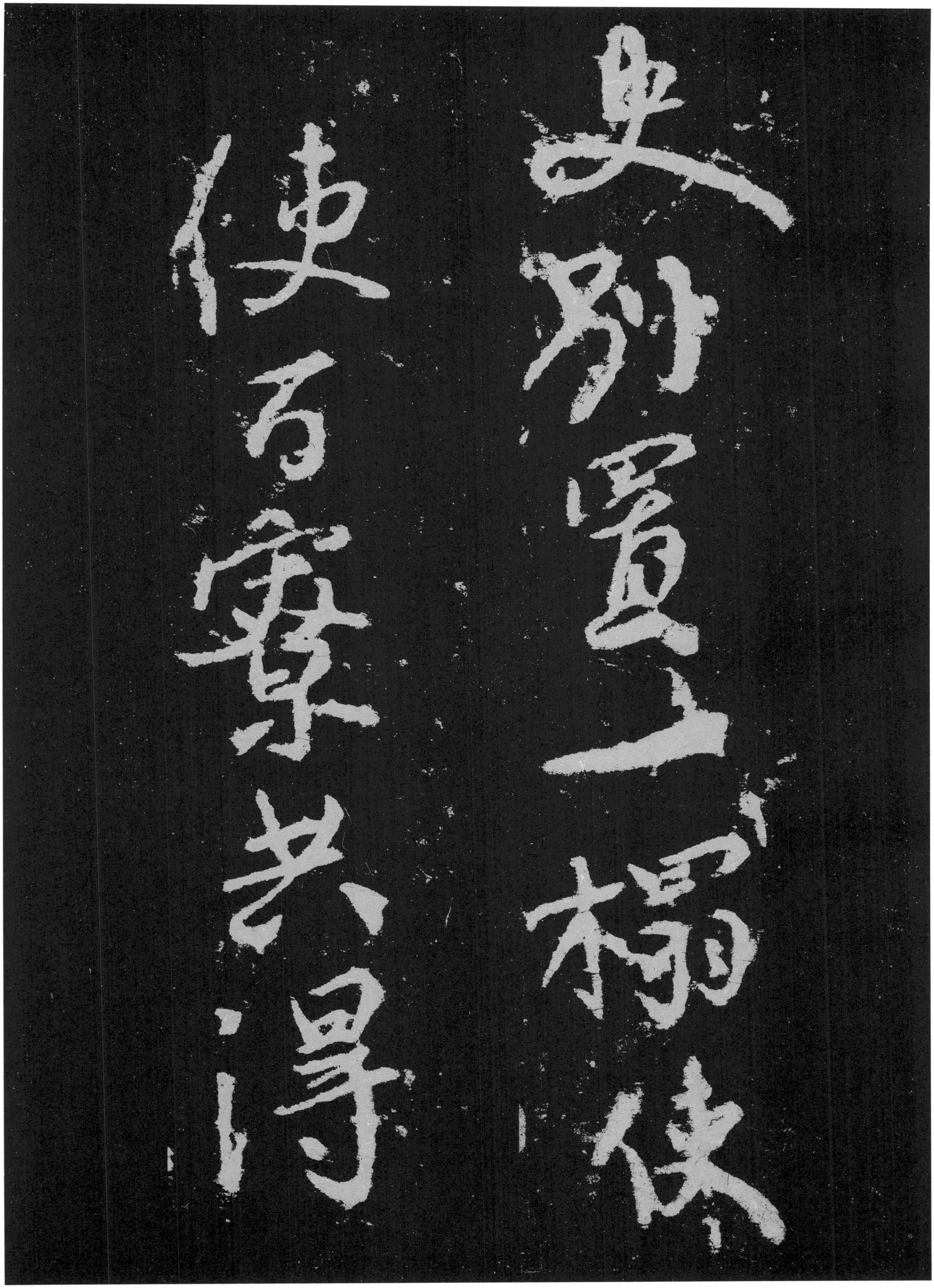
史别置一榻使
使百寮共得

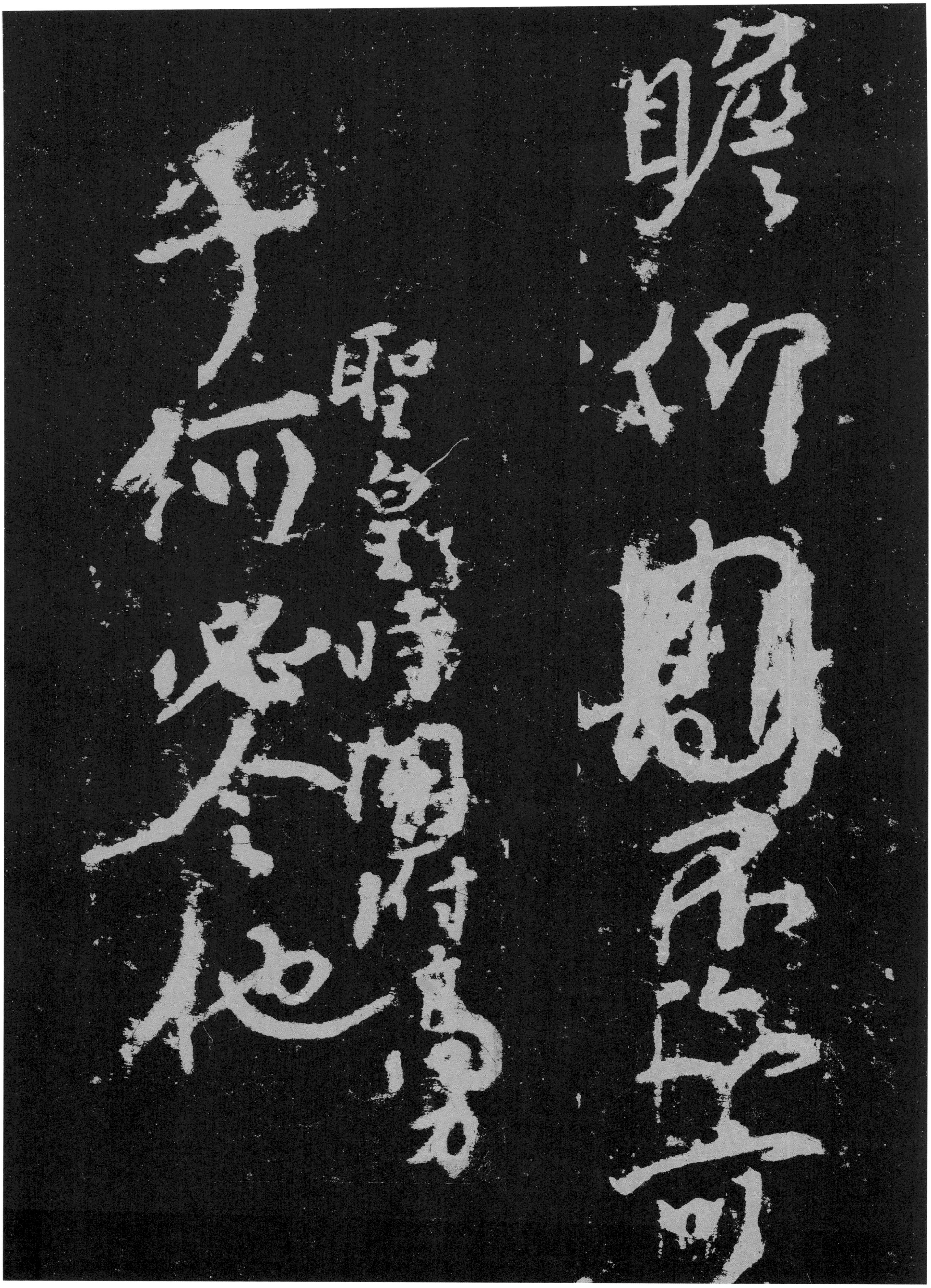

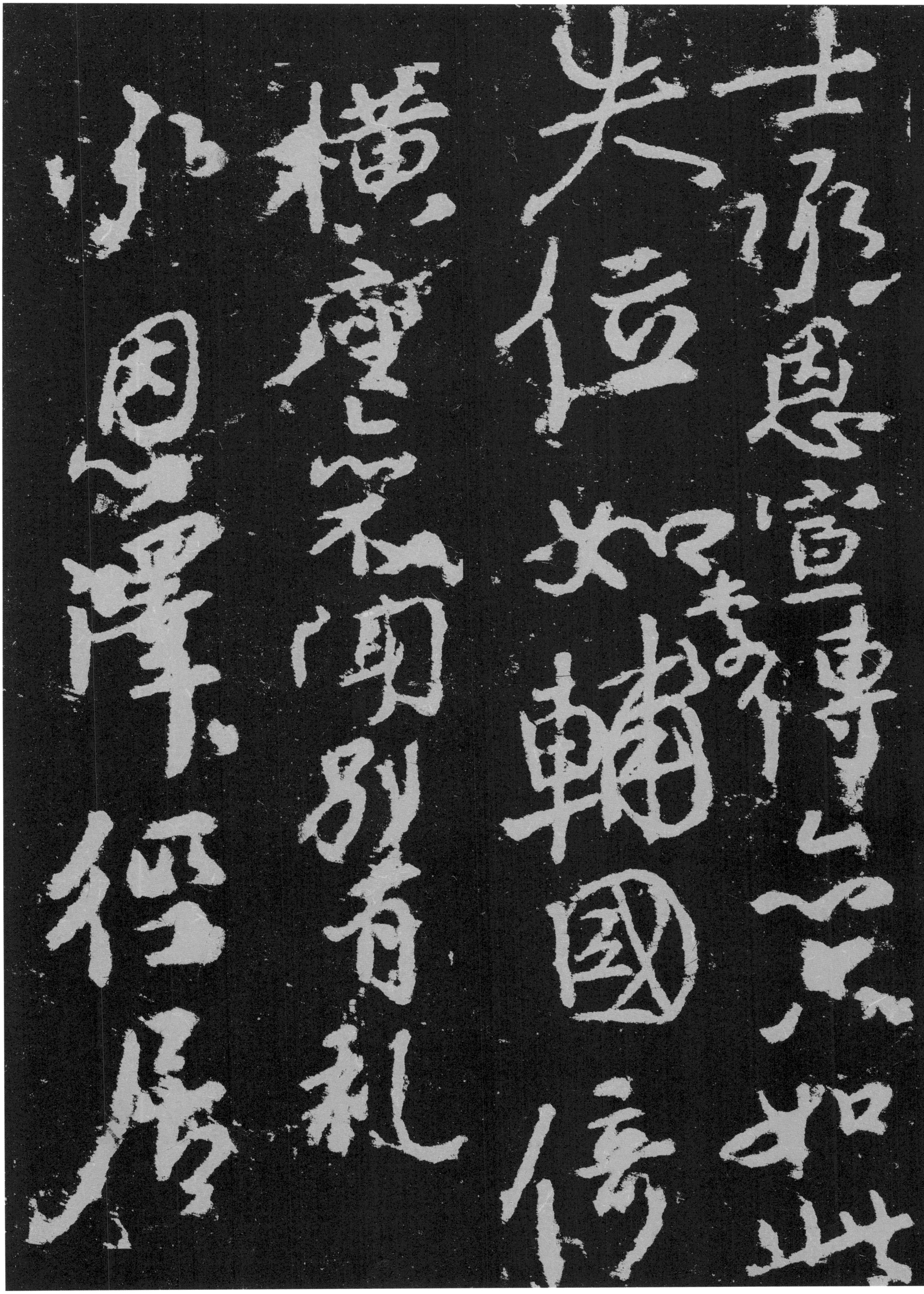

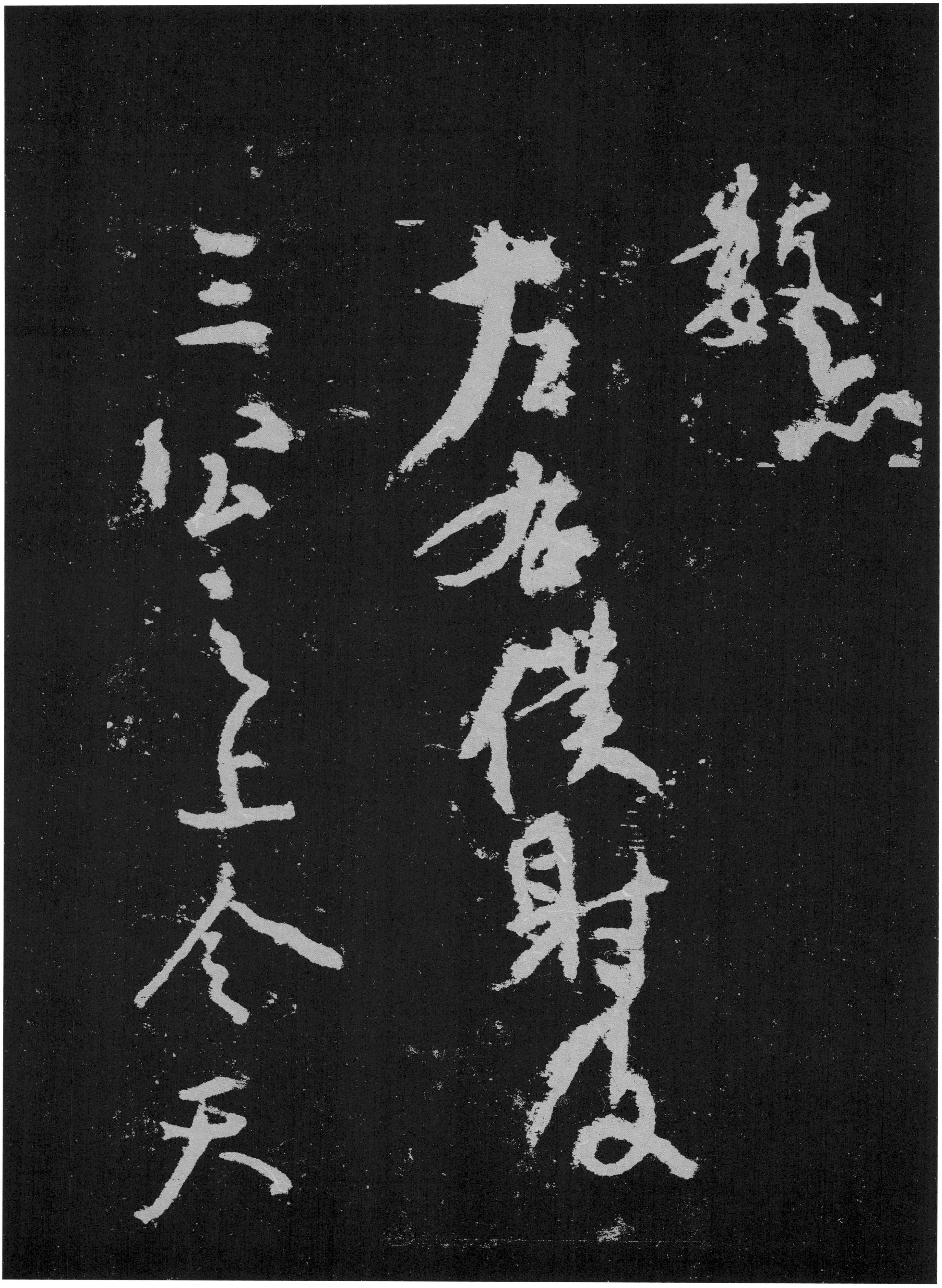
數之
左右僕射及
三公之上令天

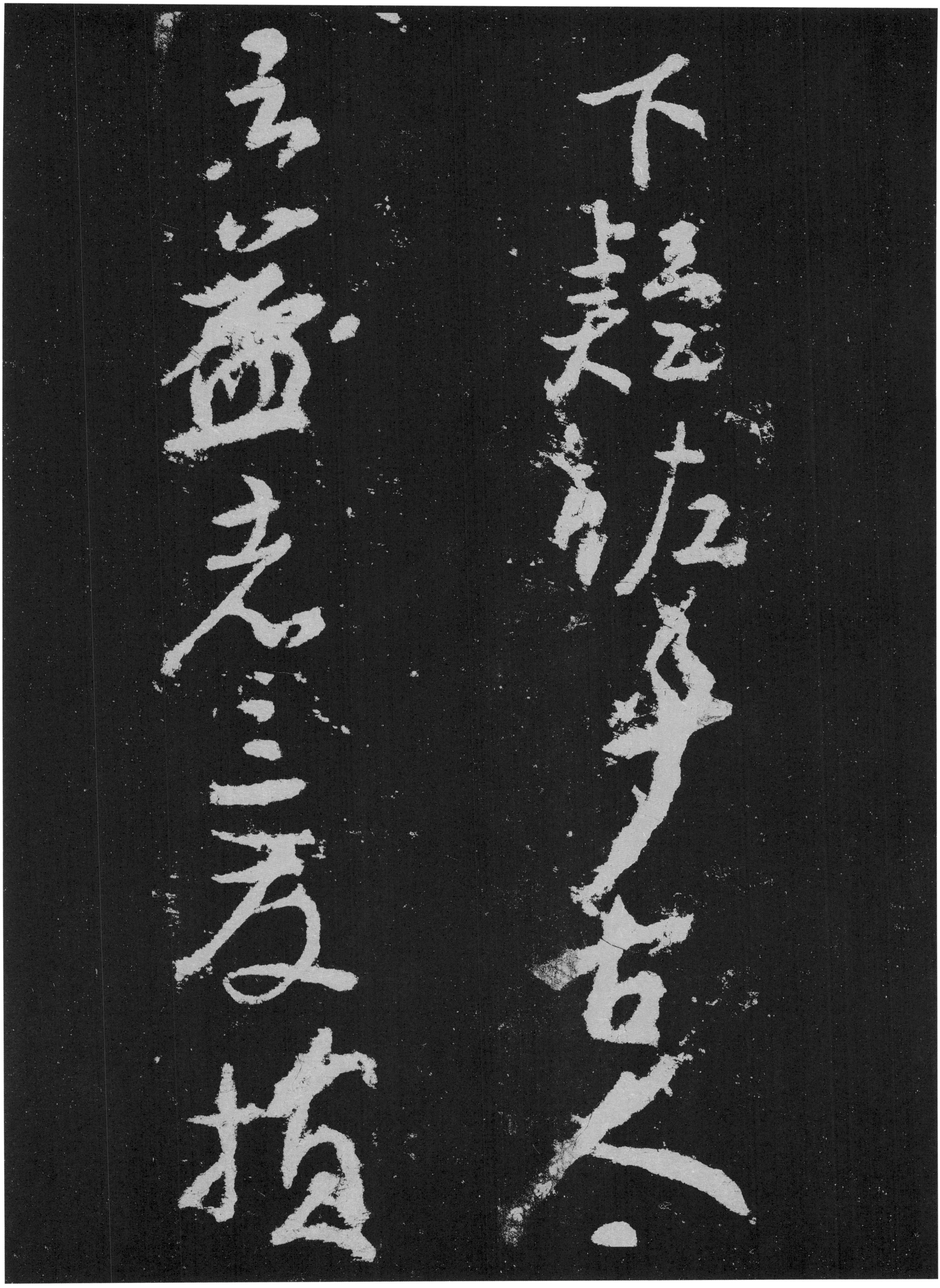

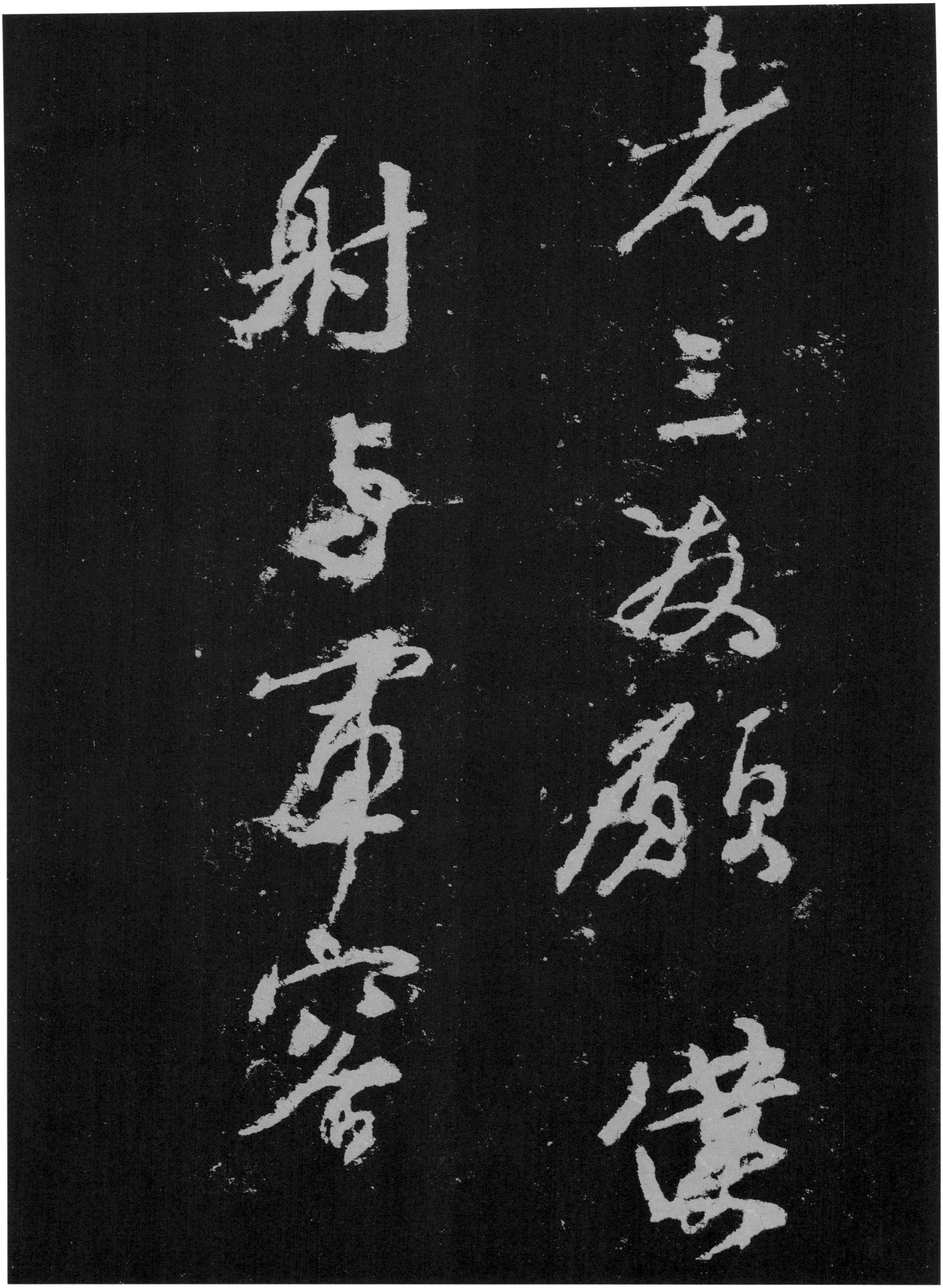

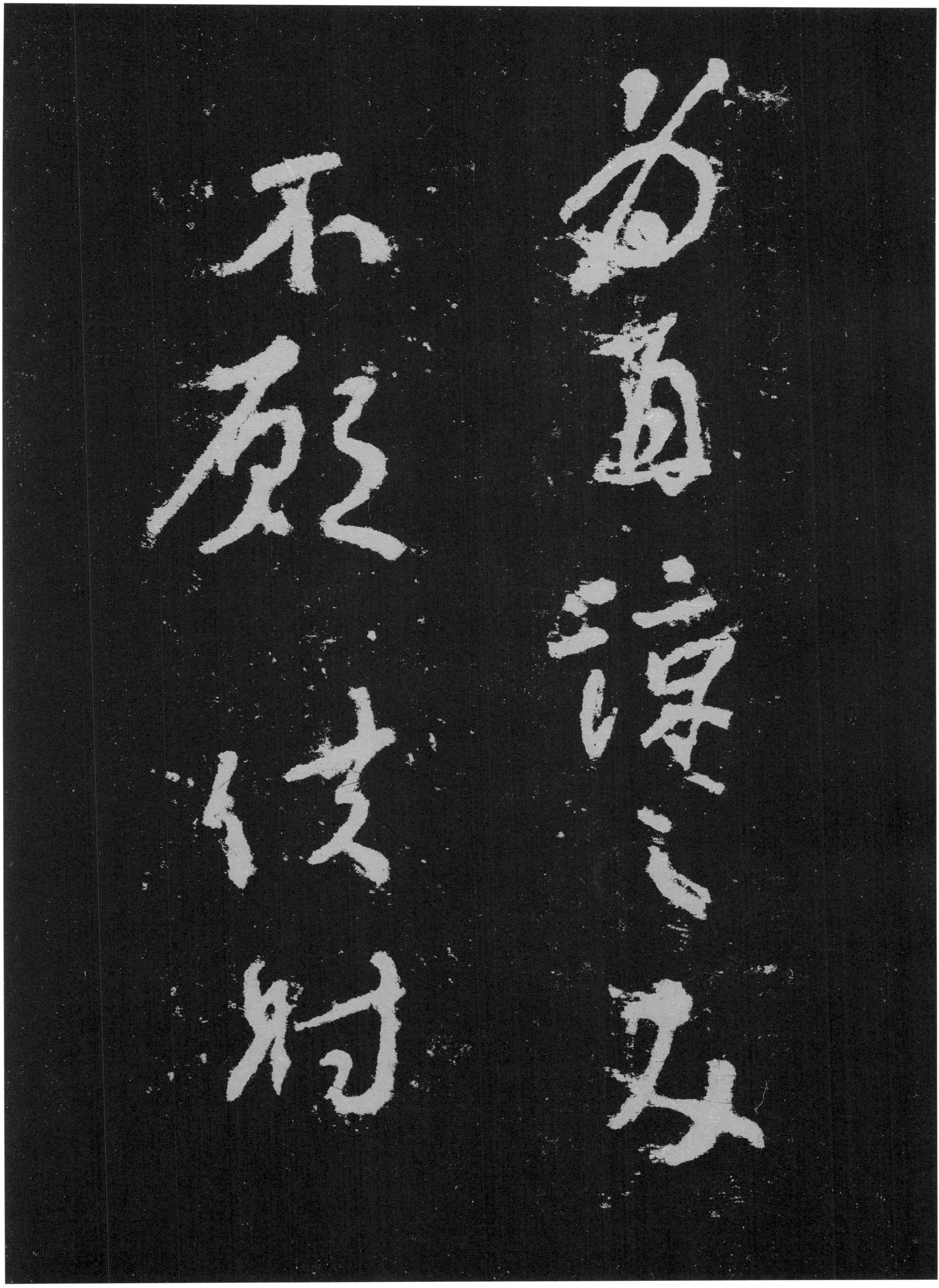

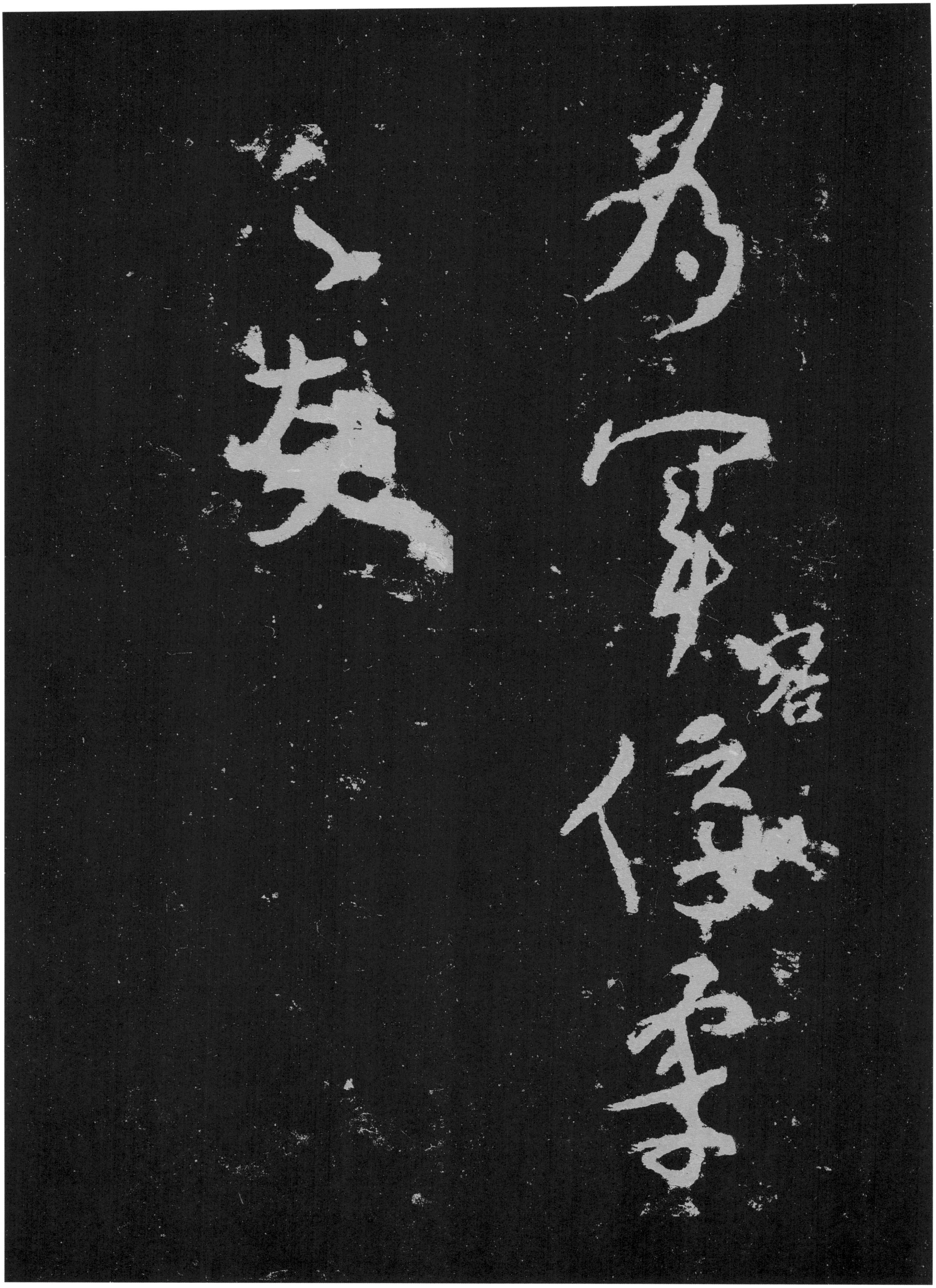

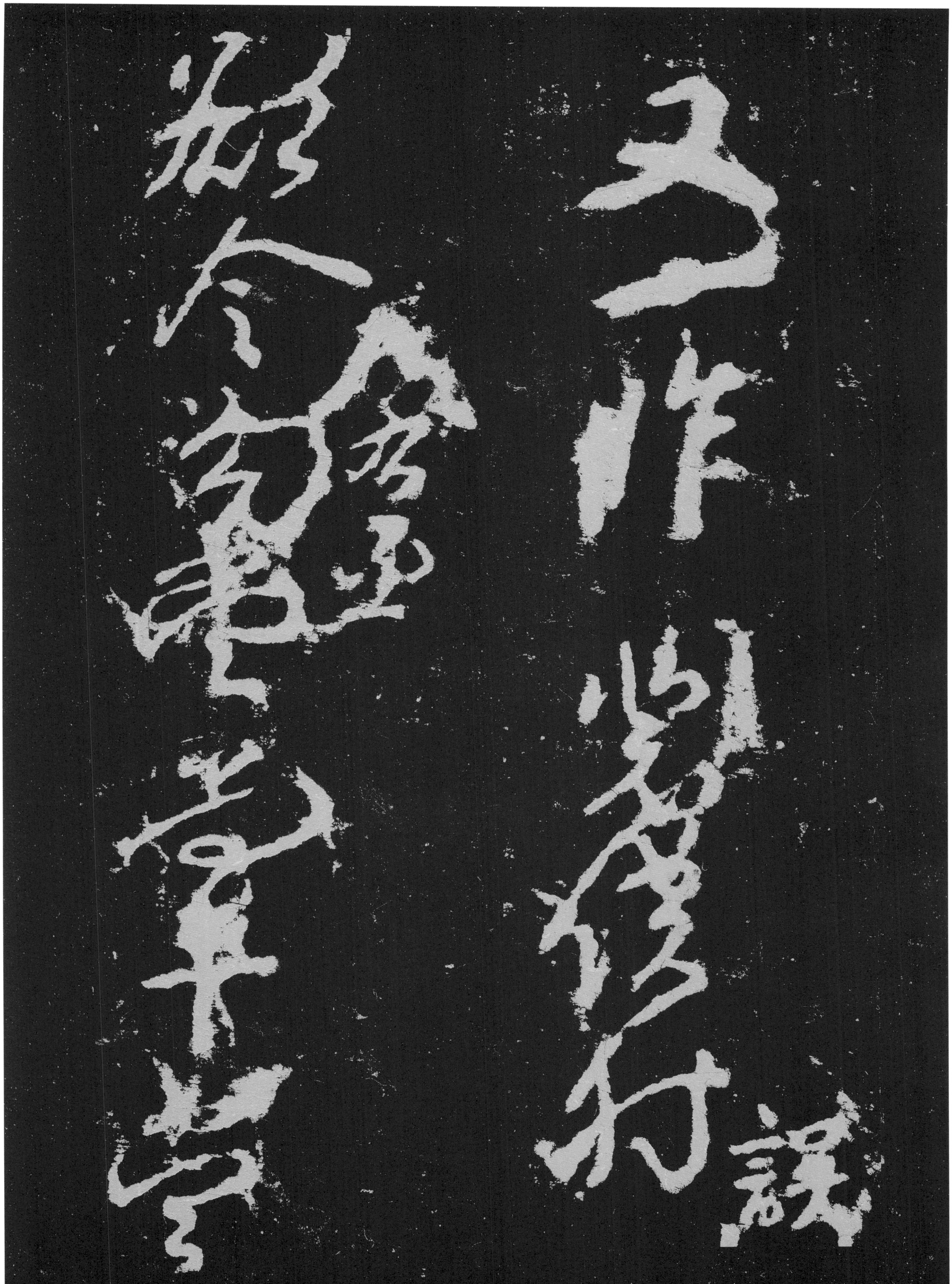

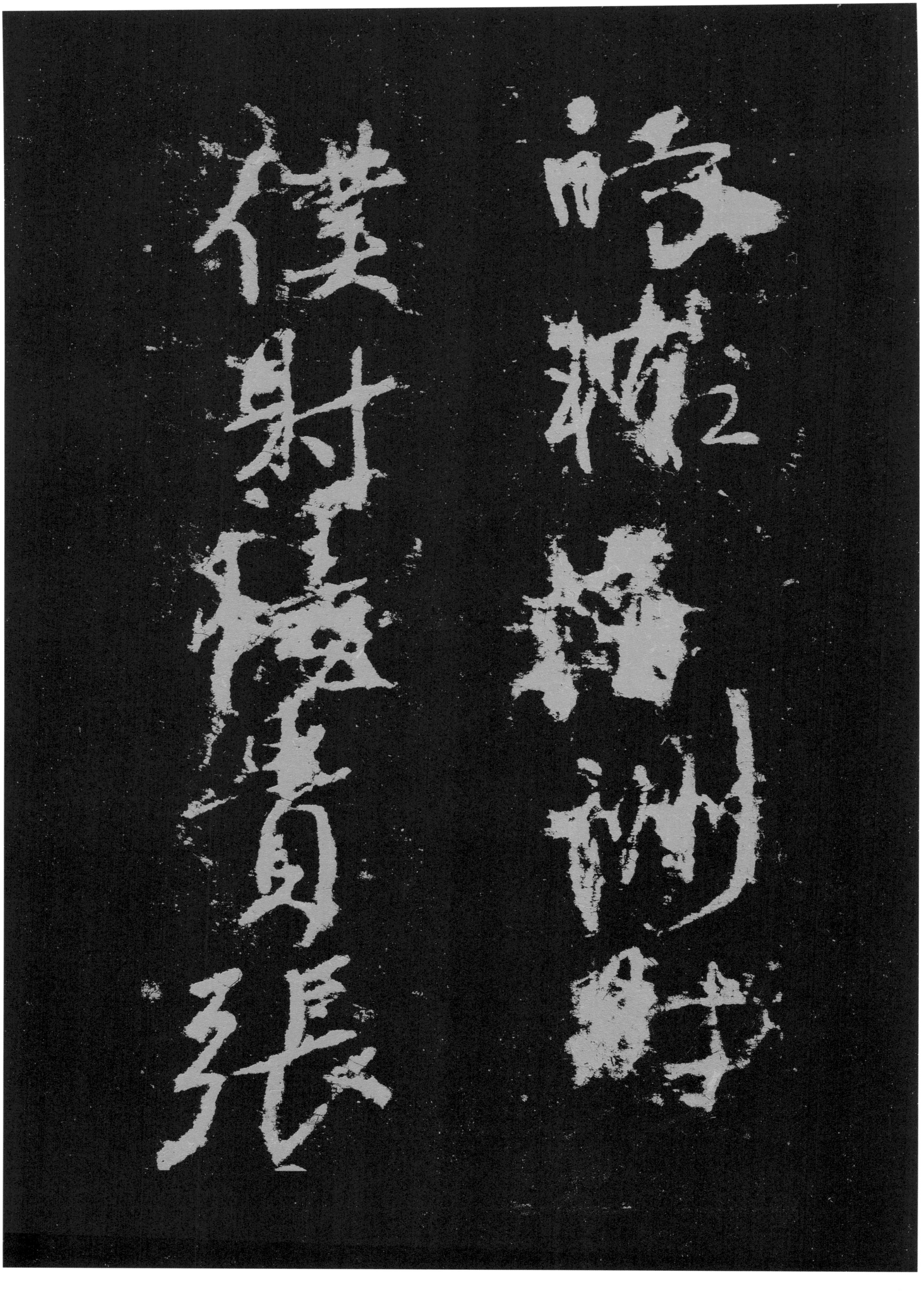

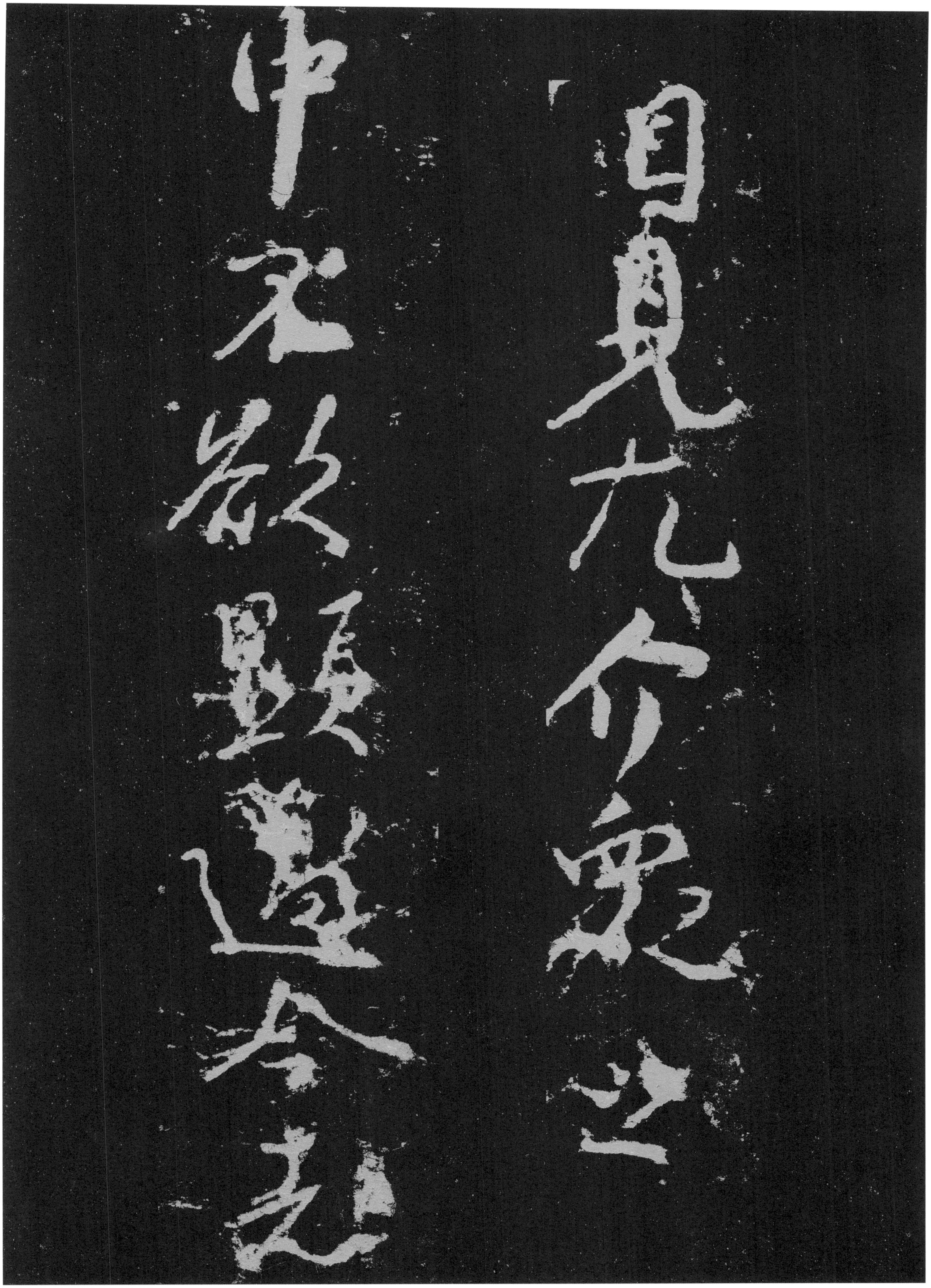
目見九人衆之
中不欲顯過今者

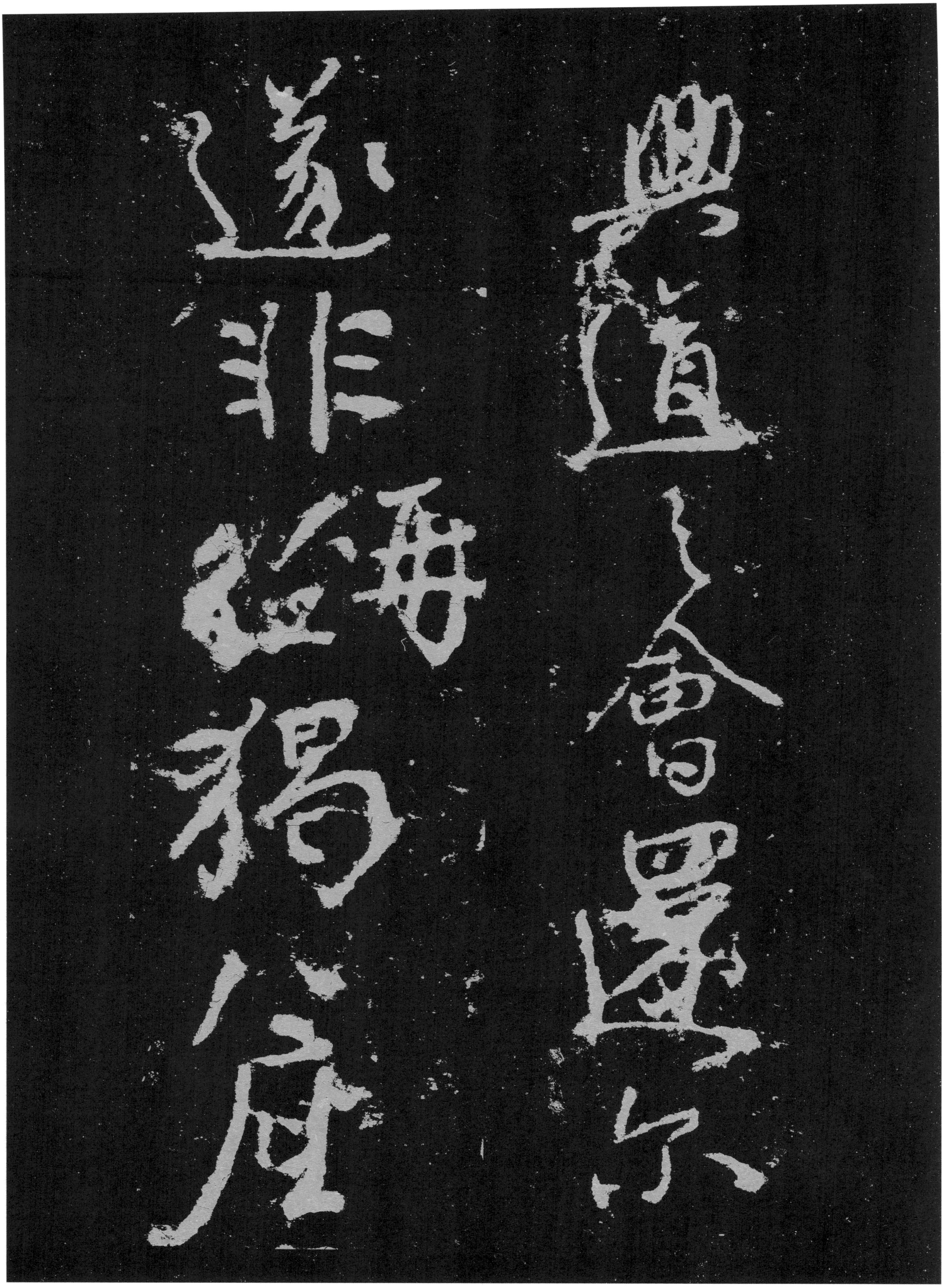
與道之會異尔
遂非每從獨居

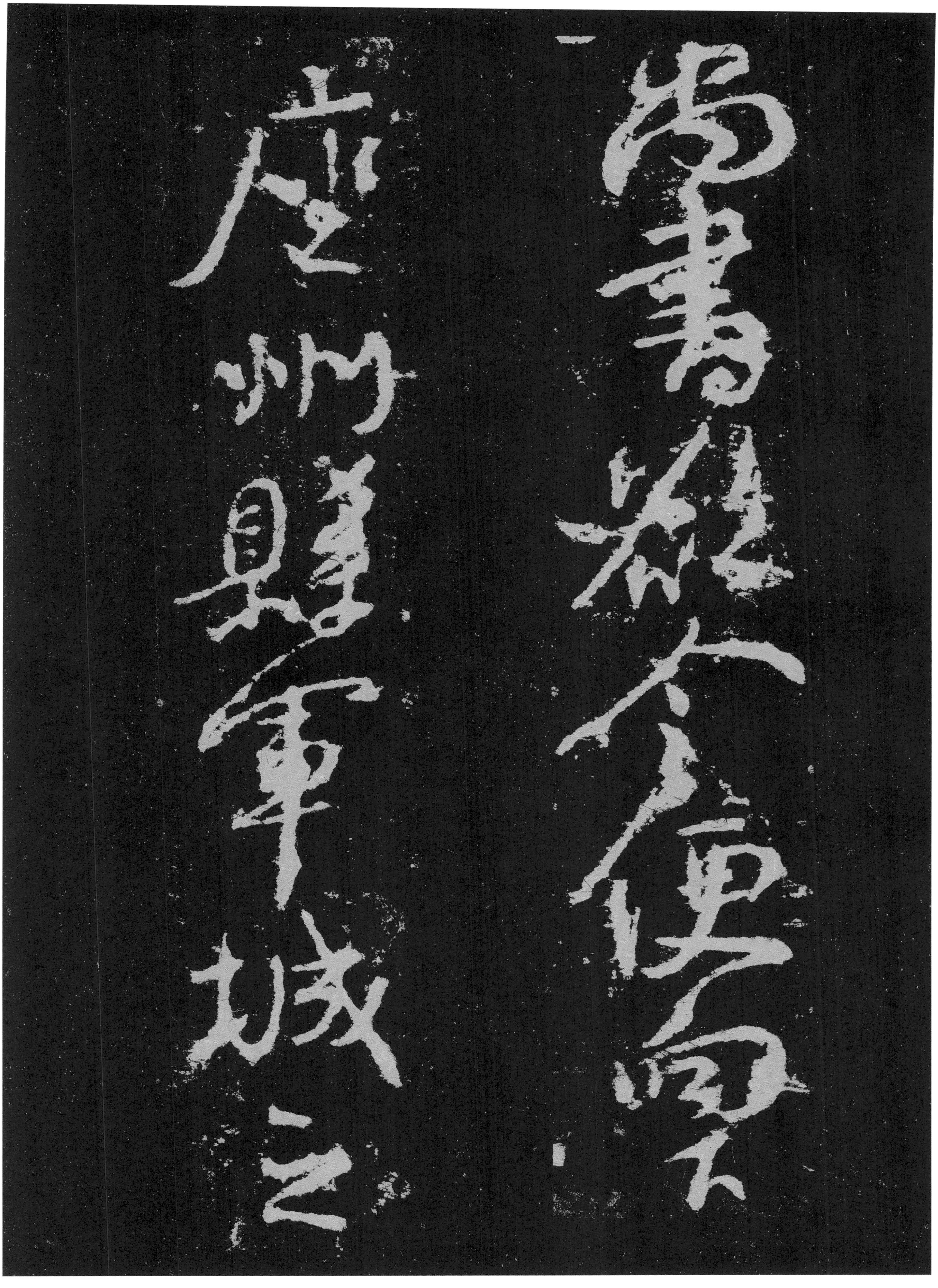
尚書郭英乂便向下
座州縣軍城之

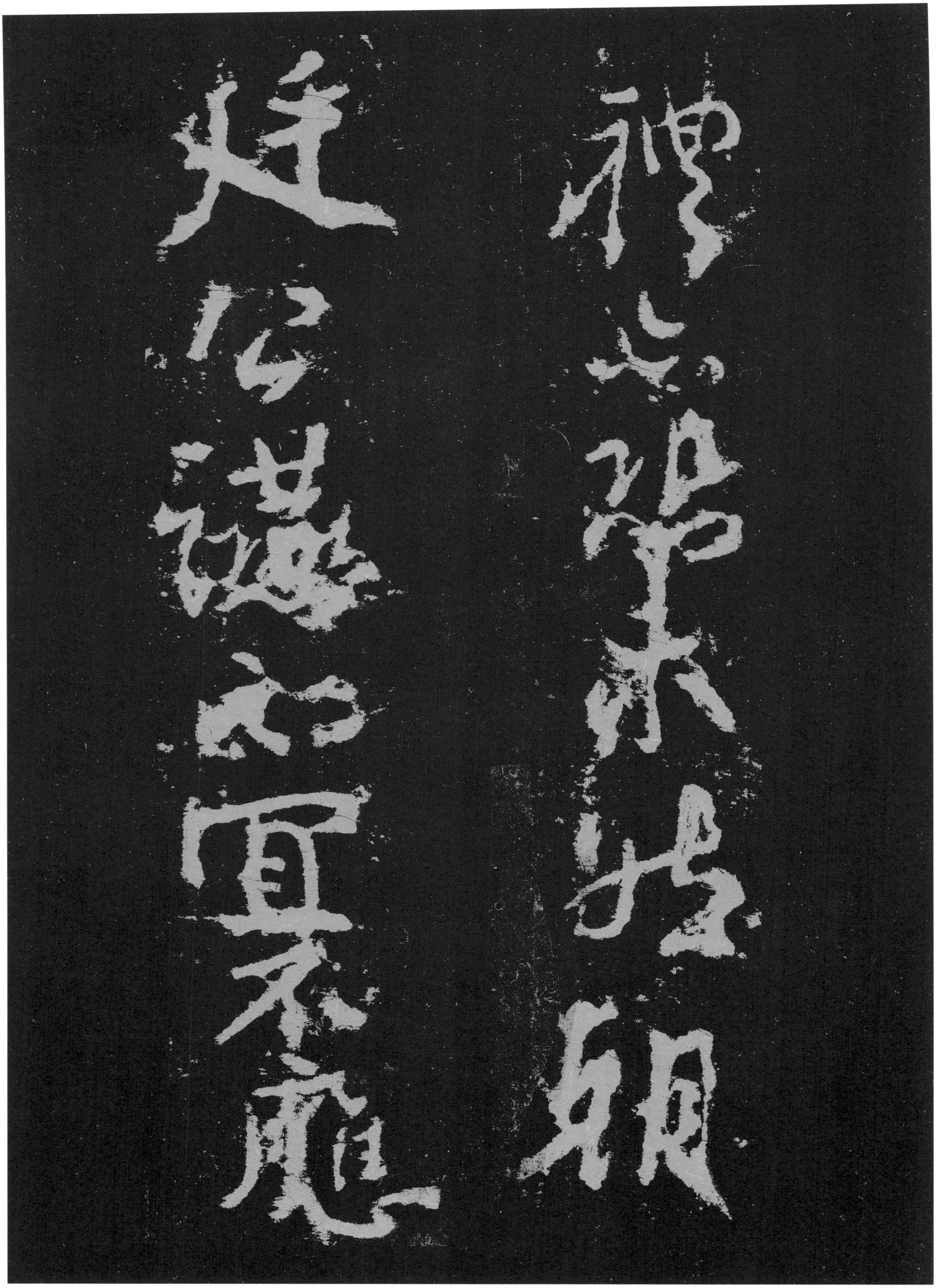

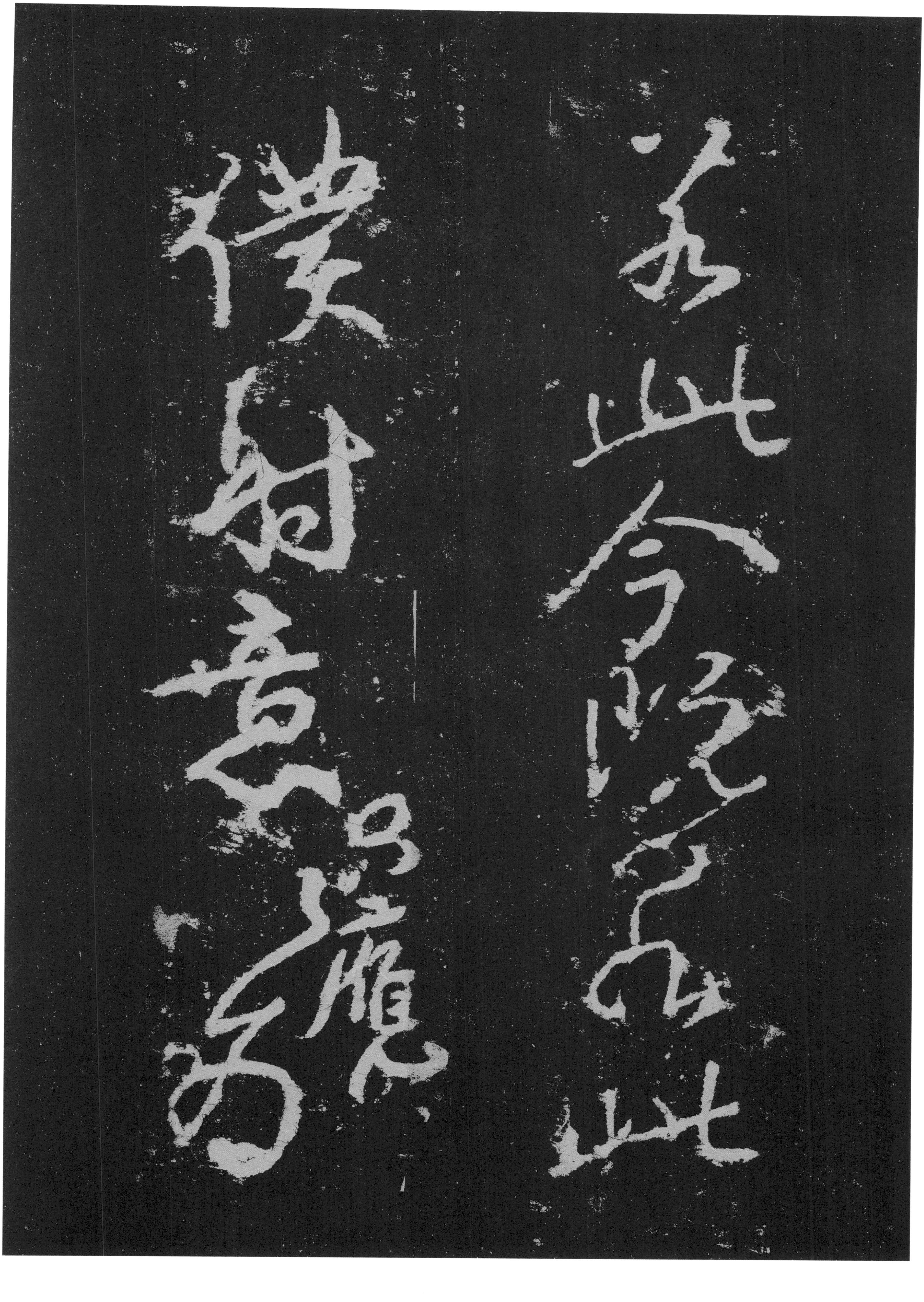
若此今既若此
僕射意只應為

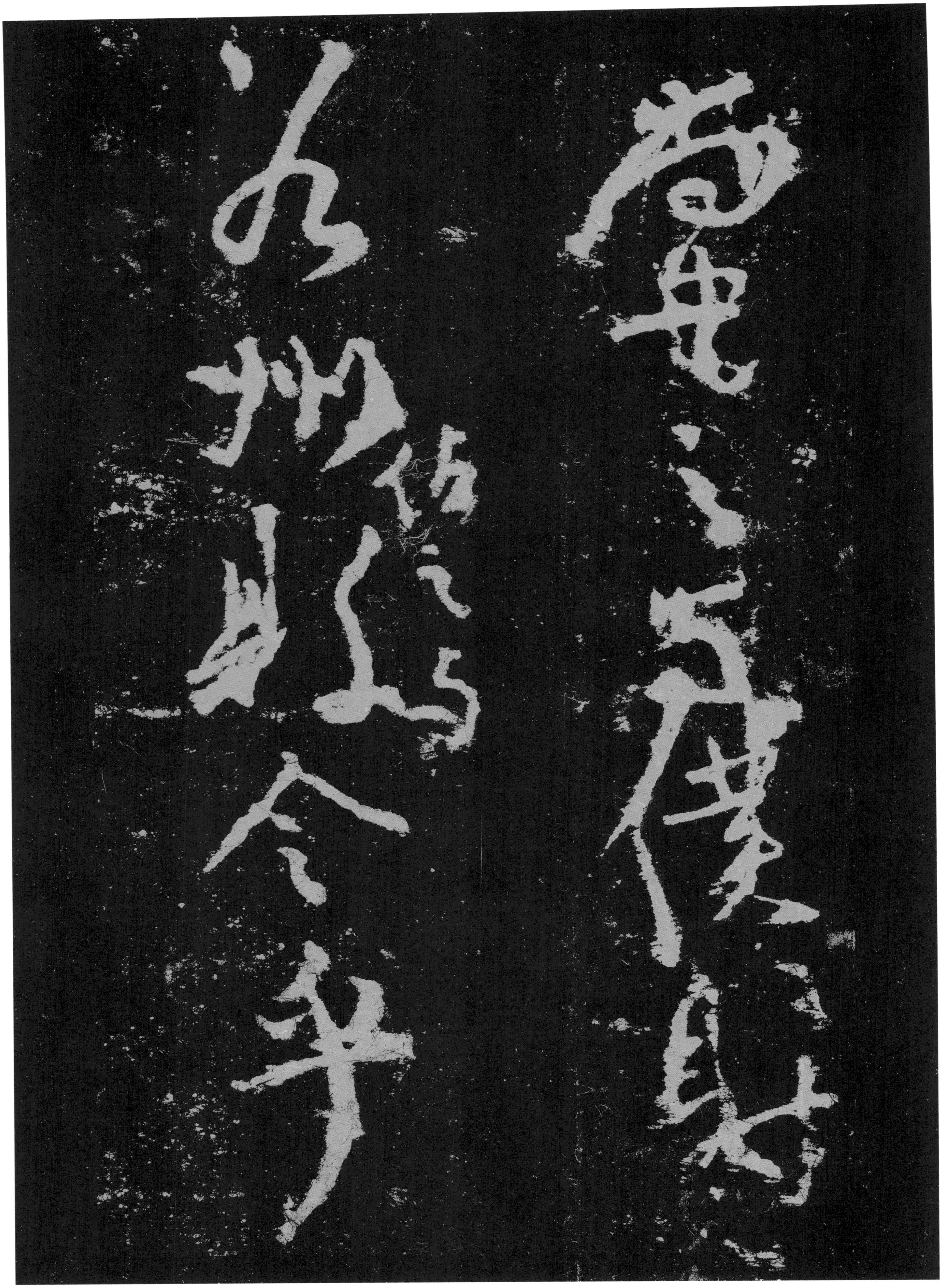

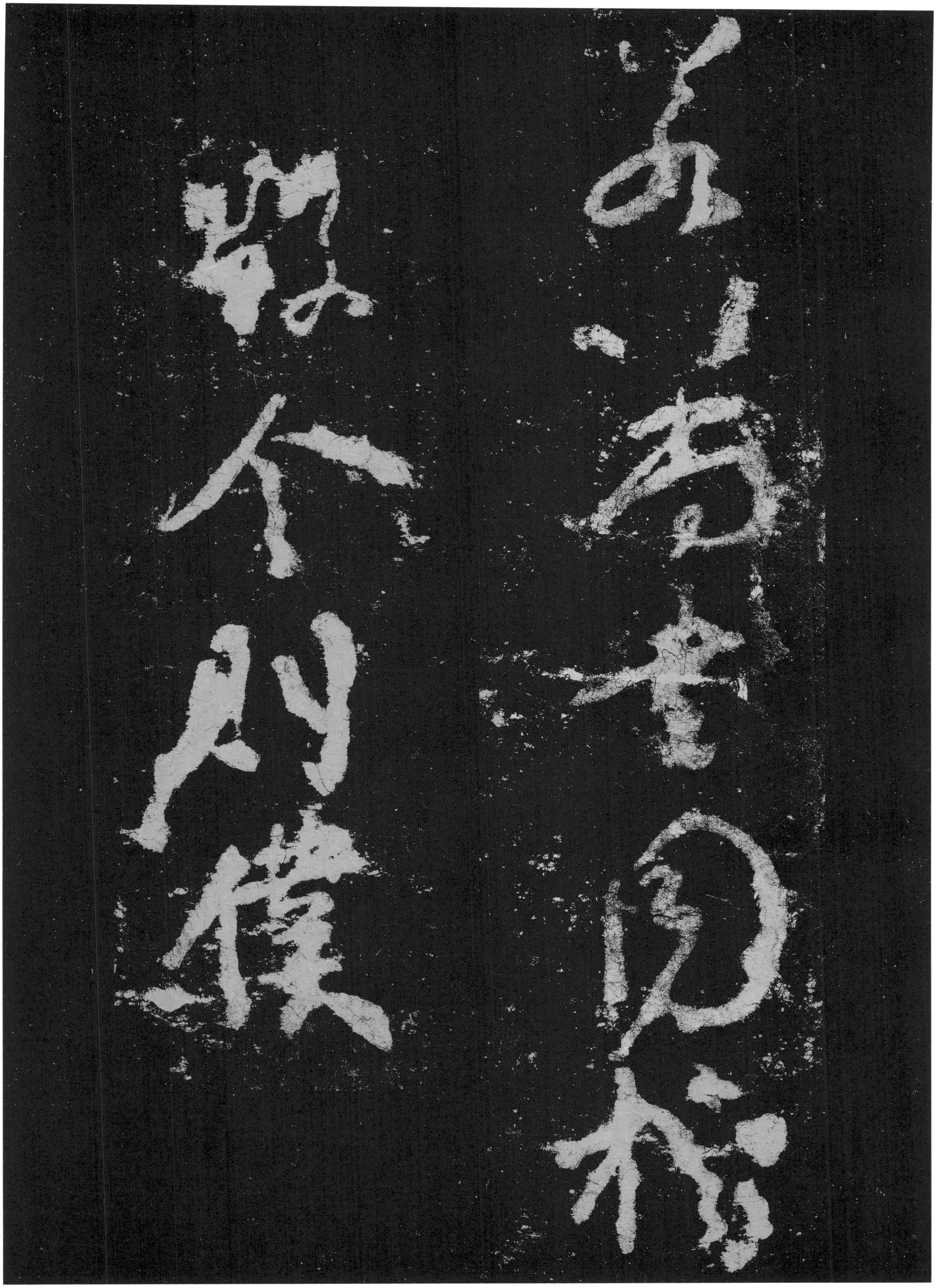

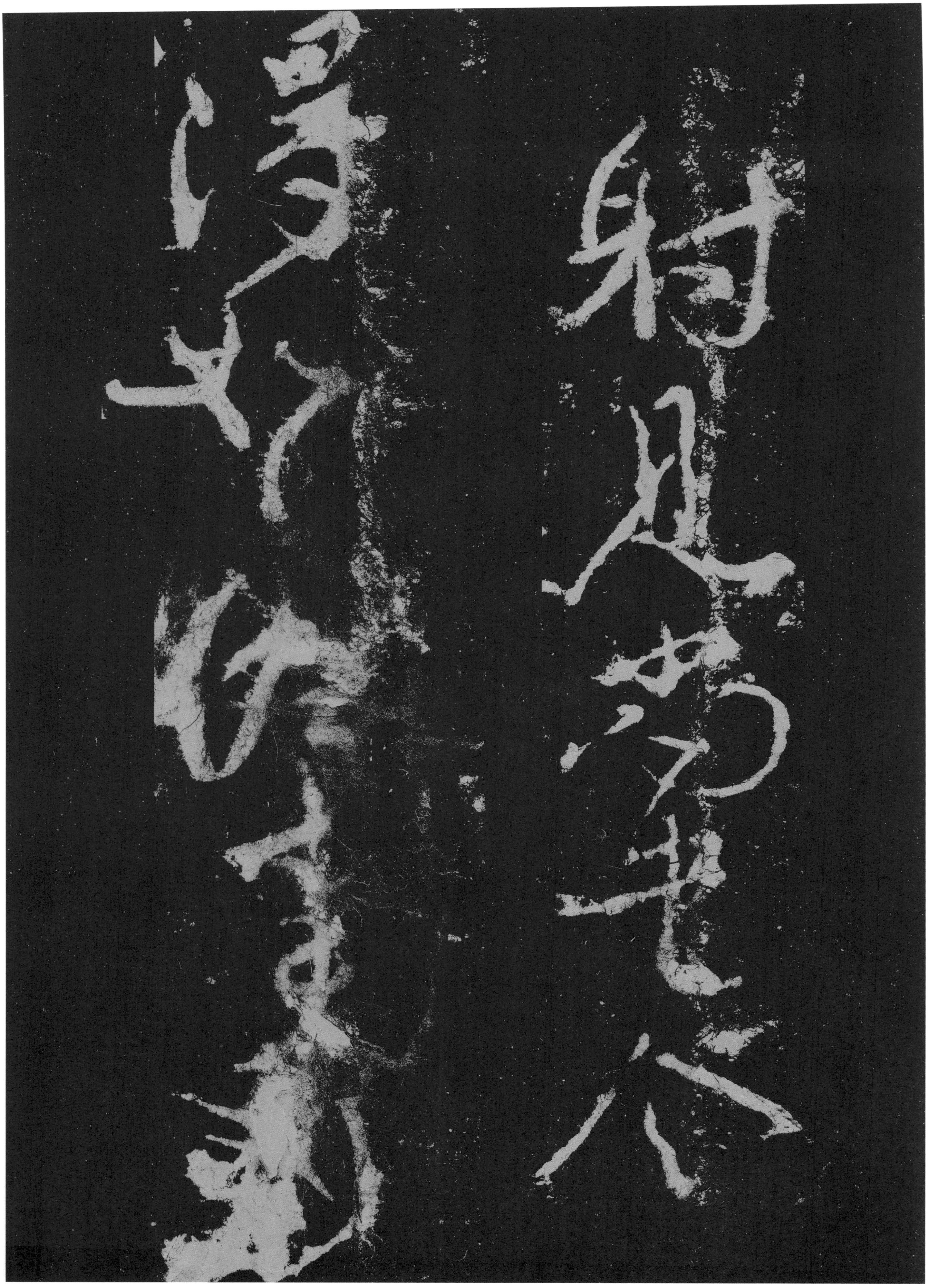

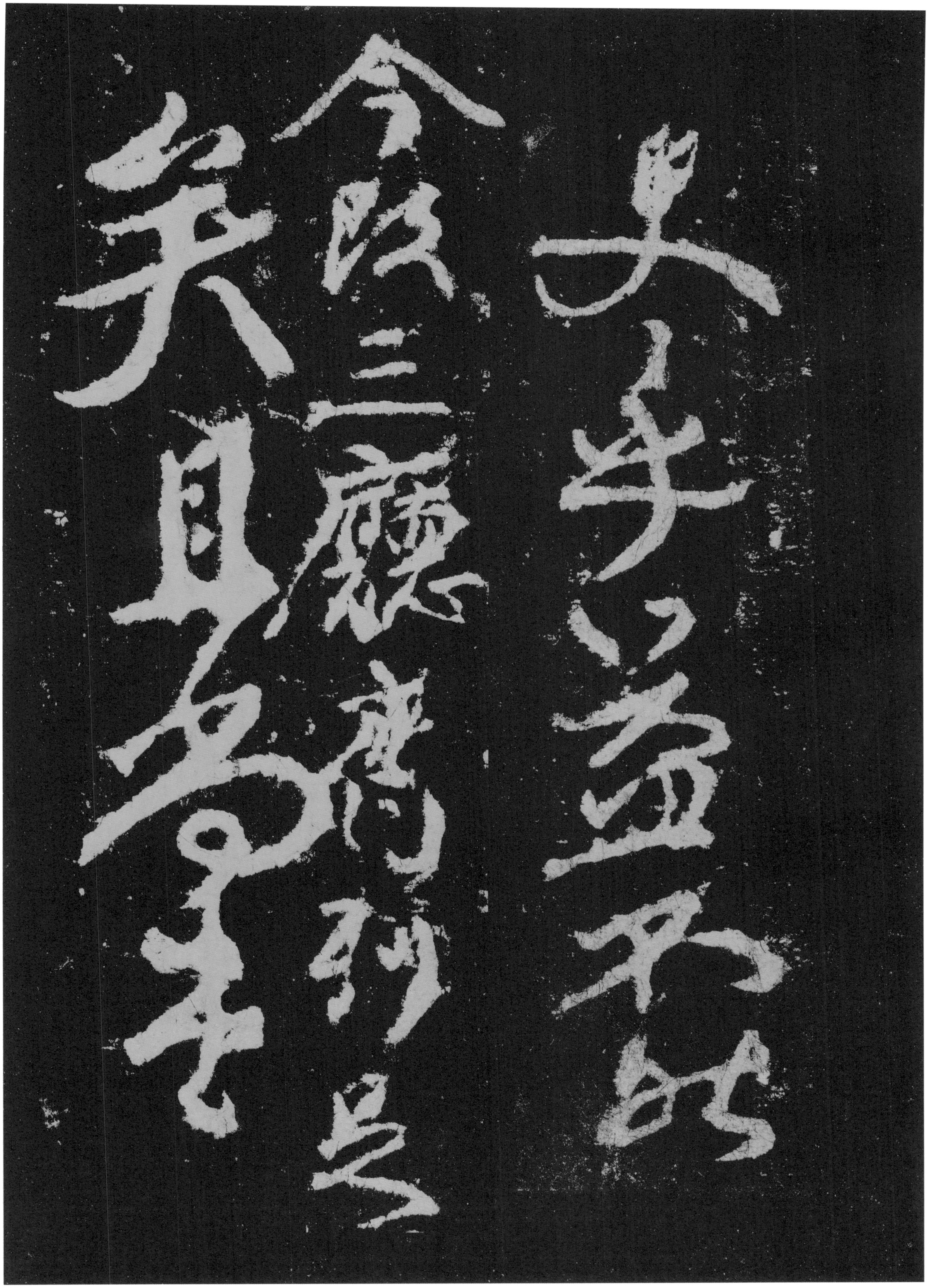
之手蓋不然
令及三廳齊列是
矣且鄉里

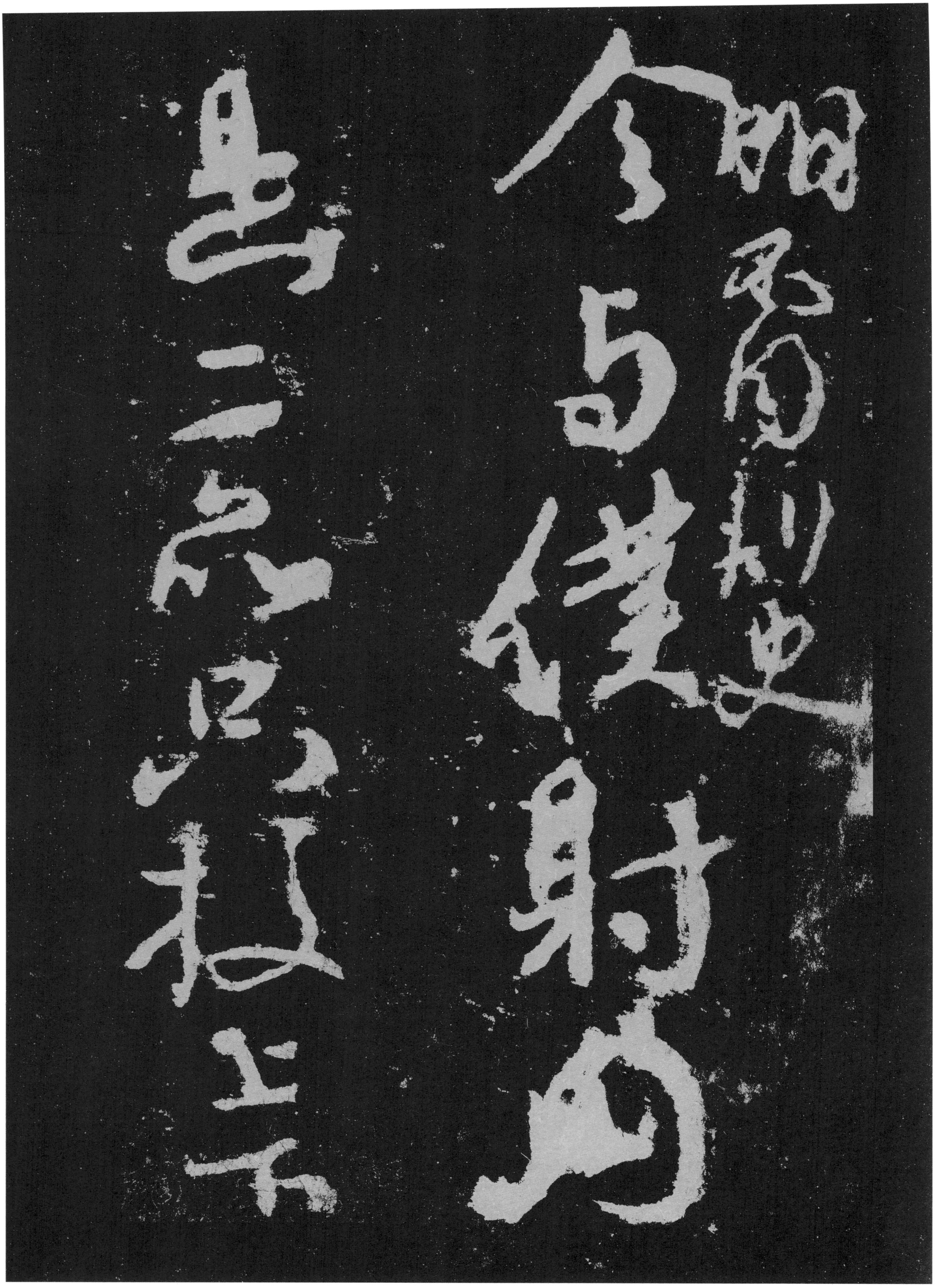

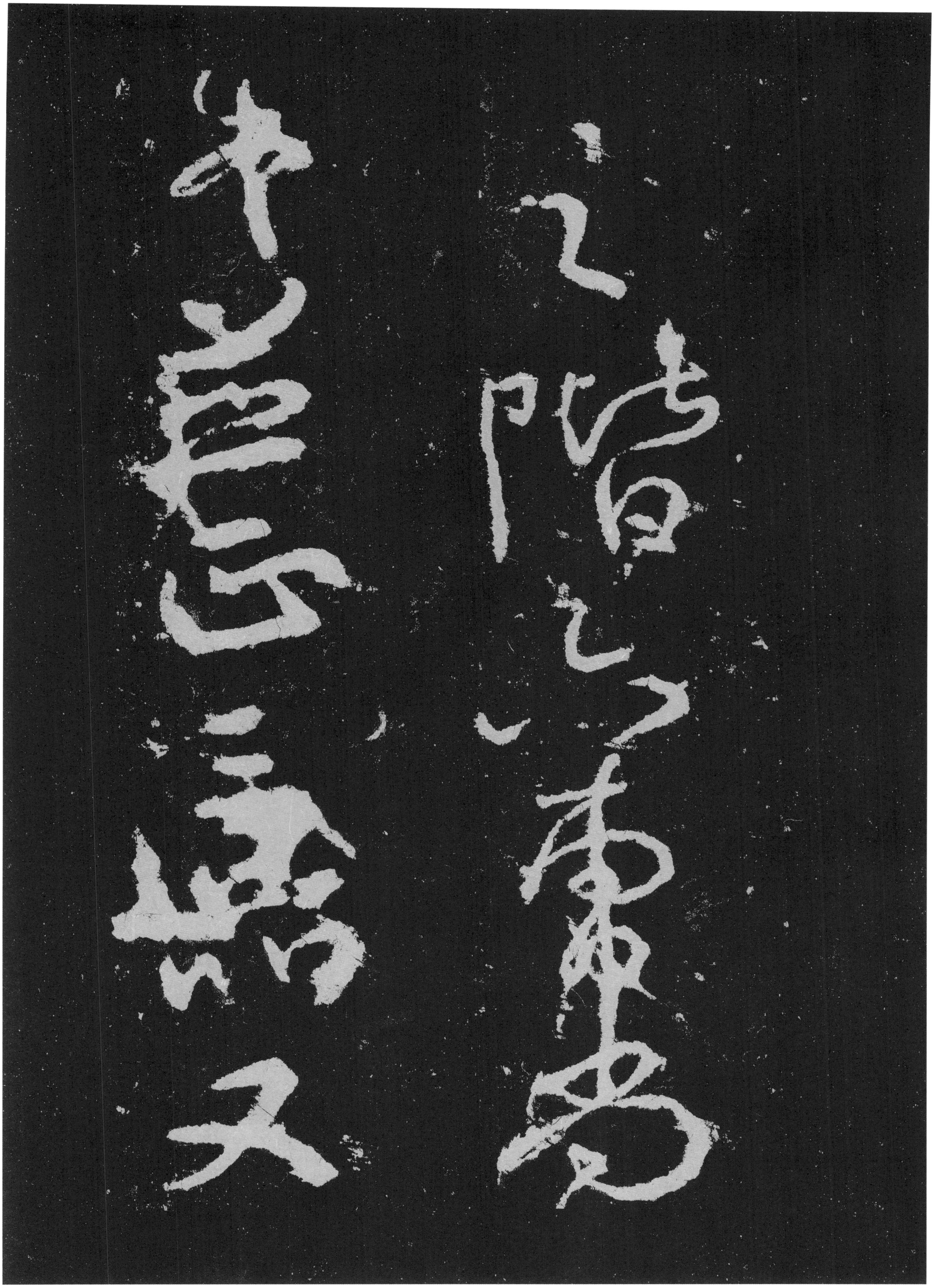

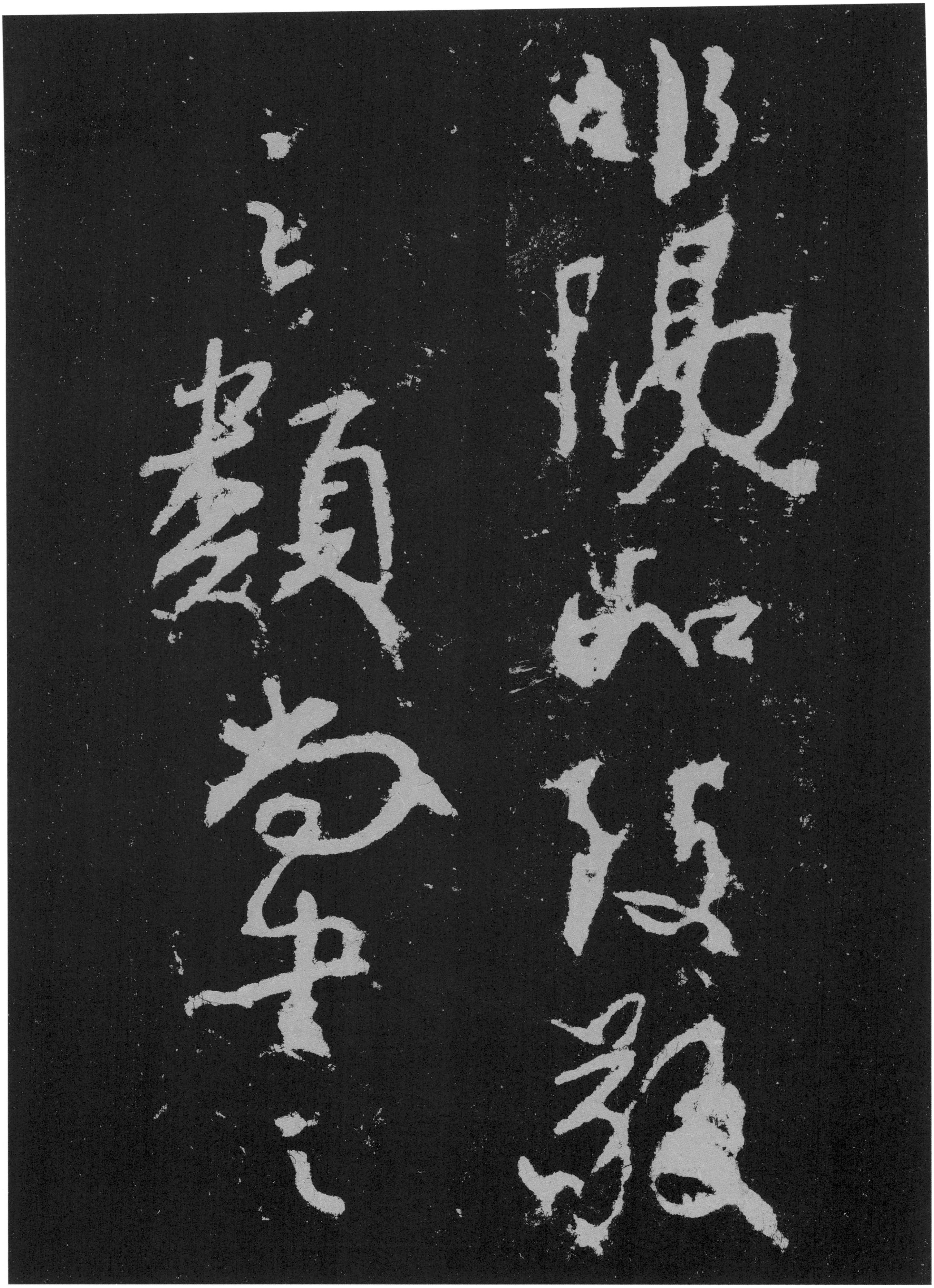

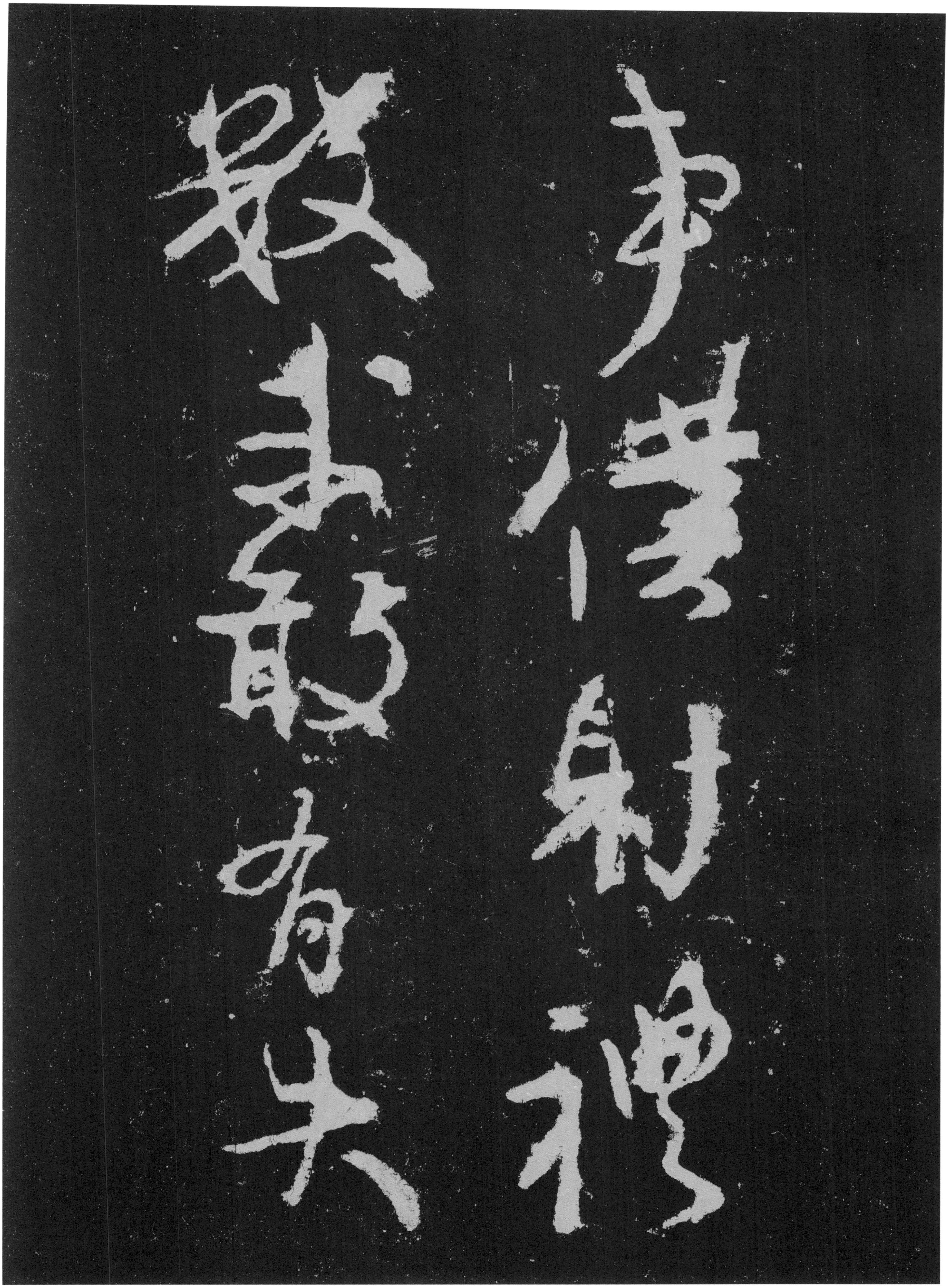

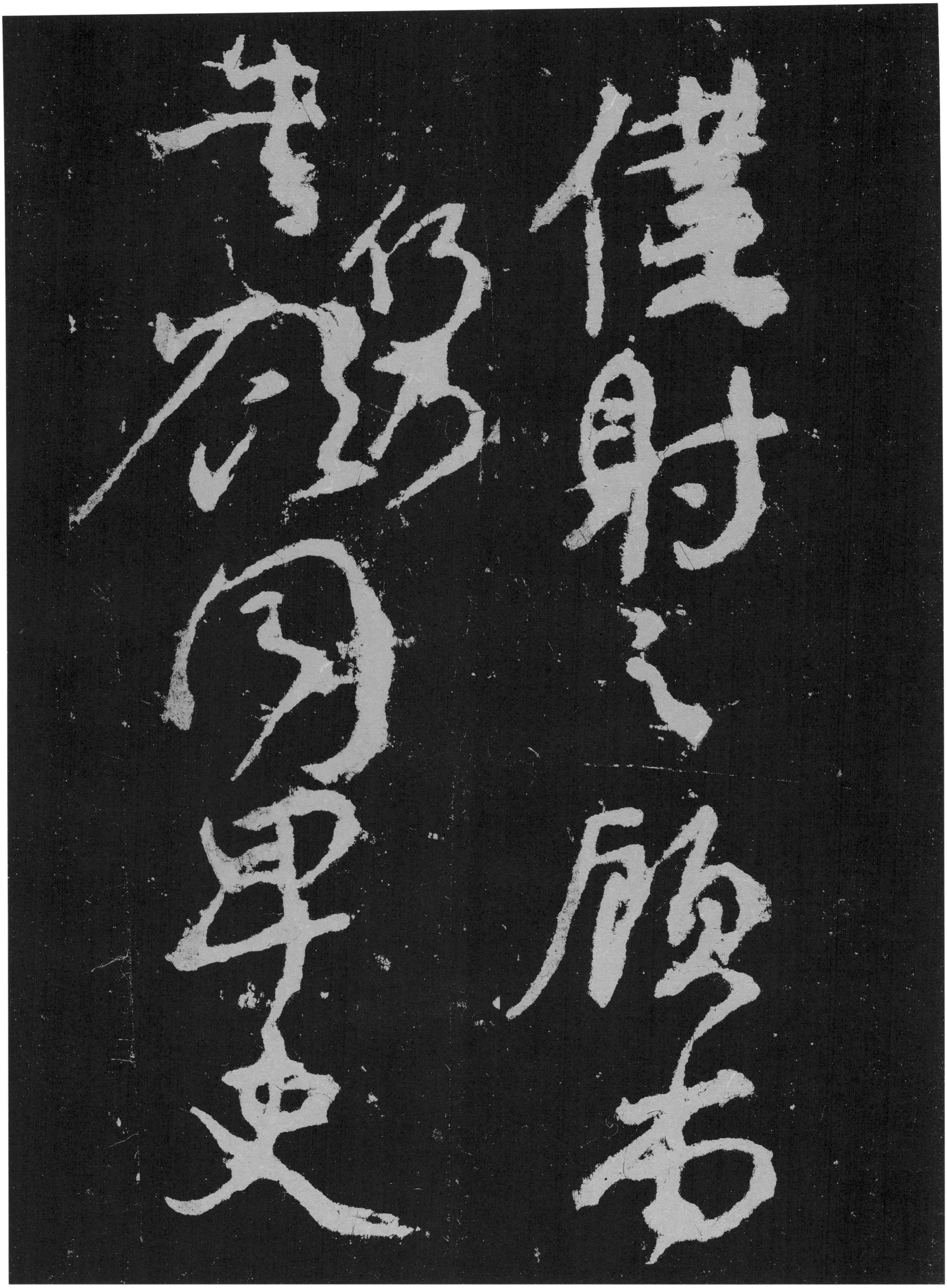

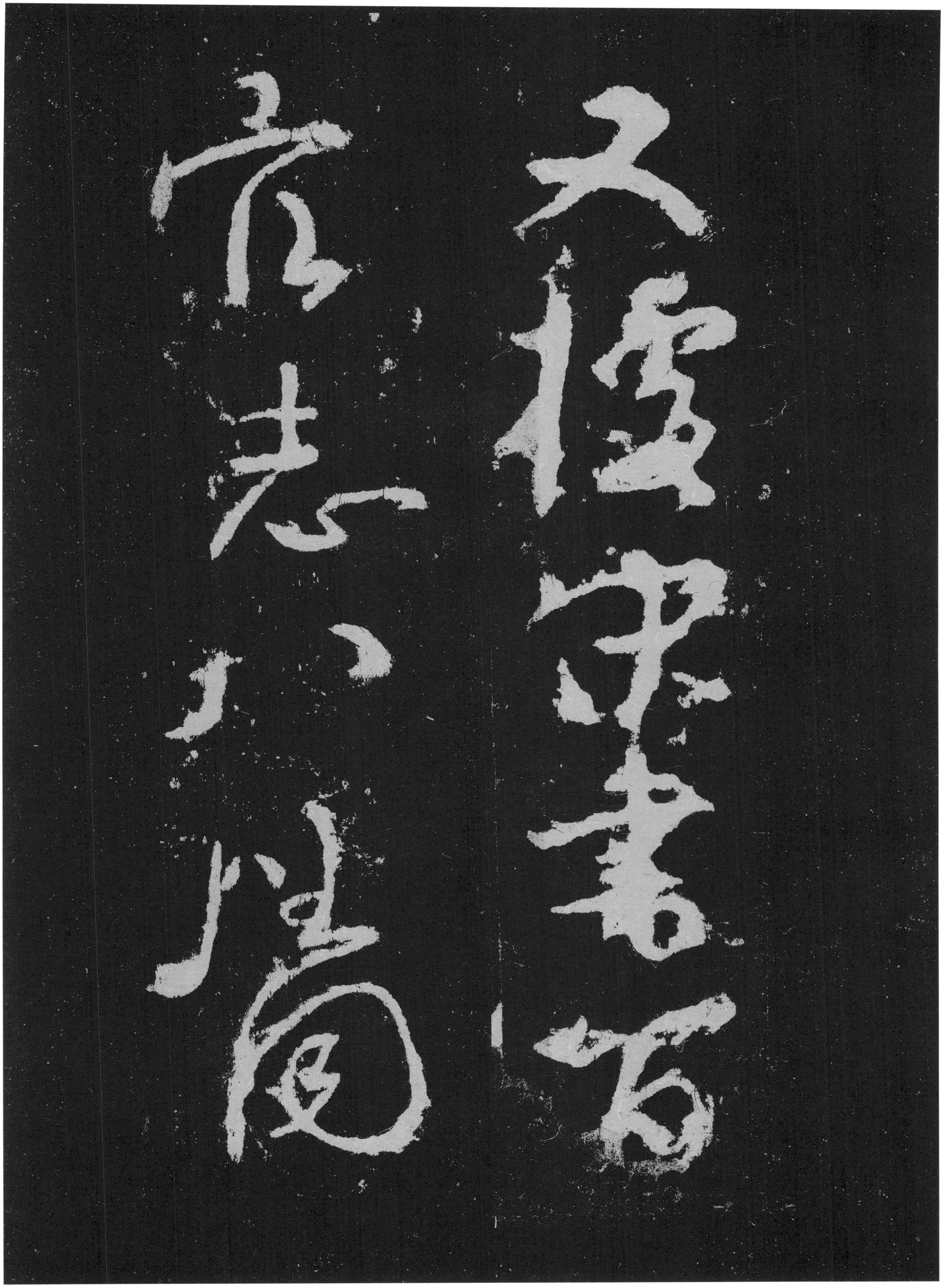

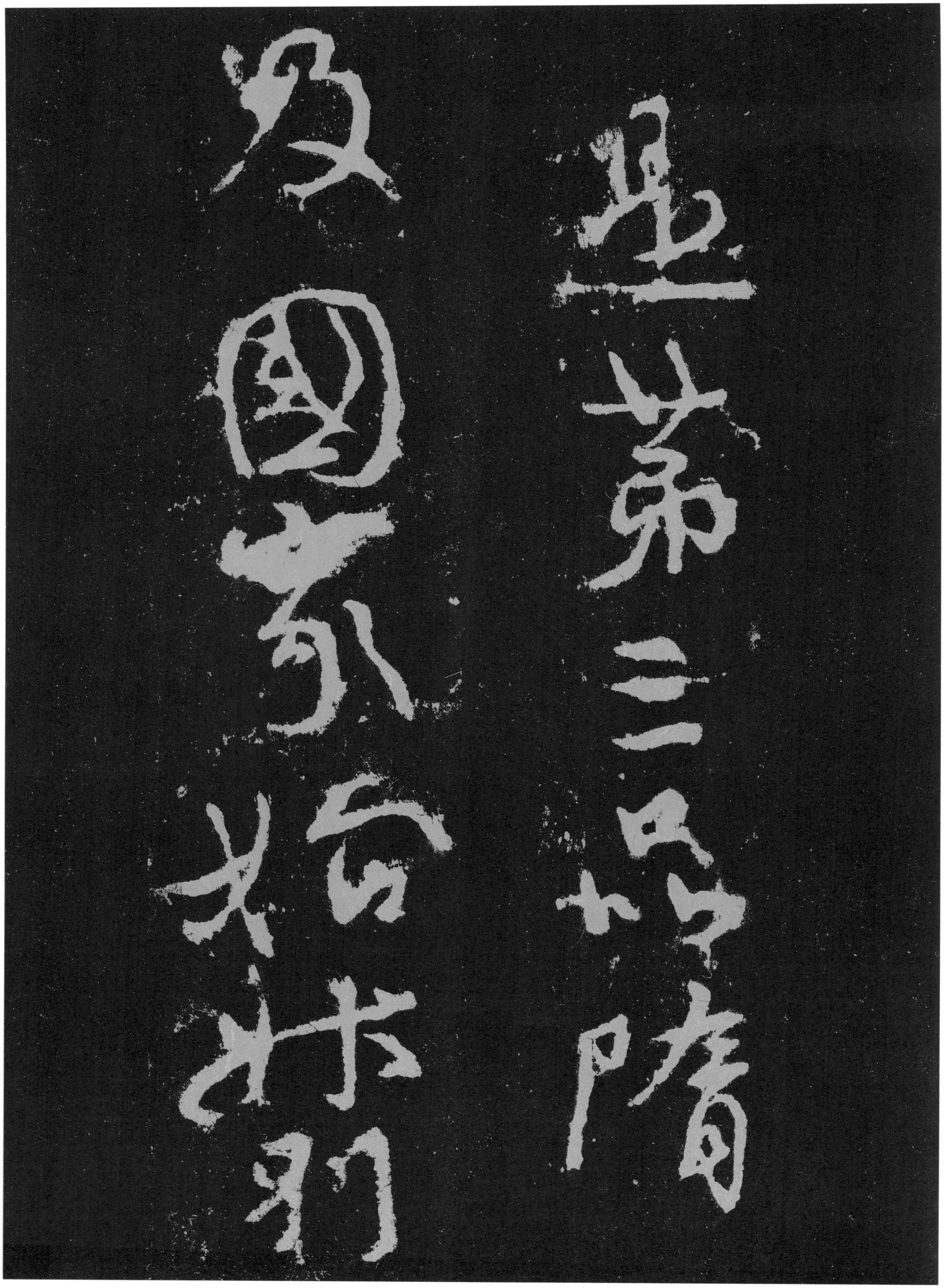

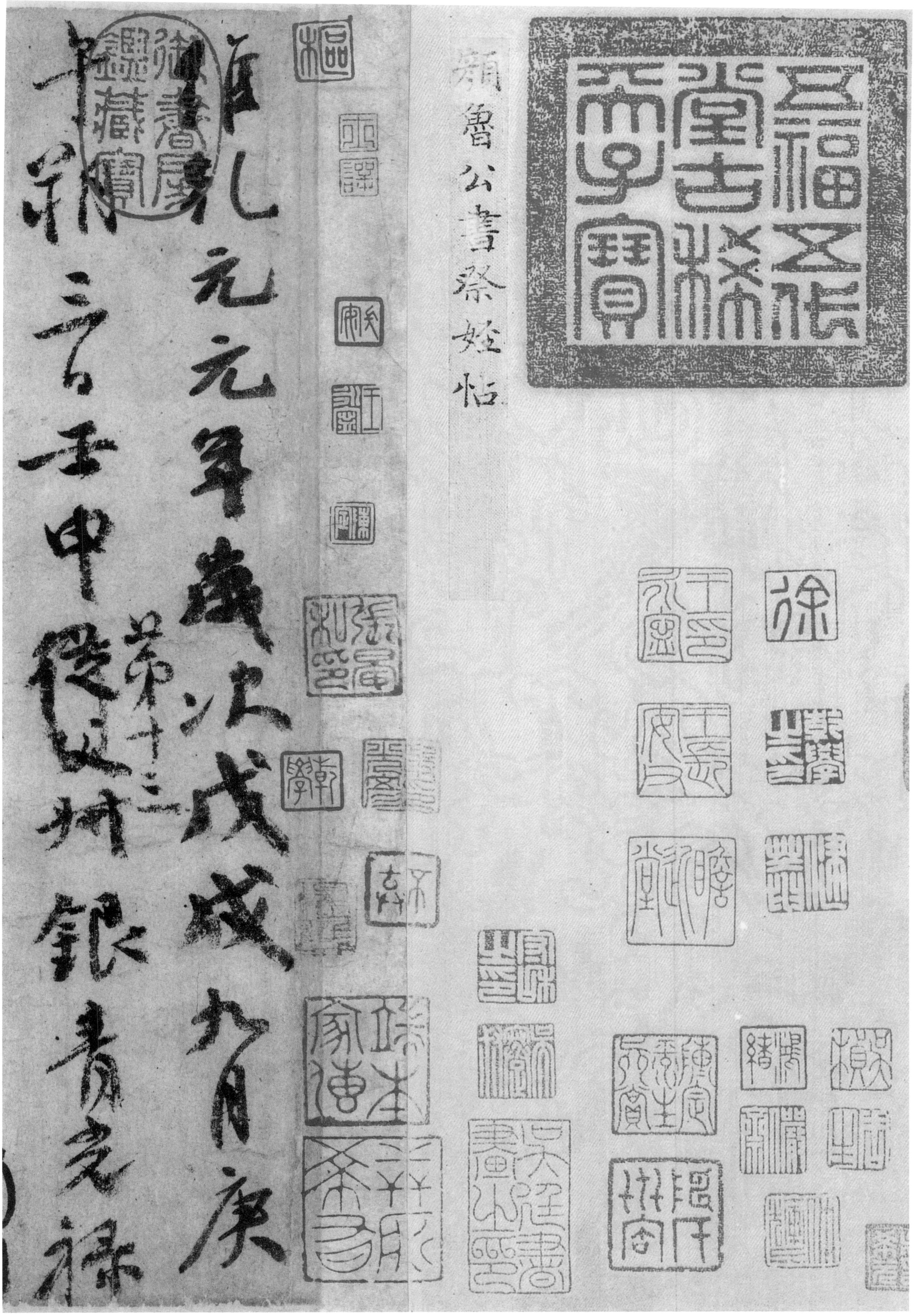

維乾元元年歲次戊戌九月庚 午朔三日壬申第十三叔銀青光祿

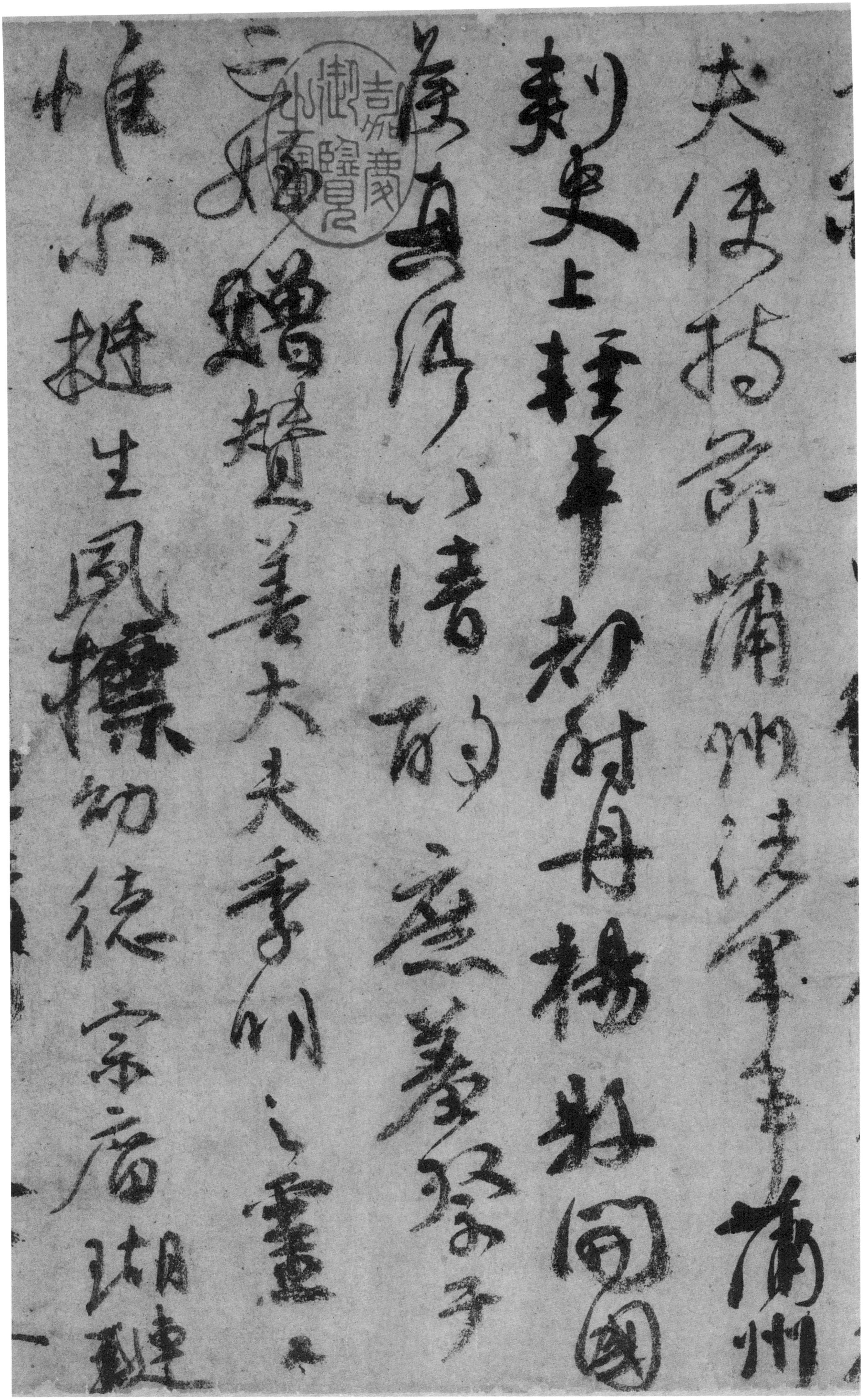

宇卷 行書

夫使持節蒲州諸軍事蒲州 刺史上輕車都尉丹楊縣開國 侯真卿以清酌庶羞祭于 亡姪贈贊善大夫季明之靈 惟尔挺生夙標幼德宗廟瑚璉

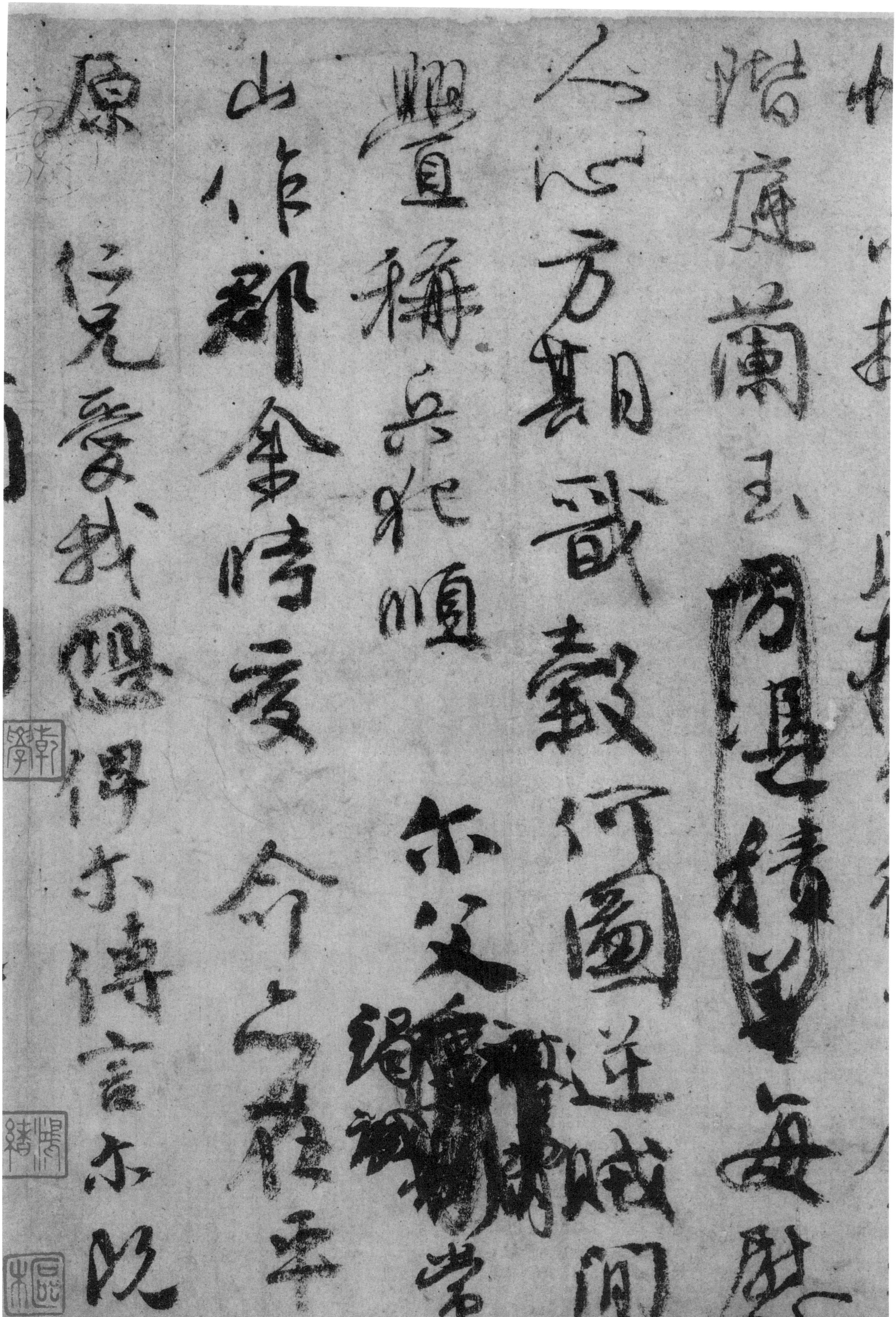

階庭蘭玉每慰　人心方期戩穀何圖逆賊間　釁稱兵犯順尔父竭誠常　山作郡余時受命亦在平　原仁兄愛我俾尔傳言尔既

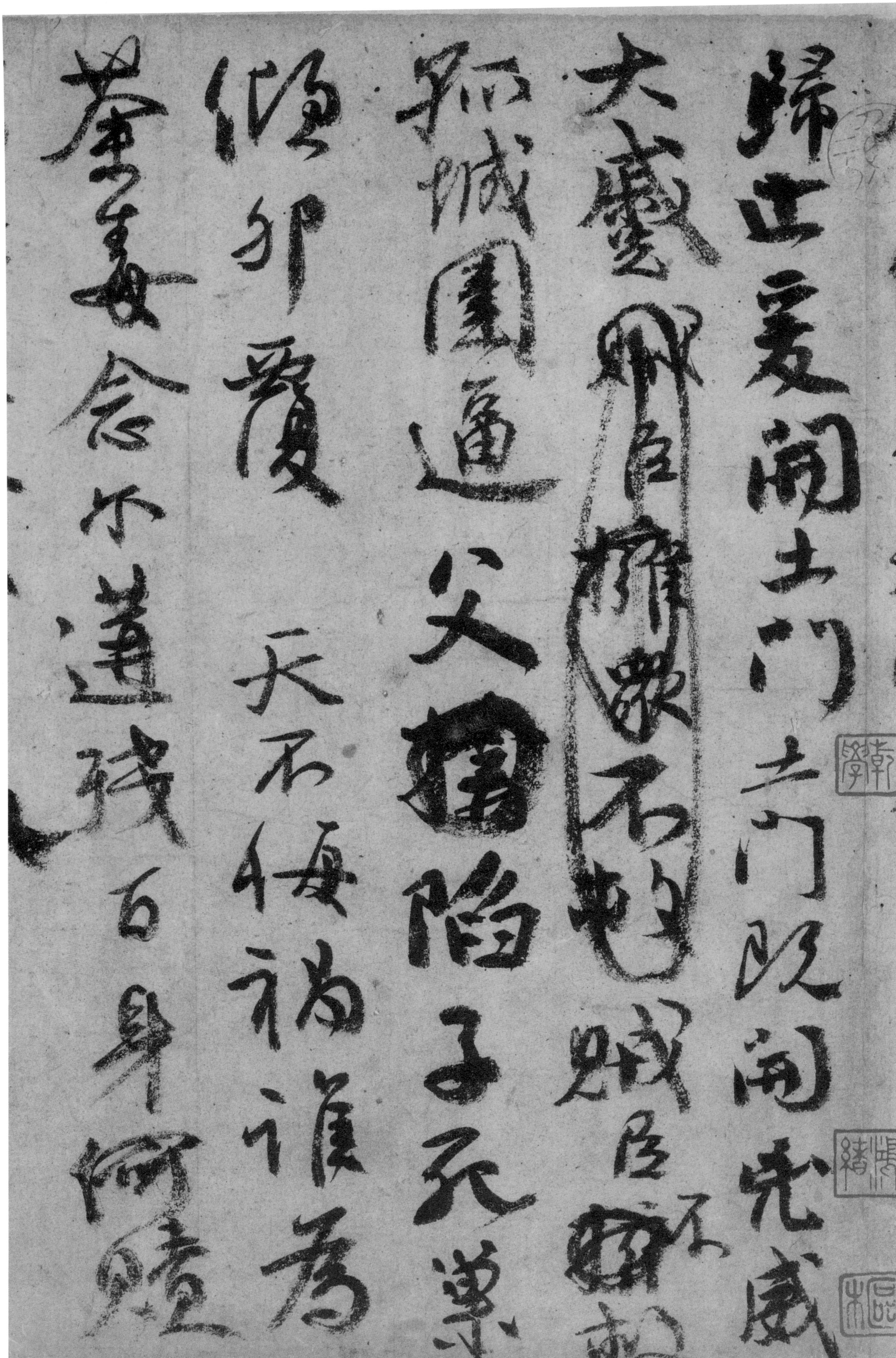

歸止爰開土門土門既開兇威 大蹙賊臣不救 孤城圍逼父陷子死巢 傾卵覆天不悔禍誰為 荼毒念爾遘殘百身何贖

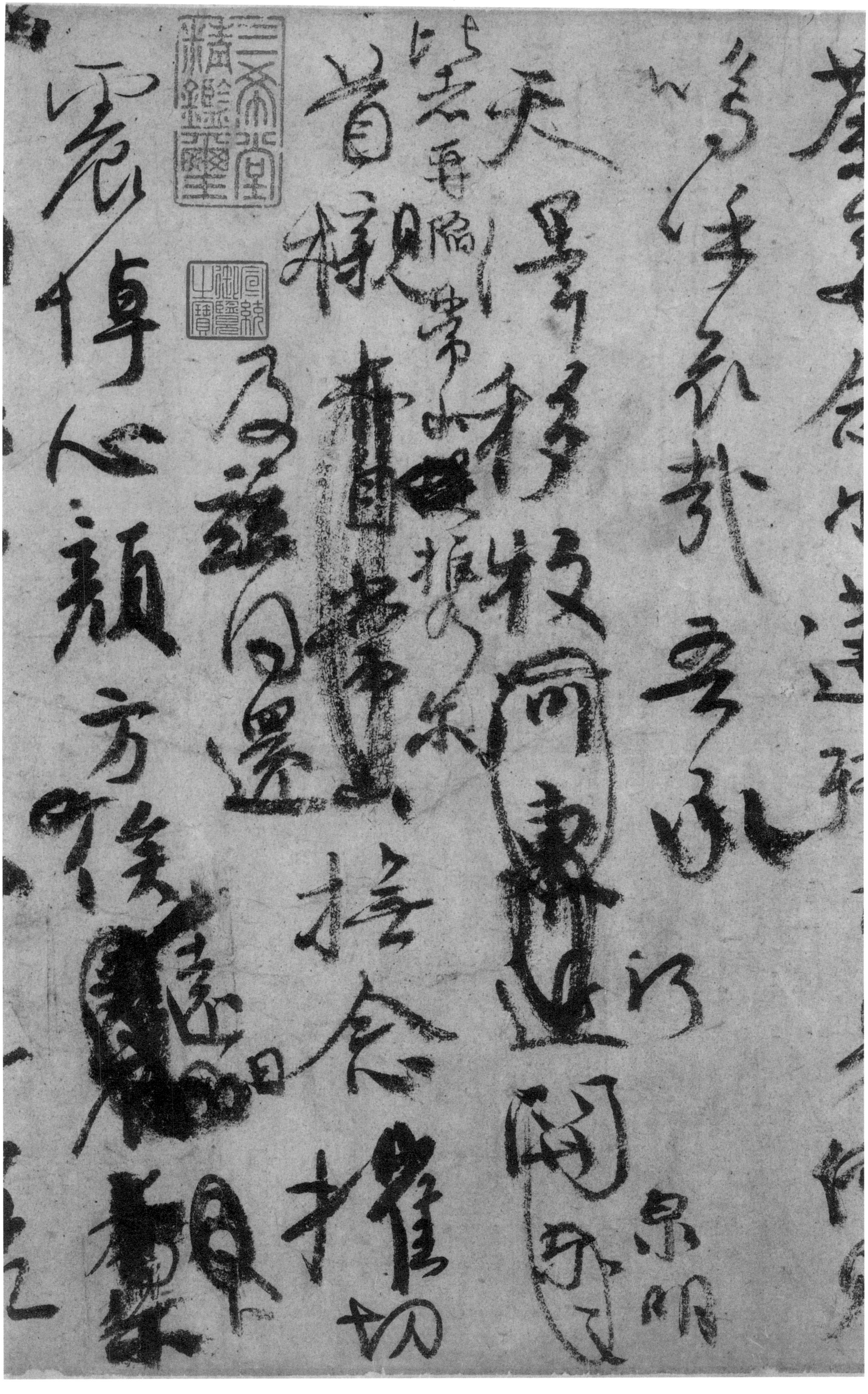

嗚呼哀哉吾承 天澤移牧河關泉明 比者再陷常山携尔首櫬及兹同還撫念摧切 震悼心顏方俟遠日卜尔

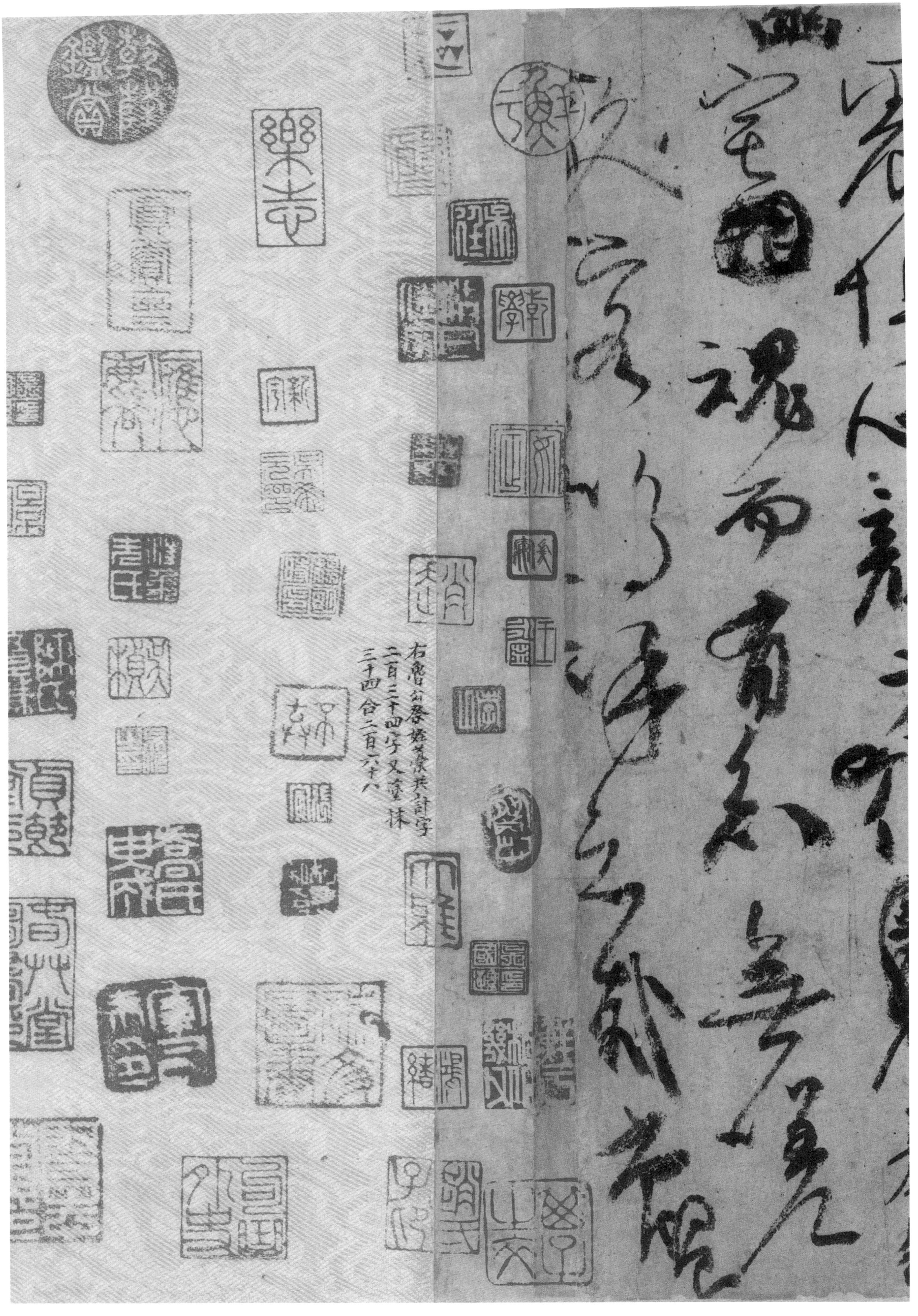

幽宅魂而有知無嗟 久客嗚呼哀哉尚饗

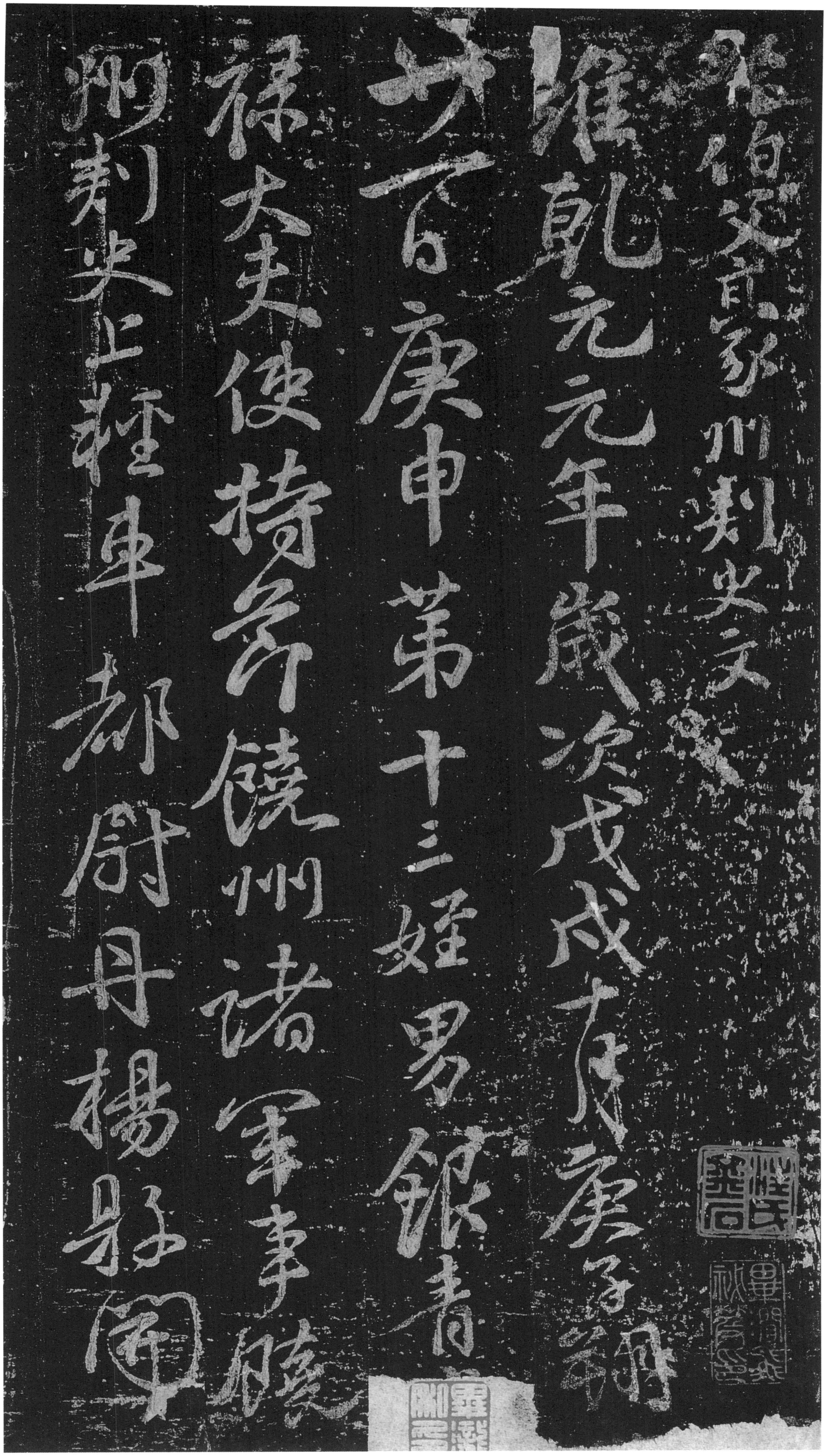

祭伯父豪州刺史文

維乾元元年歲次戊戌十月庚子朔　廿一日庚申第十三姪男銀青[光]　禄大夫使持節饒州諸軍事饒　州刺史上輕車都尉丹楊縣開

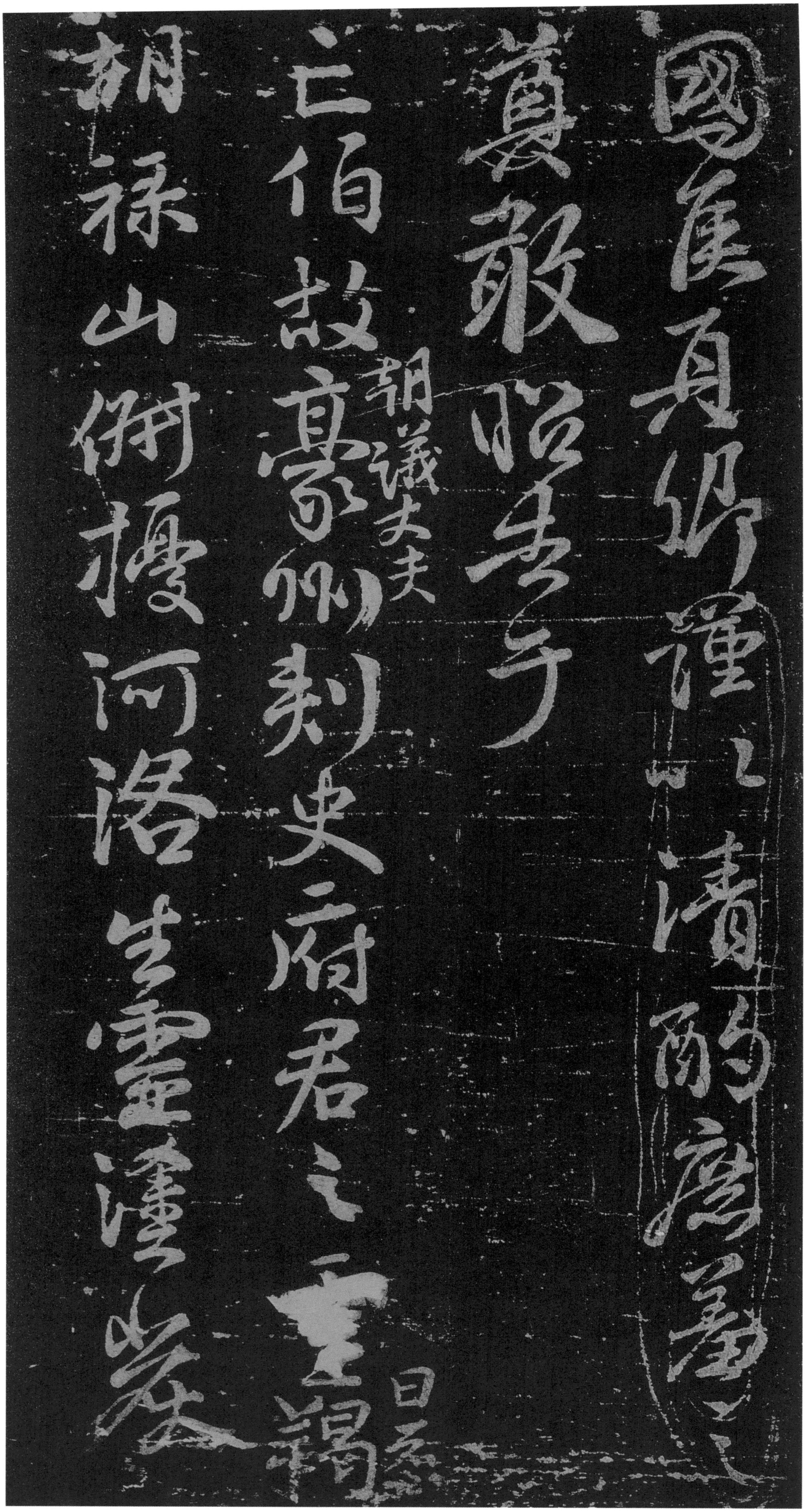

國侯真卿 敢昭告于 亡伯故朝議大夫豪州刺史府君之靈日者羯 胡祿山俶擾河洛生靈塗炭

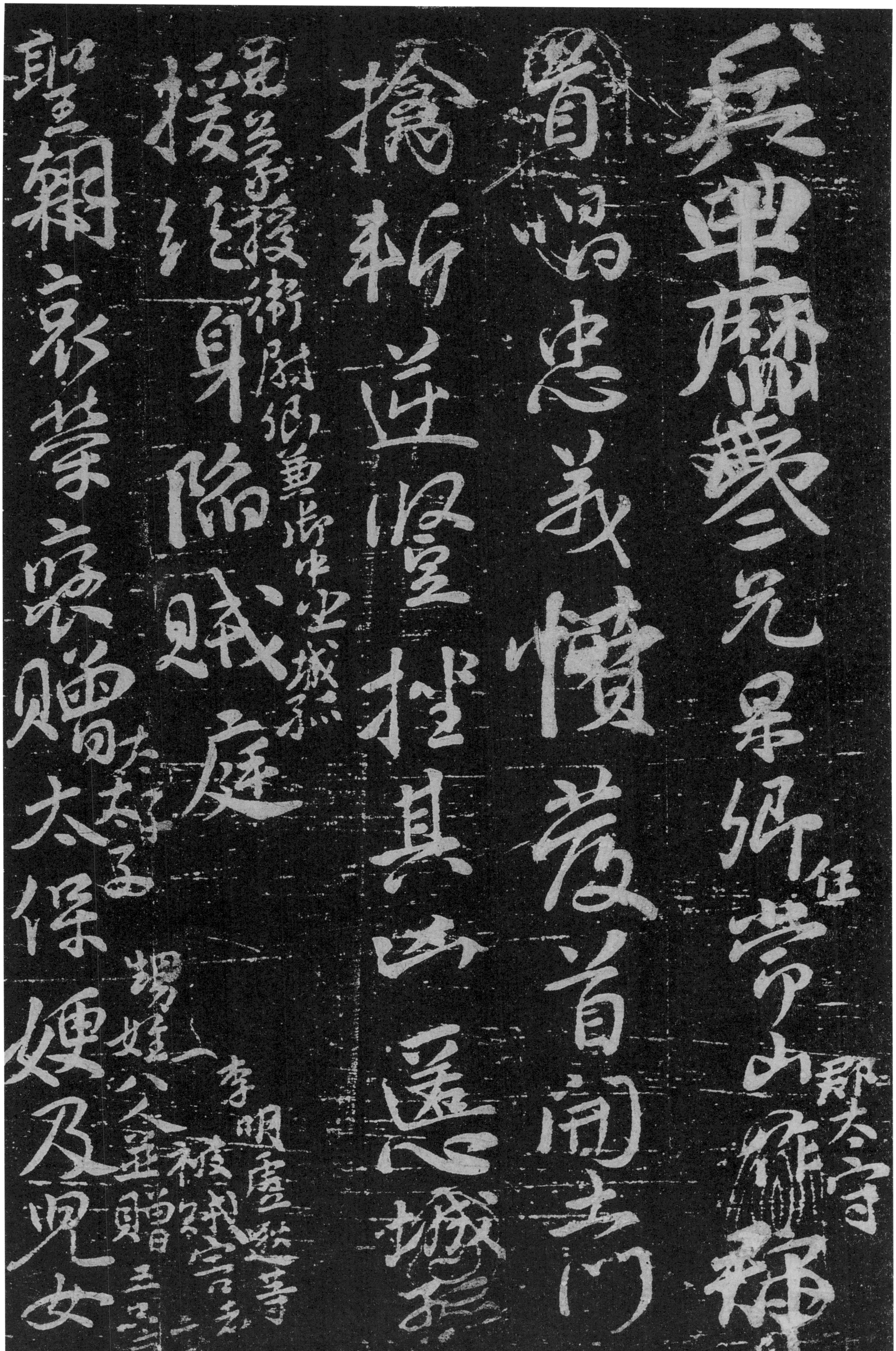

兵甲靡夷二兄杲卿任常山郡太守　忠義憤發首開土門　擒斬逆豎挫其凶慝　蒙授衛尉卿兼御中丞城孤援絶身陷賊庭　聖朝哀榮褒贈太子太子太保甥姪季明盧逖等被賊害者八人並贈五品京官姪及兒女

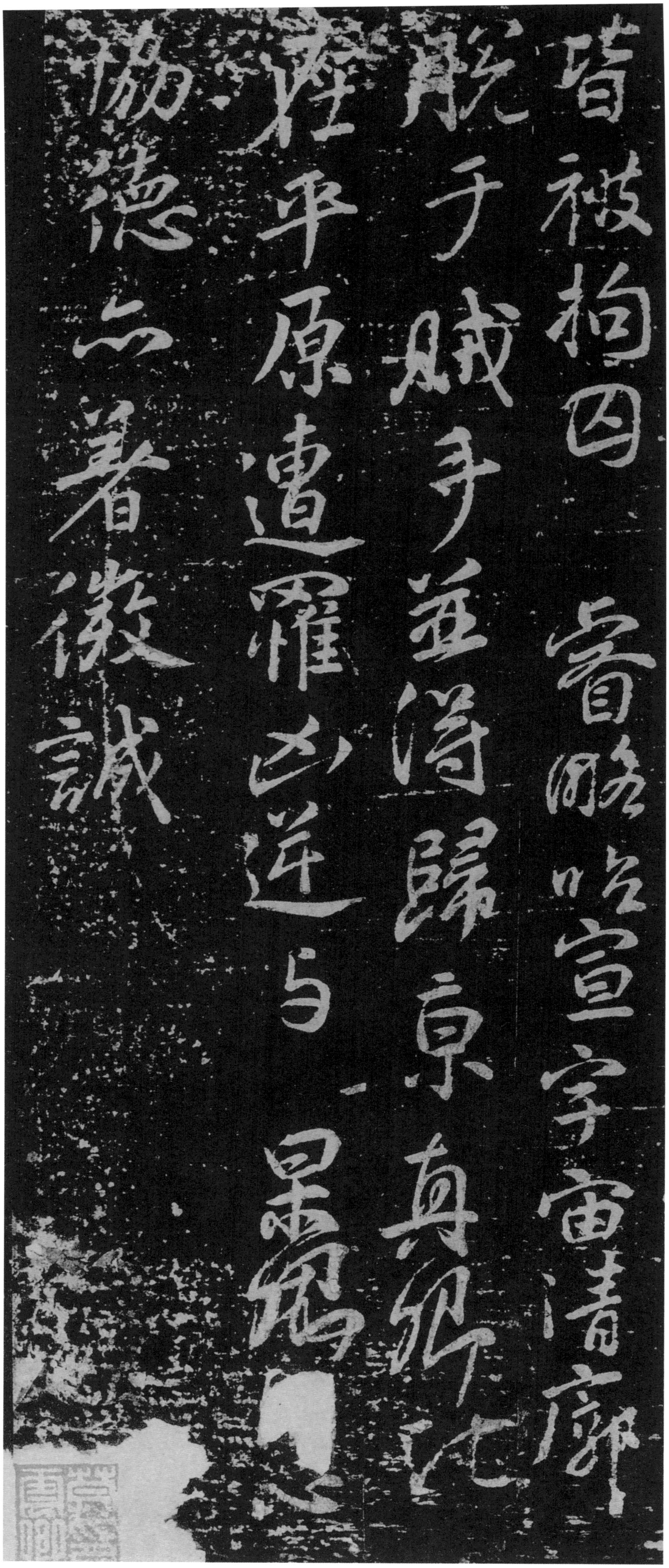

皆被拘囚睿略昭宣宇宙清廓　脱于賊手並得歸京真卿比　在平原遭罹凶逆与杲卿同心　協德亦着微誠

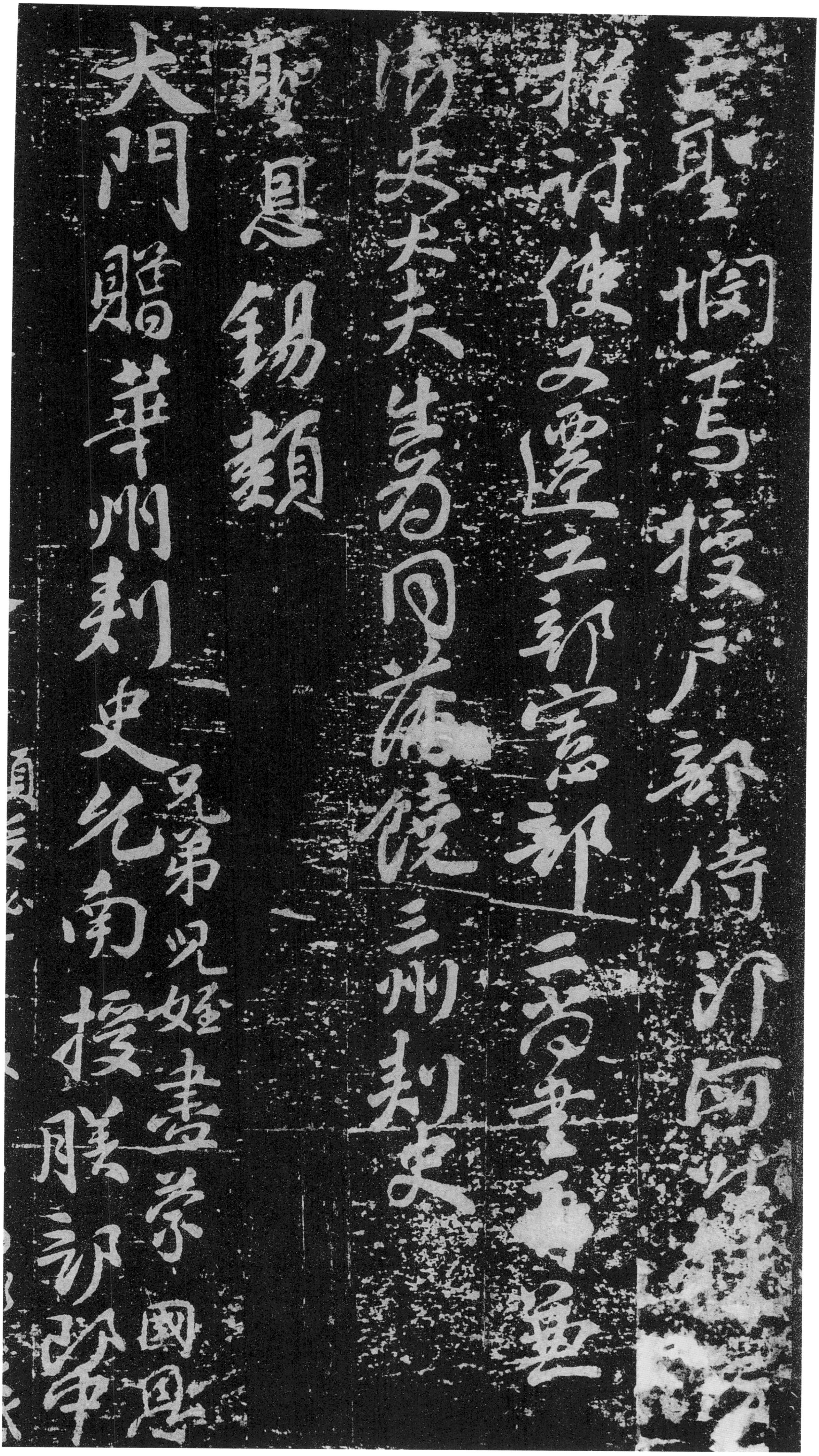

二聖憫焉授户部侍郎河北□□ 招討使又遷工部憲部二尚書囲兼 御史大夫出為同蒲饒三州刺史 聖恩錫類 大門贈華州刺史兄弟兒姪盡蒙國恩允南授膳部郎中

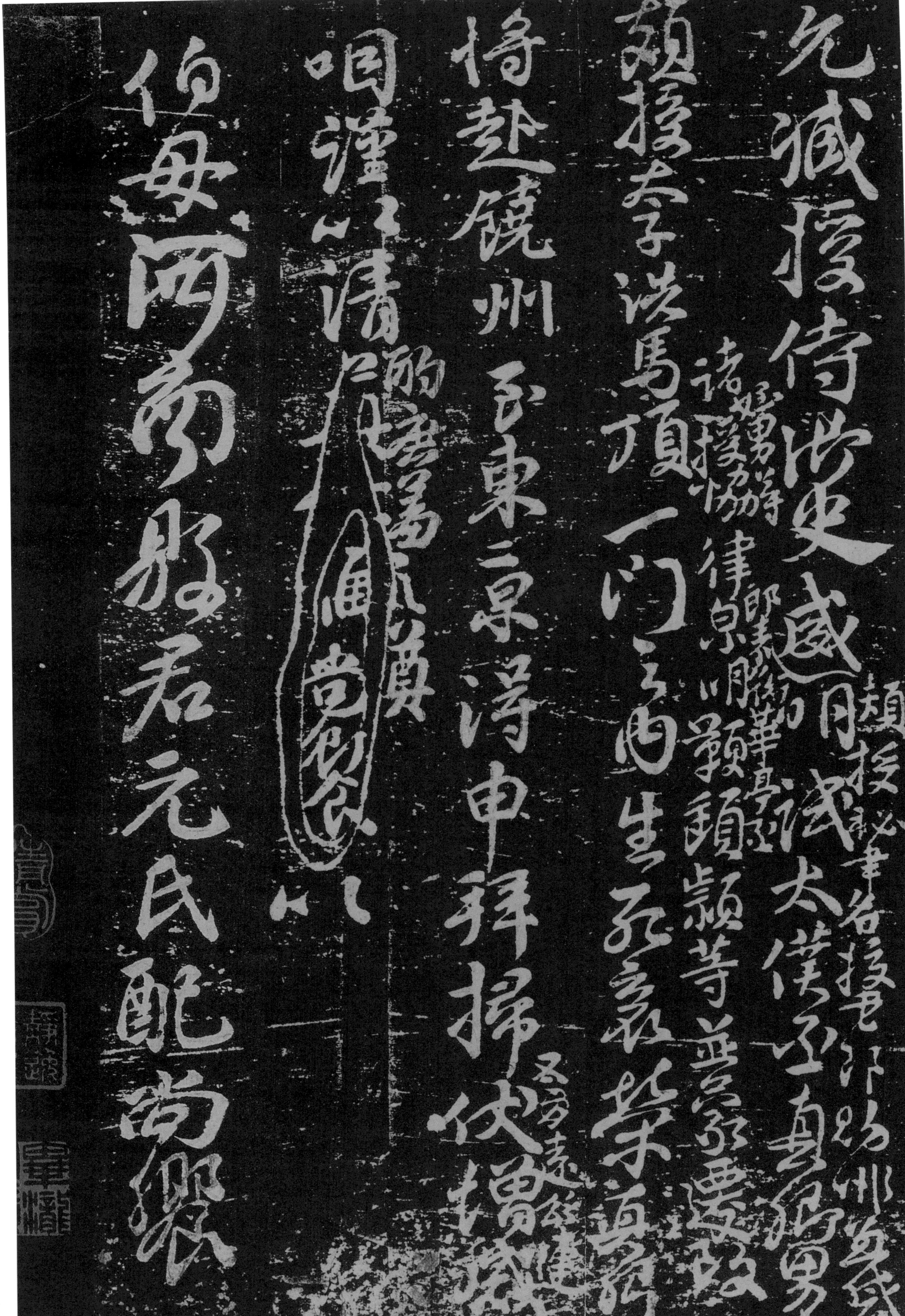

允臧授侍御史威明試太僕丞真卿男　頍授太子洗馬諸姪男等頂授協律郎頍授祕書省校書郎賜緋魚袋　袁衡華亭丞泉明顥頍穎等並蒙遷改　一門之內生死哀榮真卿　將赴饒州至東京得申拜掃又方遠辭違
伏增感　咽謹以清酌庶羞之奠以　伯母河南縣君元氏配尚饗

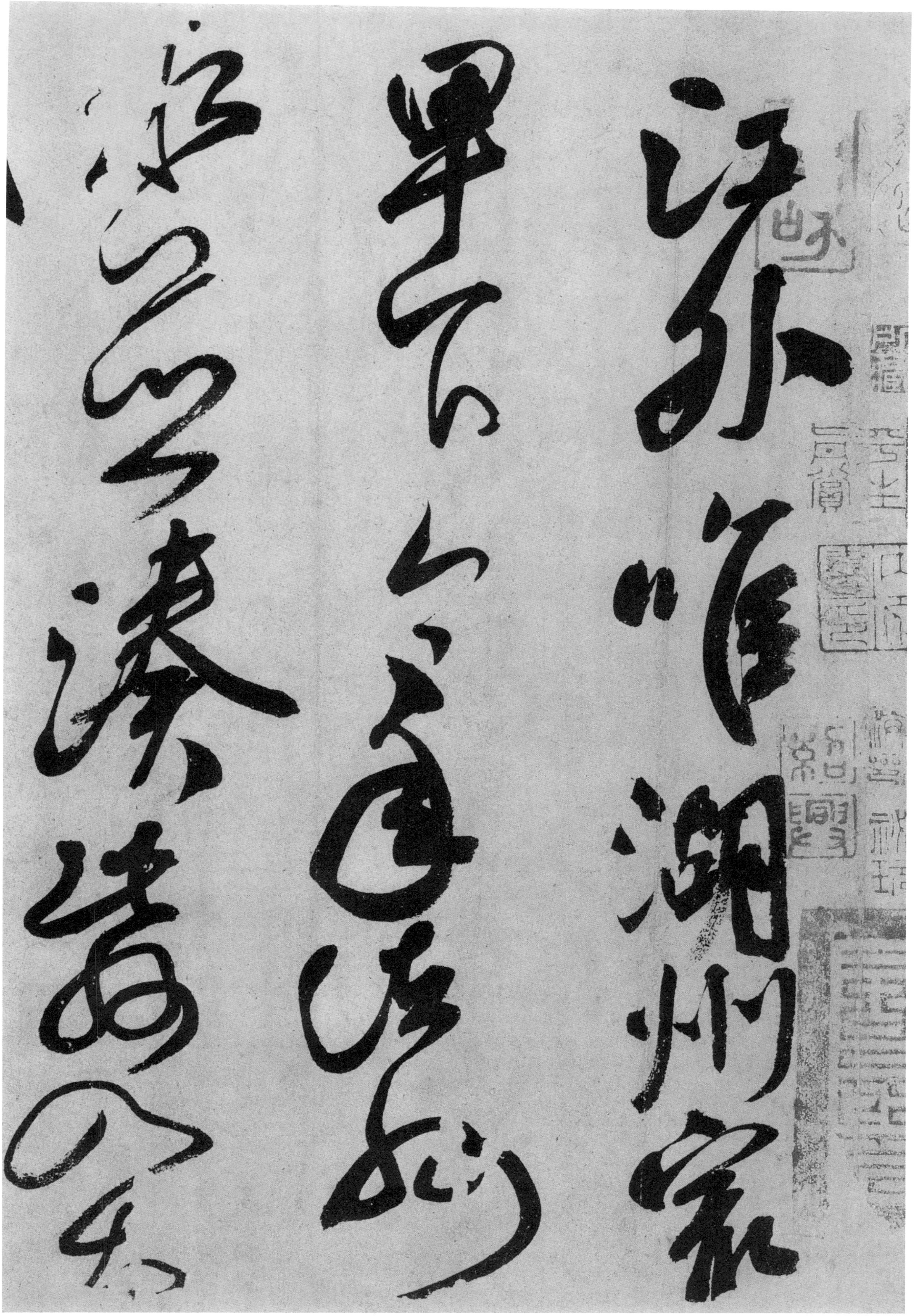

湖州帖

江外唯湖州最 卑下今年諸州 水并湊此州入太

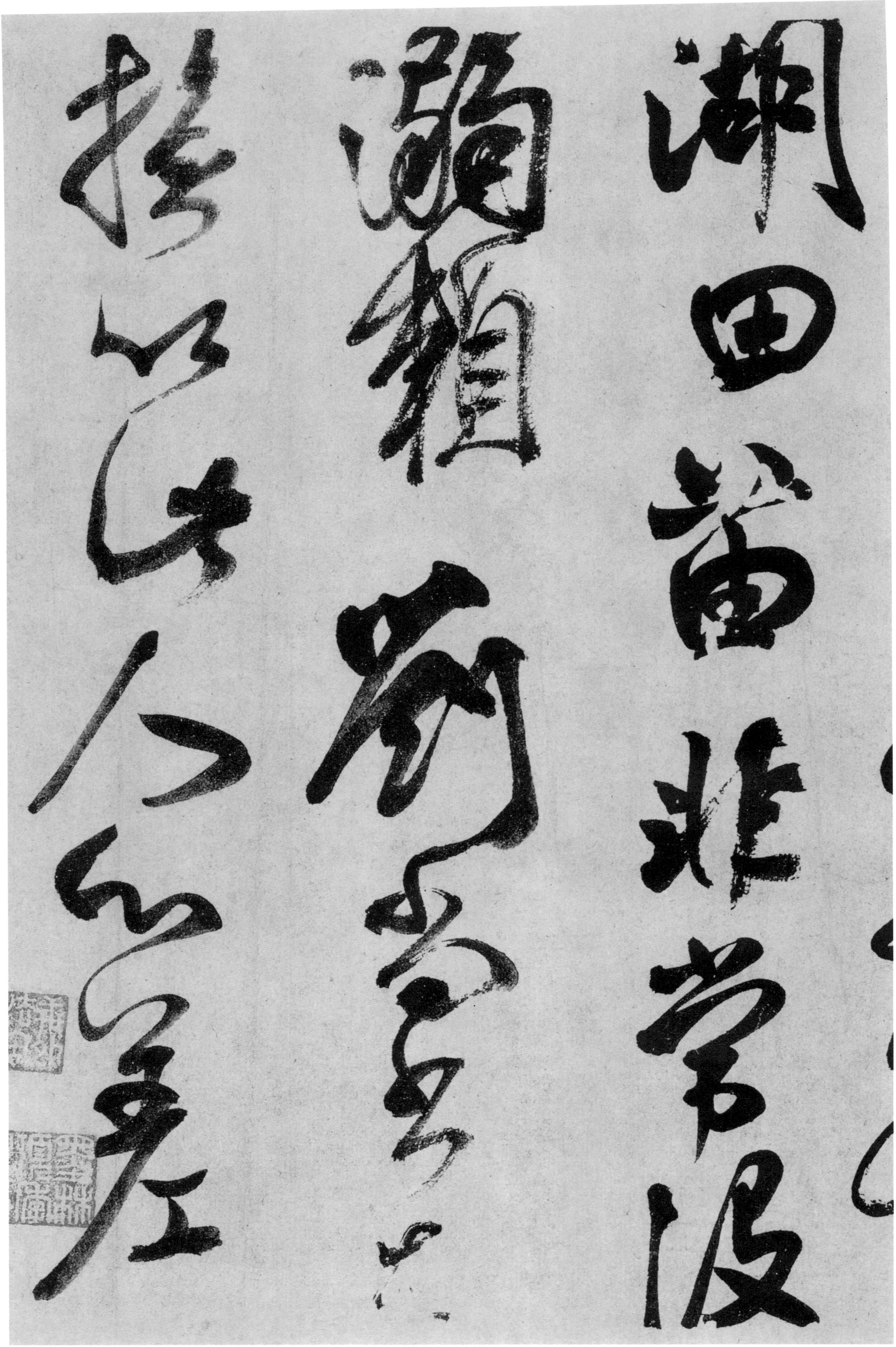

湖田苗非常没　溺賴劉尚書□　撫以此人心差

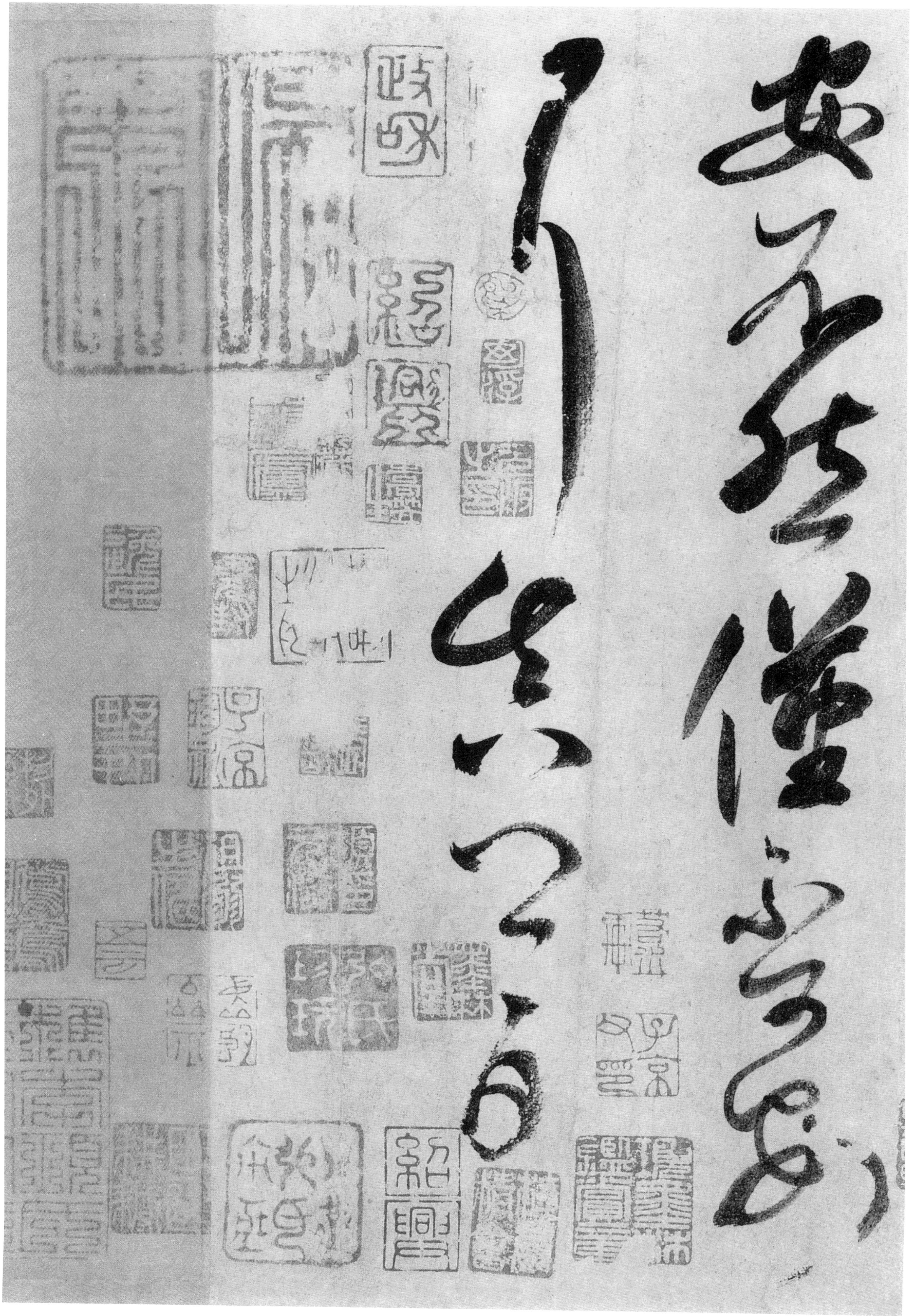

安不然僅不可安　耳真卿白

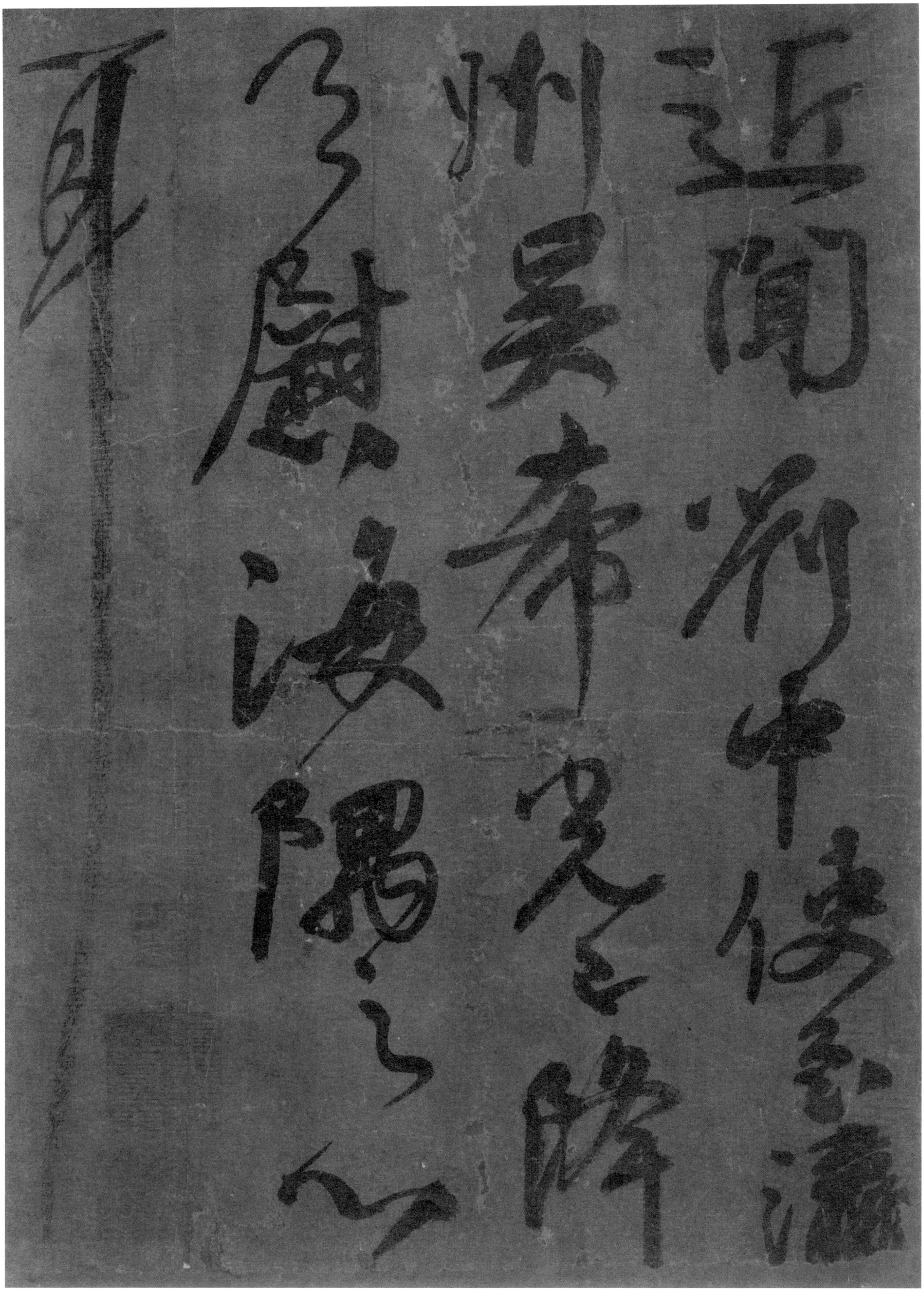

劉中使帖

近聞劉中使至瀛　州吴希光已降　足慰海隅之心　耳

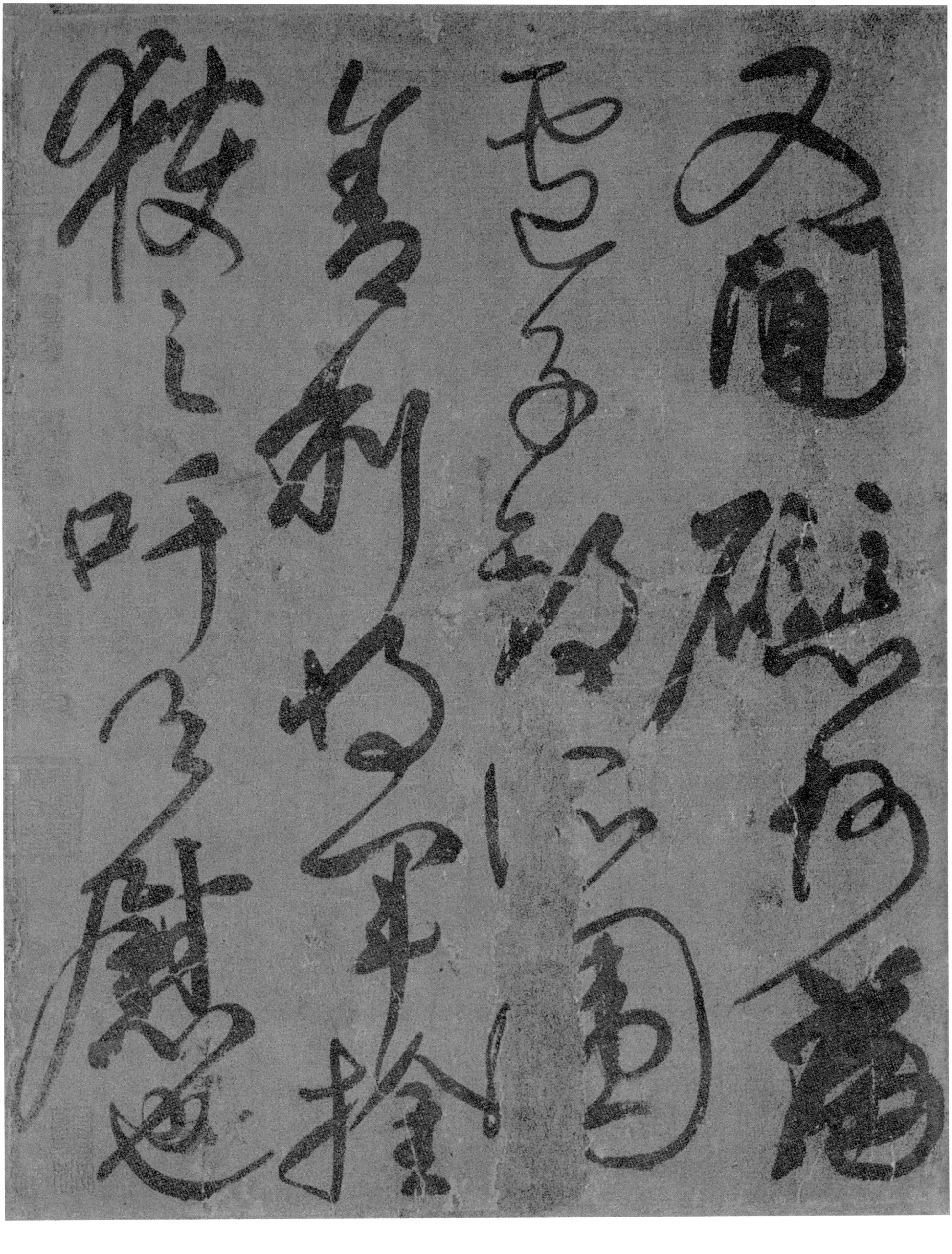

又聞磁州為
盧子期所圍
舍利將軍擒
獲之吁足慰也

行書技法

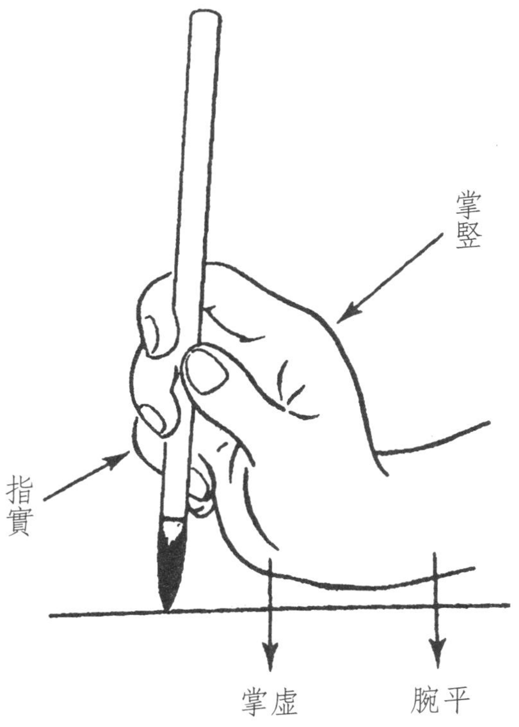

《聖教序》的臨習

□ 孫曉雲

《大唐三藏聖教序》，由唐太宗李世民撰序製文，唐高宗李治作記，弘福寺沙門懷仁奉敕集晋右將軍王羲之書迹而成。

王羲之書法真迹在當時已流傳極爲稀少，且真贋相雜。此《聖教序》二千四百餘字，字字皆有來歷，組合巧妙，刻工精美，爲王字勒碑之精品，亦爲臨習王字之難得的資料佳品。

魏晋至今，歷代書家皆以王字爲宗，發展各自面目。而學習王字，皆必習此《聖教序》。先賢浸淫多年，花費無數心血、功夫，孜孜不倦，磨礪、流連其間，留下了艱苦足迹。

一 《聖教序》其主要特點

（一）正、行、草字組合自然

文獻所見王字其餘碑帖中，多爲純正的草書、行書或楷書。此《聖教序》最明顯的特點便是從頭至尾二千四百多字，正、行、草字皆有，間雜其中，搭配自然，組合得『天衣無縫，勝於自運』。可見當年懷仁在書法造詣上必定是精達通曉，深得王字之精髓要領，難怪被後人稱爲『异才』。而且，碑中即使多次出現同一個字，也要使用多種不同寫法，變化多端，縱横莫測。

集古人書刻碑此前并無先例，《聖教序》或爲首創。後來繼之出現了許多集古人書刻碑，但正、行、草相隔并存的形式并不多見。這種組合爲後人開拓了一條新路，出現了一種獨特的審美形式，至今仍意味無窮。

（二）摹刻準確、真實

此集王字，與其言碑，不如言帖。全碑二千多字，均嚴格按照毛筆、墨迹的走向而摹刻。刻工往往因爲相承世襲的技法而加入許多主觀意念，摹刻時有意無意地改變了原字的造型與用筆，尤其容易忽視微妙之處。而王字不同於他字的最大特點，正是那些在行筆過程中的微妙變化，稍一疏忽，便失其妙。因此，刻工須精密嚴謹，力求與墨迹一致。能爲大唐刻《聖教序》者以來，定是當時第一流的高手。自唐太宗是王羲之的忠實崇拜者，以朝廷名義下令集王字爲《聖教序》勒刻碑石，哪裏能容摹刻有絲毫走樣？况且懷仁集字鈎摹尤爲細致，如實周到，不減王字絲毫風采。此碑雖年代久遠，但從《聖教序》最初精拓可知，此碑字畫清晰，細部明了，結構排列精彩絶倫。其把王字鎸刻、反映得如此準確、真實、完美而雋秀，是碑刻中早期古典主義的經典代表之一。

（三）以單獨的字爲審美範疇

就章法而言，《聖教序》是較特殊的一種。由于是集字，不但字距較大，而且打亂了原本字的上下關係，所以它不同於一般碑帖的是：以一個單獨的字爲審美範疇。因爲是出自於王羲之一人的筆迹，盡管打亂了重新置排，此碑仍有自然的王字規律，因此看上去

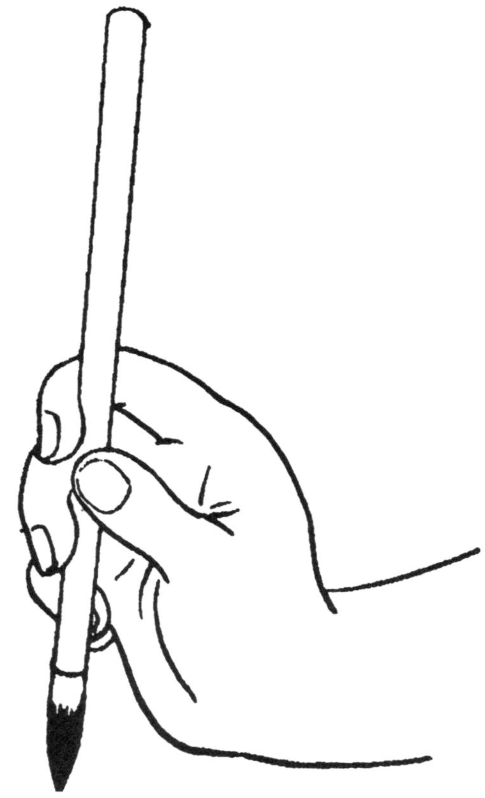

始終是統一的。《聖教序》甚至可以隨意剪接，看起來仍然保持其固有的面貌，關鍵在於其中每一個字都有强烈的代表性，這可以區别於其他任何一本碑帖。同時，這也是集字成文、集書成帖的特點。

二 臨習

臨摹，是一個艱辛的過程，更是一個不可缺少的過程。這好比鋼琴中的練習曲、油畫中的素描。臨習是爲創作打基礎的，同時臨習本身也是一門藝術，是一項高超的技能。書法的學習入門首先必從臨摹開始，臨摹好比是一塊敲門磚。臨習到什麽水平，相對地個人的書法創作便到什麽水平。尤其是學習王字，對《聖教序》這種筆法森嚴、結構完美、變化無常、刻工精良的碑帖，臨習時必須心平氣和、細致周到。無論從氣勢、章法，還是從用筆、結體，都須注意觀察，細細體悟。

臨摹一般分實臨與意臨二種，也就是寫實性臨習與創造性臨習。

（一）實臨

實臨，結合此碑而言，必須注意以下幾點：

第一，《聖教序》是集王字而成，故而字迹大小完全是按墨迹的原尺寸而來，多爲一寸之内，也就是當時晋代指的『八分』書（編者案：此指字的尺寸而言）。係用指，稍加掌功而得。初學者不容易將字寫到原大，初臨時可以先放寬尺寸，再逐漸恢復原大。但不宜寫得過大，因爲要牽涉到用腕、用肘及用臂，過大便不得本碑要領。

第二，古人云：『工欲善其事，必先利其器。』書寫工具的選擇尤爲重要。我們可以從古代書論中反復體察到『紙筆精良』的諄言。而今人往往不以爲然，用極不相配的工具，花大量時間，欲得其效果，結果衹能事倍功半，甚至事倍功無。久而久之，他們便喪失了臨習的興趣，或自然地放弃，草率、急迫地進入『創作』，隨意發揮。因此，如何選擇紙、筆等工具，是首先要考慮的。

就《聖教序》而言，那個時代是王字的鼎盛時期，工具極其考究。如果要實臨得相像，工具也應當選用相同，或是比較相似的。魏晋之時，貴族、宫廷中大部分已使用絹、綾，或是質地柔綿、細膩的紙。生宣誕生在明末，《聖教序》時代是没有生宣的，因此如今實臨也要避免用這種滲水量過大的生宣。也不宜用雜質過多、顆粒過粗的紙張，否則王字的細微處便無法體現。我們如今在實臨中當然不可能常用價格昂貴的絹、綾之類（如今的絹與古代絹又有不同），可以選擇一些質地細膩、綿柔的紙，吸水量要小些的，譬如元素紙、報紙、仿古宣、熟宣、包裝紙及一些書籍用紙。

筆的選擇尤爲重要。首先要選擇新或較新的筆。古書論中常言『池水盡墨，頹筆成堆』。一是指古人的用功程度，二也是指古人用筆之講究，稍一頹毛，秃了，舊了，便弃之，不像今人一枝筆會用五年、十年，也不更换。

王字遒勁堅挺且婀娜多姿，清利颯爽且志氣平和。雖羊毫、狼毫均可，但羊毫不宜過長過軟，狼毫不宜過粗過硬，最好是中、小白雲加健。筆鋒一般在一寸之内。不宜長放於水中浸泡，過於胖大則使用不便。用後需清水爽乾。使用起來不順手、不見效的筆不要勉强爲之，多試幾種爲好。總之，筆是宜小不宜大，鋒是宜短不宜長，筆杆是宜細不宜粗，毫是宜尖不宜禿。能够選擇一枝合適的筆，等於有了一個良好的開端。

再則是墨。古人研墨，故深淺、濃淡自如。今人研墨者已甚少，大多是墨汁加水。水加得多少，是一門學問，過少則粘厚枯滯，拖不動筆，過多則肥爛稀薄，字無筋骨。因此首先得調好墨的濃淡度。筆蘸上去要由尖至根，不要一下蘸得過多過飽。王字多在筆尖上做文章，墨的爛、枯皆不行，故臨習者需重視這個問題。

第三，由於《聖教序》不同於其他碑帖，其中二千多字是由楷、行、草間隔組成，臨習時須全面地掌握楷、行、草三種字體的寫法與規律，然後巧妙地搭配組合在一起。因此臨習者同時要學習三種字體，相對來説，難度要大些，學習的面也相對廣些。初學者最好先具備楷書功底，或先臨習些與王字相近的楷書，再涉及《聖教序》。或先將此碑中的楷字練熟，再沿及碑中的行、草字。没有一點書法基礎常識，即臨《聖教序》，不易見成效，更不易到位。

第四，《聖教序》從章法上看，似無規律可言。字的大小排列隨意自由，間隔也緊寬不等，似不可預測。一個極工整的楷字下面可以接上一個狂草字，粗厚與纖細的用筆可以同時出現在上下二字。間距的不等也是一大特徵。因爲拓本是把碑上的字一條條拓好再連接成文的，因此，《聖教序》可以隨意拼接成任何一開本，仍不失其面目。這種無規律正是《聖教序》的規律。在臨習時，必須首先準確地把握其中無規律的規律，首先把每一個單獨的字寫好、寫標準，然後再尋出各種偏旁部首、各種不同結構字的造型規律，以及它們的各種變化。

王字素有『魔術師』的魅力，千變萬化，出其不意，不是很快就能把握、認識的。再加之《聖教序》較長，達二千四百多字，四五十版面，臨習者得耐下心來逐字逐句地做功夫。好在此碑中亦有多處重復造型的字，比如『福』『教』『生』『賢』等，會寫一處，遇他處便少臨一字。待每個字部都能寫得標準、寫到位時，一頁的字便會暢通一氣，自然成章法。

實臨（寫實性臨寫）易出現的問題：

第一，結構不準。這是寫實性臨寫需過的第一關。所謂王字、米字、顔字的區別，不外乎是字的結構與用筆二者的不同。其中結構是關鍵。過這一關需要極大的細心與耐心。必須仔細研究每個字的布局空間，筆畫的位置、長短、高低、斜度與角度，以及偏旁部首的搭配、大小、錯讓，都是很有講究的。寫一遍不準，可以重復多遍。在這個過程中，視覺的記憶、判斷以及糾正起了决定性的作用，因此，大凡善於用眼的人，也善於做到結構準確。

結構問題，可以用硬筆幫助解决。平日注意結構的記憶，留意觀察，隨時可用硬筆臨寫、背寫結構，多在結構的微妙處下功夫，『功夫不負有心人』。

第二，用筆遲滯。造成這個現象的主要原因是眼睛一邊看帖，手一邊寫，既要注意臨寫結構，又要注意筆畫輕重安排，寫寫停停，在運筆時便滯澀、彎曲，不乾脆果斷，顧此失彼。初臨習者易如此。這完全屬正常現象。值得提醒的是，王字的用筆是極其流暢、韌挺的，不允許出現抖滯、枯澀的筆畫，所以臨習者在實臨中應該嚴格尊重原碑的本來面目。

解决用筆遲滯問題的方法是多臨、多寫，熟能生巧。可以邊看邊寫第一遍，記住字的結構用筆之後，再默寫第二遍，一氣呵成，便不會遲滯。如果不行可以多來一遍，直到記住爲止。當能熟背字的結構和用筆時，抖滯、猶豫的問題就會隨之解決。如果臨習一段時間仍有抖滯現象，這表明臨習者對毛筆還不熟悉，駕馭能力尚存在問題，還需要再進行一些用筆的基本功訓練。

當然，我們强調的是結構準確基礎上的流暢，如果一味地追求流暢、果斷，而失其結構，就成了真正的本末倒置。

第三，虛實不分。這裏指的實是字本身應該有的筆畫，而虛則是那些相連的引帶筆畫。在楷書中，虛的筆畫幾乎没有，而行書則虛實相間。臨習者往往對虛實的分寸把握不當，實筆會過細、過飄，而虛筆則粗重結實。如果牽涉到草字，虛實還要復雜得多。按照草書的寫法與用筆規律，虛實也應是十分明晰的。因此臨習者首先要弄清楚何虛何實，何重何輕，不能依葫蘆畫瓢。

虛實還牽涉用筆問題。此集字中，有的字的筆畫是重力在頭，有的是先輕後重，有的是在轉折處發力。比如『夢』字是整個筆的三分之二的毫鋒着紙，粗放有力，而『趣』『有』字都是筆尖一點點着紙，細如游絲。在此中雖没有特別明顯的虛實，但臨習者先了解該字的寫法之後，便可以自如地依照碑而處理手下的虛實問題。

第四，作抄書對待。這是日常最常見到的一種臨習毛病。有的人每次臨帖都是從頭到尾地抄一遍，對無論臨得好或不好的地方都視而不見，一遍走過。

臨習的目的，首先是要解決每個字的造型及用筆問題，寫起來不是一遍便可以準確完美的，不能每次臨寫都似乎是爲了湊一張完整的臨作似的。真要做功夫，是做給自己看的，要獨個臨寫，揀重點，必須對自己負責才是。應該先臨一字，及時總結優缺點，再糾正寫一遍，如果不行可再寫一遍。但至多不可超過三四遍。有的臨習者會把一個字寫十遍以上，最後感覺麻木，以數量湊質量，往往最後幾個字還没有前兩個寫得好。當然，如果一兩遍就能準確把握便可放過關，隔日再重新復習一遍，留下較深刻的記憶。完全可以過關的字先置一邊，不過關的重點臨寫，最後再整篇臨寫。如果作抄書對待，勢必效果甚微，且失去了其真正的目的。

另外，執筆不當，工具不當，都會造成實臨中的問題。總之，能够掌握一種正確的實臨方法，是書法學習的前提，也是必修課。

（二）意臨

意臨，也可稱創造性臨寫。首先，我們得搞清楚意臨的概念。一般意臨有三種含義：

第一種是建立在實臨的基礎上。多次的實臨令臨習者對碑帖的結構安排以及特點了如指掌。滚瓜爛熟後，脱開帖而自己去寫，這實際上是背臨，其中的創造性體現在臨習者有較多的自由度以及一些個性發揮的餘地，不拘泥於每個字的每個具體部分。這種意臨是在不失本帖原來面目的基礎上，給予臨習者少量的創作空間。這往往是對初學書法者、初臨習者而言的。將實臨與這種意臨交替進行，隨時可檢驗自己對此碑的把握程度如何。雖然這種意臨看上去比較保守，却是非常見功夫的，實臨不過關的人，這種意臨就絶對做不到。

第二種是長期對王字有所留意，王字的筆法、結構、章法已爛熟於心，呼之欲出，以自己對王字的理解體會，主觀地去臨寫。這時的臨習已不僅僅拘泥於本帖，而可以隨意融入王字其餘書迹的風格，得以融會貫通，自由發揮。這種意臨不是初學、初臨者所急於能爲的，因爲這要求有扎實的王字基本功，或有書法方面較長久的臨習經驗的積累。

第三種是一些學者、專家及書法家，自身已經有良好的書法修養與體驗，特別是受過除王字以外的其他碑帖的良好影響者，其個性突出且鮮明，書風老練亦成熟，早就自成一格。在這種情況下，他們來意臨，往往是以王字以外的定了型的書風主觀地意臨，雖然距王字風格較遠，却具有自身的獨到之處，又注意在意臨中或多或少地加入王字的某些東西，這可謂是真正創造性的『意臨』。

在意臨中易出現的主要問題：

一些初學、初臨者往往以『意臨』爲一條逃避實臨的捷徑。他們不肯下苦功，因爲臨不好、臨不像，又不想放弃，也不想改觀，於是便用『意臨』來搪塞解釋，或用『意臨』來拔高和標榜自己。他們通常羡慕和模仿專家書家的意臨，以爲有個性、有派頭，反過來認爲那些實臨且卓有成效者爲『没有創造性』，視那些老老實實做功夫者爲『無個性』。其實，這種『淺嘗輒止』的『意臨』與專家的意臨有着絶然不同的質的區別。如果没有扎實的書法基本功作後盾，要想直接省事進入後一種意臨狀態，衹能是自欺欺人，荒唐可笑。俗話説：『水到渠成。』任何事有它本身的規律，急不得。一分耕耘，一分收獲。

此外，還有一些臨習者面對碑帖時，可以發揮得不錯，一旦離開碑帖，就靈感全無。問題一是出在臨寫時没有注意記憶，對整個碑帖的特徵、精神未及時總結歸納，自然把握不住。二是因爲太不留心，凡臥案臨書時方爲臨，而平素日常生活中却不有心注意、反省與書法有關的事物，即所謂字外功夫，便會出現上述狀况。

毋庸置疑，即使是意臨，目的也是爲了創作。最佳臨寫效果應該是：臨寫時的感受在默寫時能呼之欲出，而在創作時更能隨時拈來便是。

行書技法

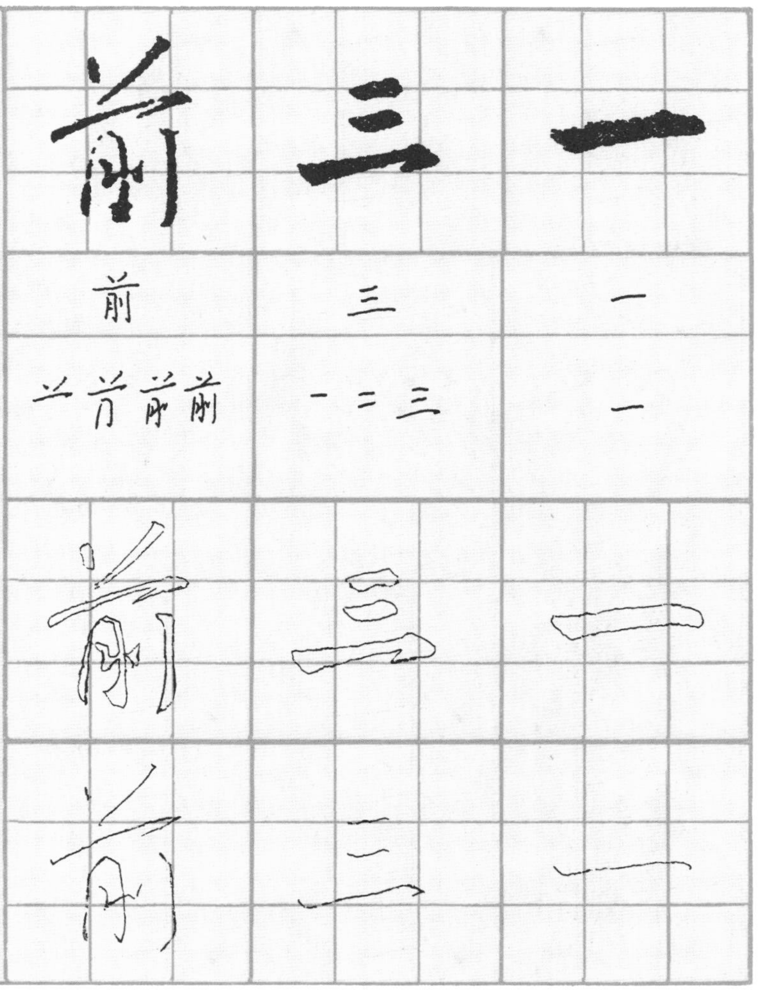

(1)(一)此爲常見的長横，起筆頓筆分明。稍向右上方傾斜，"八法"謂之"鱗勒"，筆鋒仰收。
(2)(三)前二横均爲短横，"淺鋒平勒"，飽滿有力。一般多横并列，一横爲長，其餘爲短。
(3)(前)"月"字之中的兩横作兩點用，短促且連續不斷。

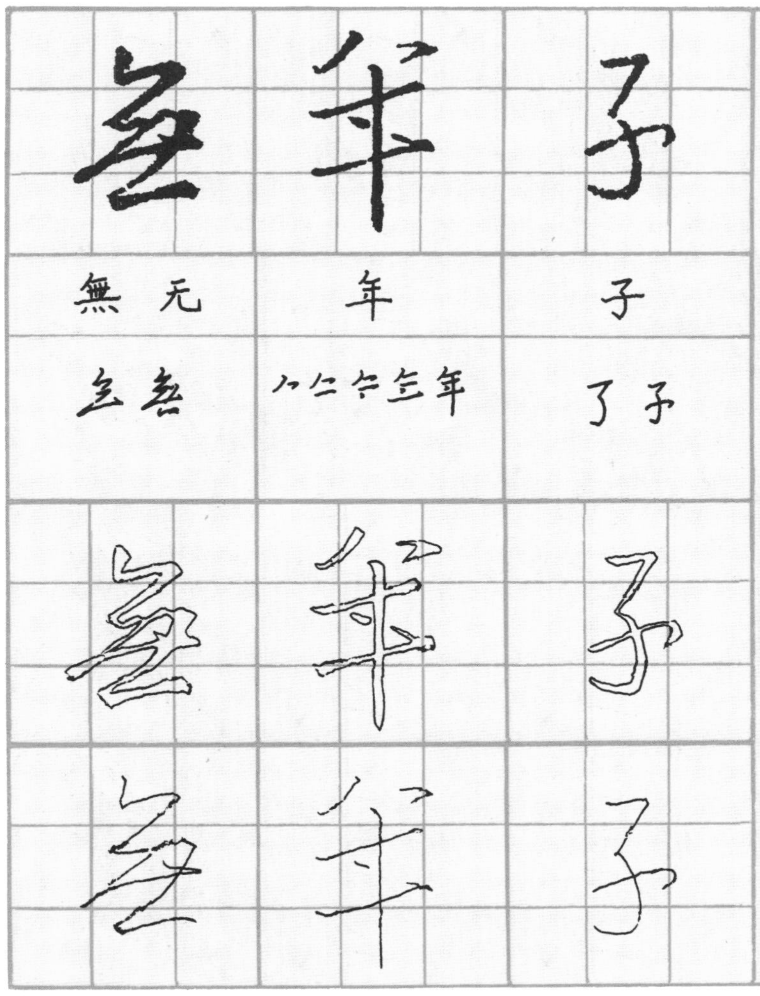

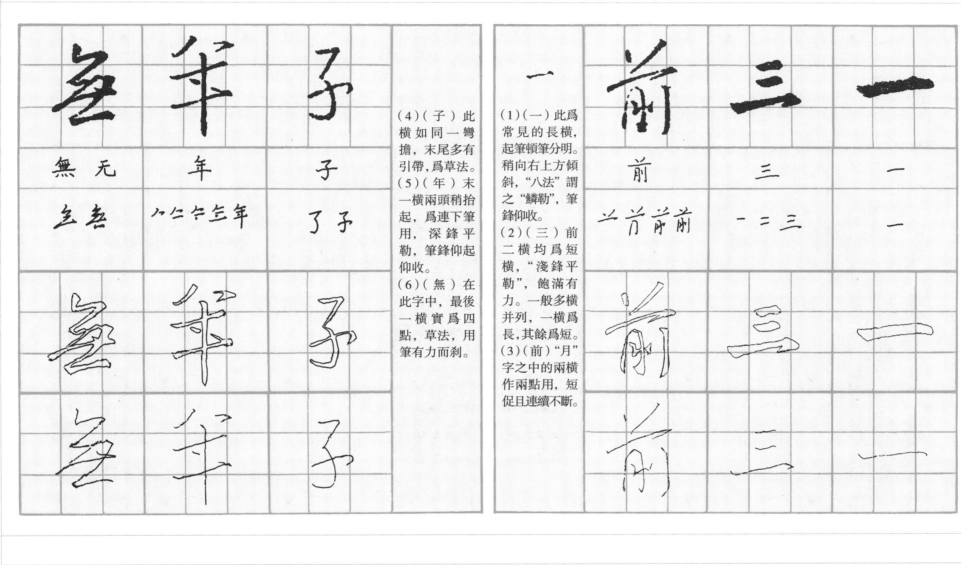

(4)(子)此横如同一彎擔，末尾多有引帶，爲草法。
(5)(年)末一横兩頭稍抬起，爲連下筆用，深鋒平勒，筆鋒仰起仰收。
(6)(無)在此字中，最後一横實爲四點，草法，用筆有力而刹。

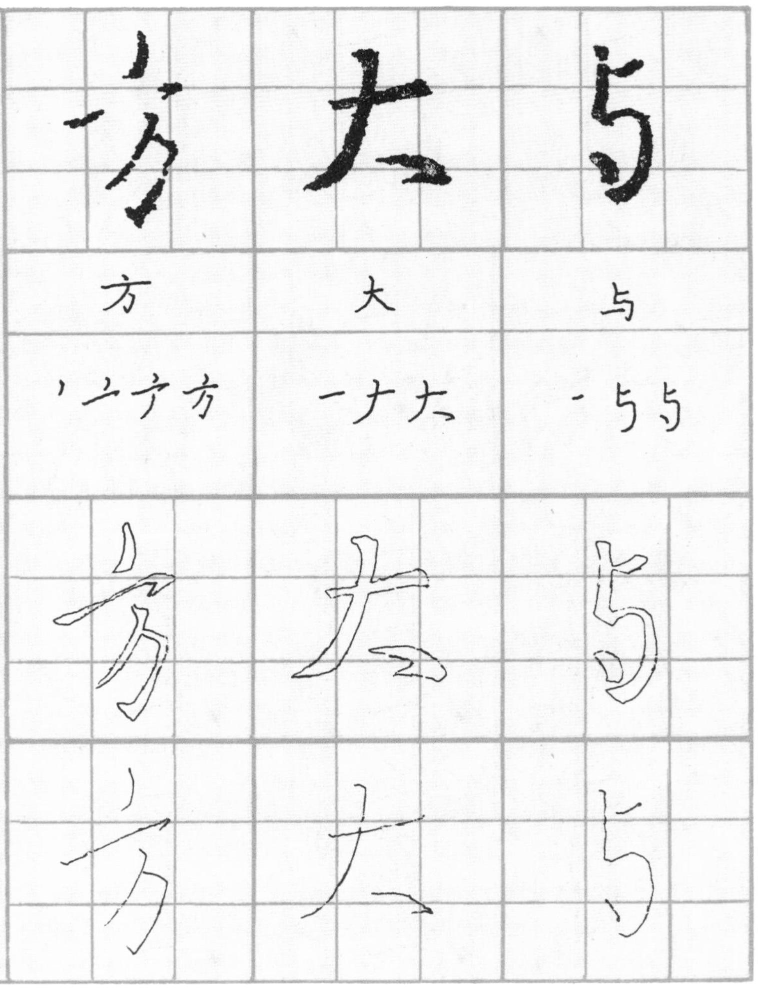

(1)(與)末筆之點在帖中作横用，收筆果斷肯定，無引帶。
(2)(大)此點作捺用，前後都有引帶，多在行草書時用，行筆快速。
(3)(方)一般行草書用。在快速之中掠過，點與引帶合而爲一。

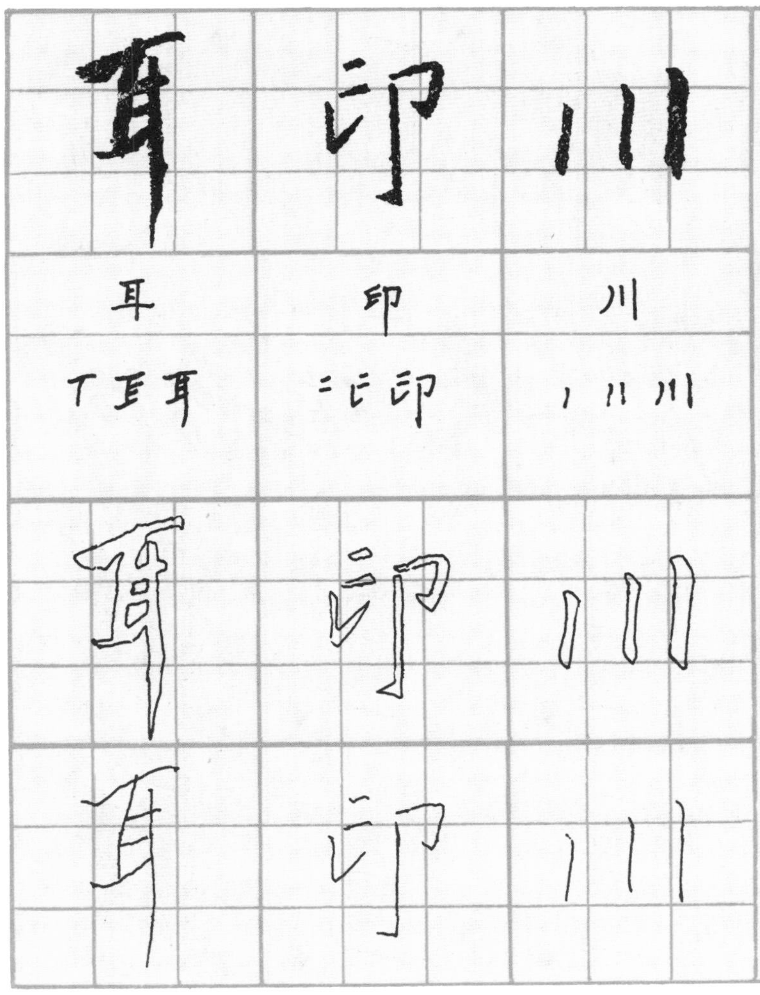

(1)(川)此竪順筆而下，筆鋒收尖處在右下方，前兩竪有"垂露"意。
(2)(印)此竪用筆均匀有力，下方有勾，作連筆用。
(3)(耳)末一筆竪由重漸輕向下，作側懸針狀，往往用于字的最後一筆。

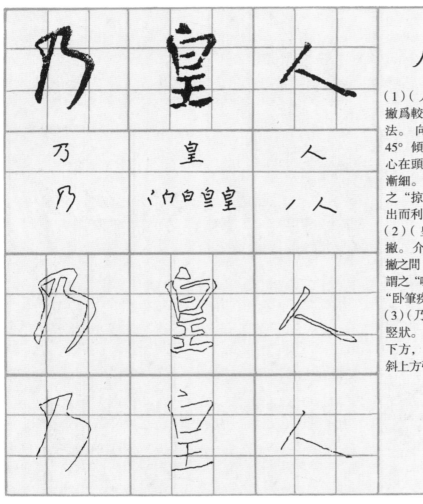

乃 皇 人 丿

乃	皇	人
乃	皇	人
乃	丶门白皇皇	丿人

(1)（人）此撇爲較典型寫法。向左作45°傾斜，重心在頭，末尾漸細。古法謂之“掠”，“左出而利”。
(2)（皇）短撇。介于點與撇之間。古法謂之“啄”。須“卧筆疾罨”。
(3)（乃）作斜竪狀。重心在下方，然後向斜上方引帶。

(4)（早）末筆較隨意，呈蚯蚓狀。
(5)（而）此字中兩小竪作點，短小而急速。
(6)（卉）末竪呈短撇狀，多用于行草書。

卉 而 早

卉	而	早
卉	而	早
十𠫔卉	丆𠕁而	口日旦早

及 文 之 ㇏

及	文	之
及	文	之
丿及	亠ナ文	丶ン之

(1)（之）此捺爲標準形，稍平坦些，頓延有力。古法謂之“磔”，“戰行右出”。
(2)（文）用筆由細漸粗，行至最粗時突然住筆，不再捺到細處，“欲放更留”，末尾呈齊口。
(3)（及）此捺呈大點狀，與前一筆撇相連，末尾打住，爲草勢。

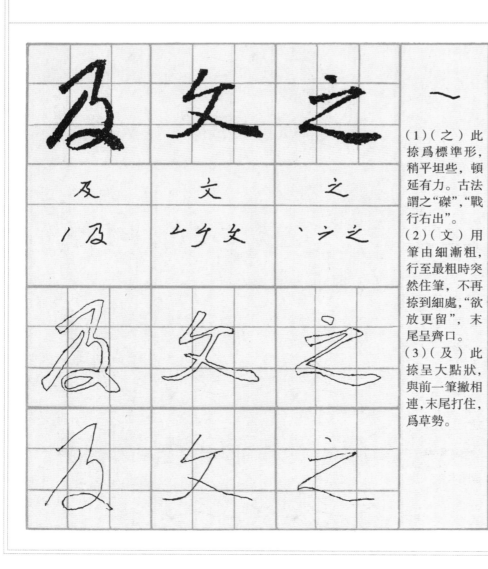

(4)（太）此撇起筆先作衂鋒，用力至斜下方，再輕筆漸去。骨結分明。
(5)（有）此撇與横相連，起筆如“快馬入陣”，圓滑而流暢。
(6)（夏）此字首撇用偏鋒，逆勢左推，至末尾刹住，切平。

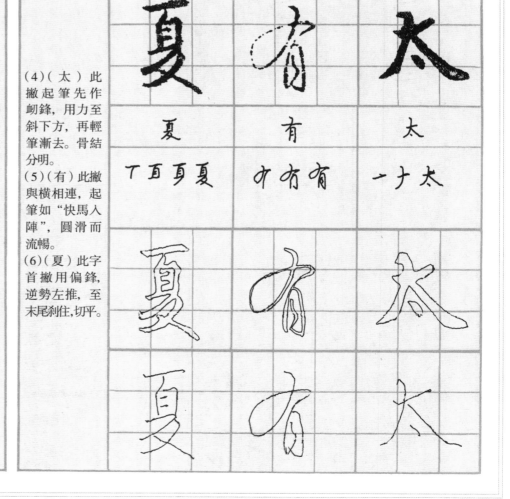

夏 有 太

夏	有	太
夏	有	太
丆百頁夏	𠂇有有	一ナ太

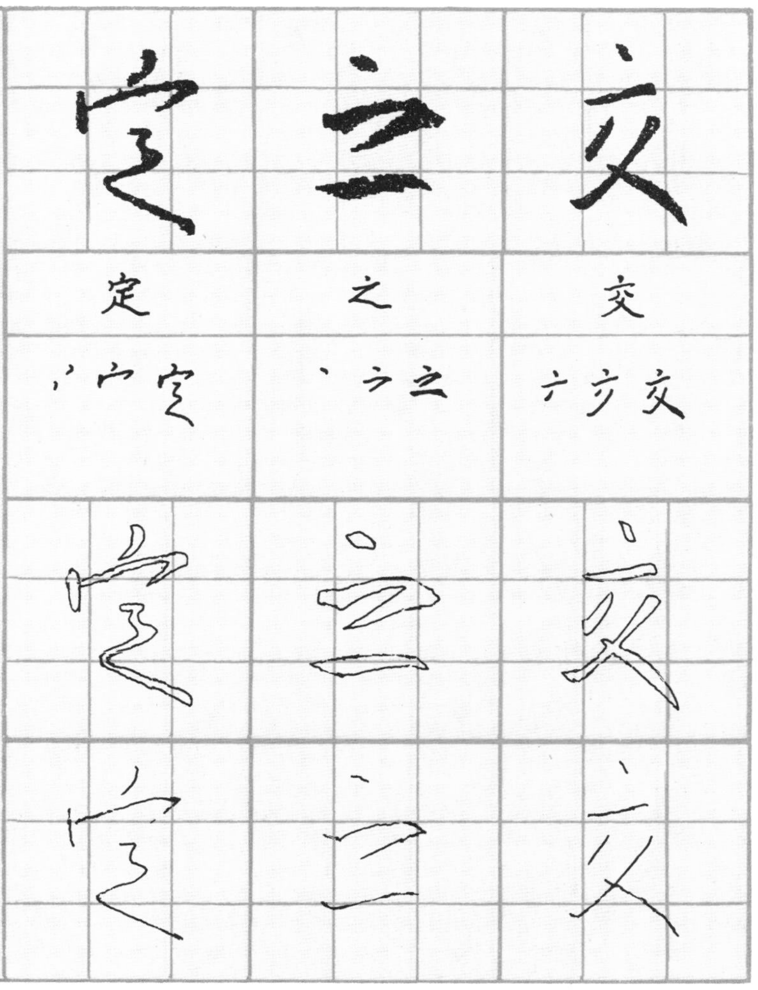

(4)(交)與標準捺正相反，尖口向下出鋒，圓肚向上。
(5)(之)可作一横勒狀，用偏鋒。
(6)(定)用力均匀，無提按。較爲自由，多爲草法。

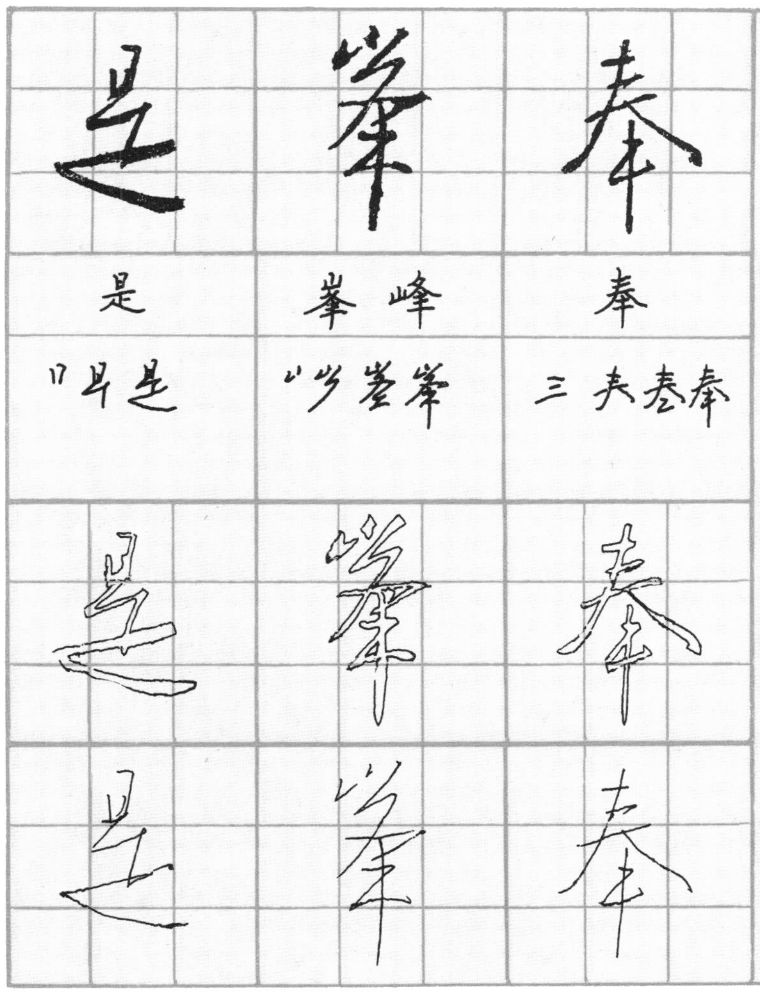

(7)(奉)在即將捺出去漸細時突然向左方勾轉，多用于連筆。
(8)(峰)與(2)相似，多加了引帶。平捺至最粗時向四面倒鋒，捺端呈齊口，多用于連筆。
(9)(是)此捺長而均匀，提按不明顯，多爲連上筆用。

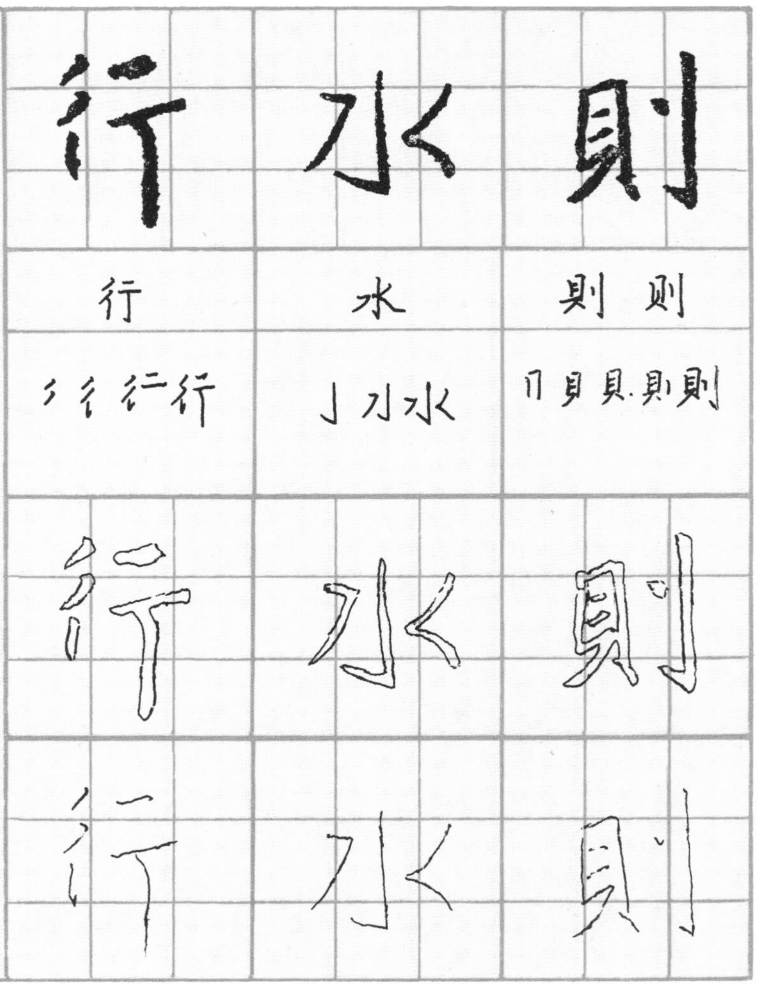

亅

(1)(則)竪古法爲“弩”，意爲弓型，不宜太直。勾爲“趯”，即挑的意思。
(2)(水)起筆輕，由細漸粗、漸重，挑的角度較大，此多由上字而引帶所致。
(3)(行)縮去勾，呈竪形。

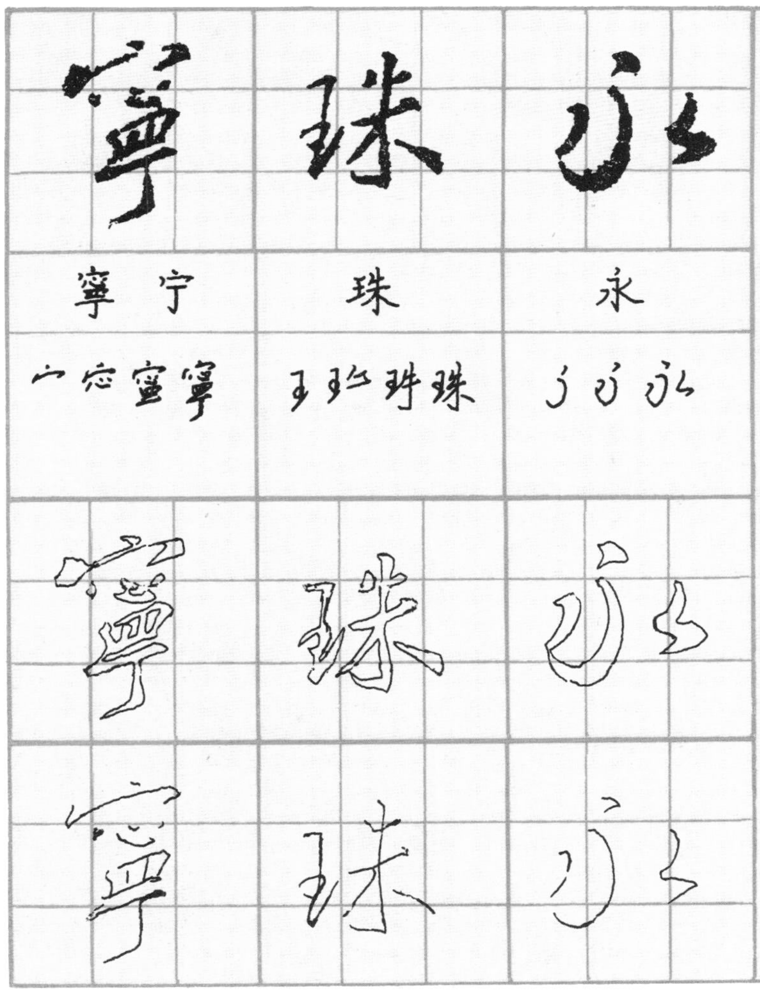

(4)(永)這裏的“亅”呈半圓狀，流暢而無駐頓，用于草書。
(5)(珠)由上而下的貫通，向内綳緊呈典型的弓型，即“弩”型。
(6)(寧)在此的“亅”呈掠筆，角度頗大，起筆與勾處都無提按間頓。

月　力　物

月　力　物

丿月月　㇇力　牛牜牞物物

乛

(1)(物)此"乛"爲"八法"中"勒—弩—趯"匯一筆。此處較扁些，交待分明。
(2)(力)起筆用力，勾時未頓筆，順筆帶過，較隨意。
(3)(月)此字此處偏長，處理成向内弩緊的形狀，欲勾時向外拓展。

(7)(净)稍微向外彎曲，用筆謹慎小心。
(8)(奇)幾乎呈撇狀，在下部轉向側鋒，末尾一掠而止。
(9)(利)省去了勾，作懸針狀，衹是末部稍向内弓。

利　奇　净

利　奇奇　净净

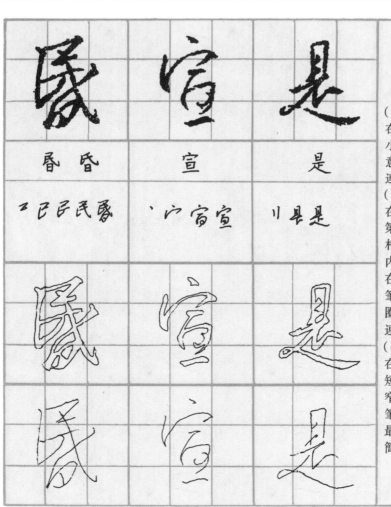

丆禾利　亠立夻奇　氵净净

昬　宣　是

昬昏　宣　是

𠃌巳氏民昬　丶宀宣宣　丨旦是

(4)(是)"日"在正上部。瘦小，兩短横隨意爲二點，且連筆帶過。
(5)(宣)"日"在中部。方正。第一竪由上筆相連，略偏向内，最後二畫在横折末部連筆向内上繞一圈，再從末部連筆寫出。
(6)(昬)"日"在正下。相對短小，下部收窄，四畫由連筆一筆完成。最後省去圈，簡爲一點。

日

(1)(日)楷法。注意，在"日"不作爲偏旁部首時，最後一横須寫進左右兩竪之内。
(2)(晦)"日"在左部。細而長，仍須比右部字小。
(3)(涅)"日"在右上部。偏扁寬，横折處突然收小，呈倒梯形。末一横在外封口。

涅　晦　日

涅　晦　日

氵㳇浬涅　冂日旷昒晦晦　丨冂日日

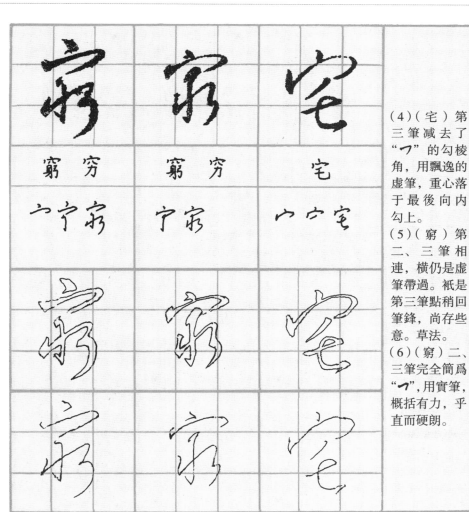

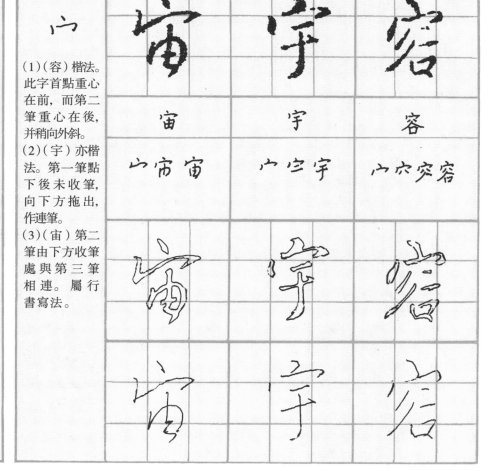

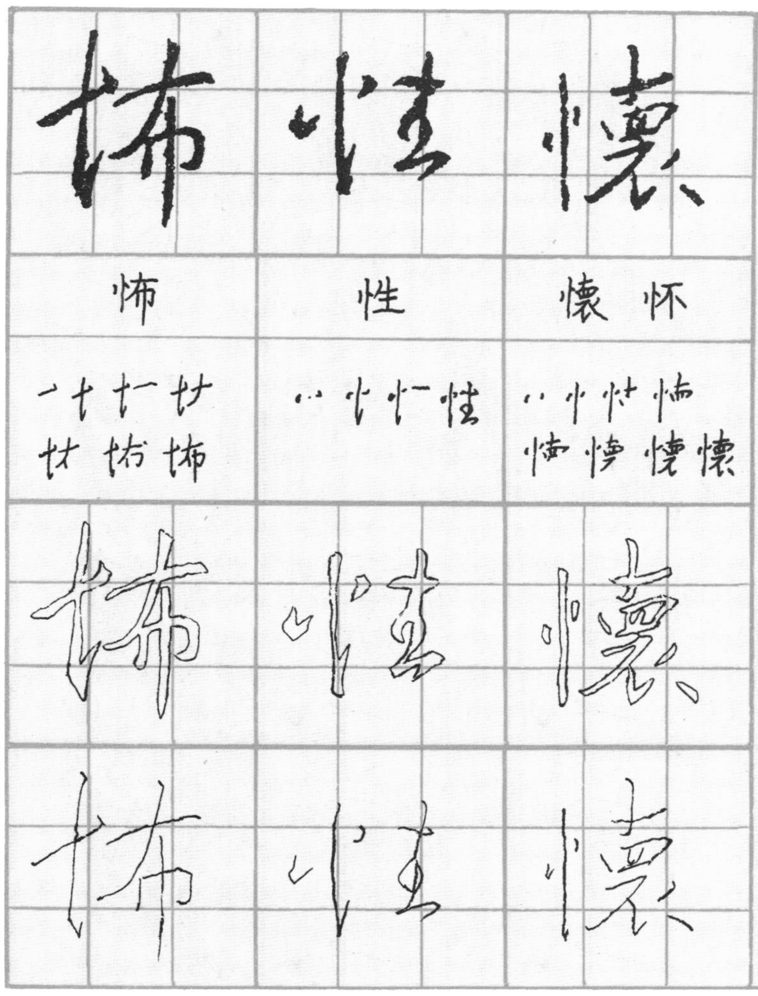

忄

(1)(懷)楷法。兩點左下右上，相呼應。用筆輕細，提按不分明。

(2)(性)竪畫末尾向右上角勾出，爲連筆。用筆有力、勃發。

(3)(怖)將二點簡爲一横，竪的重心落在末尾，然後有力地勾起，多爲草法。

彳

(1)(彼)前二撇順勢而下，竪短促而接近點，并與下筆連筆。基本屬工致型。

(2)(復)簡化爲一點加一竪，行書寫法。

(3)(微)更趨簡化,連爲一筆，一畫三折，有些像“了”的寫法，用筆快速多變。

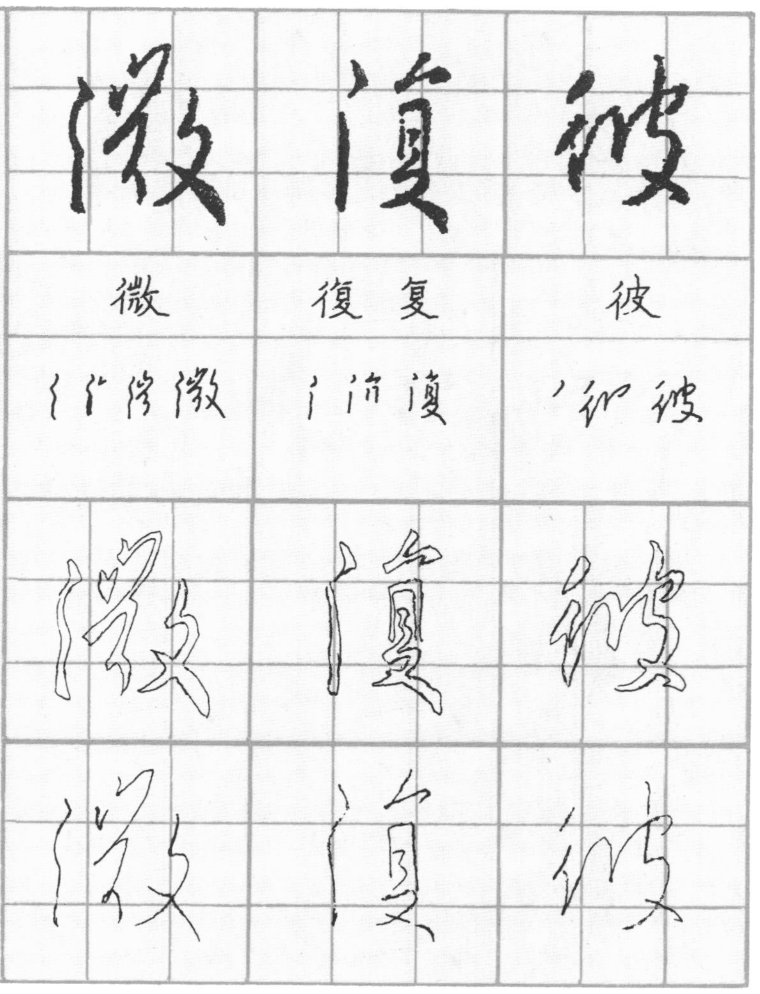

宀

(1)(容)楷法。此字首點重心在前，而第二筆重心在後，并稍向外斜。

(2)(宇)亦楷法。第一筆點下後未收筆，向下方拖出，作連筆。

(3)(宙)第二筆由下方收筆處與第三筆相連。屬行書寫法。

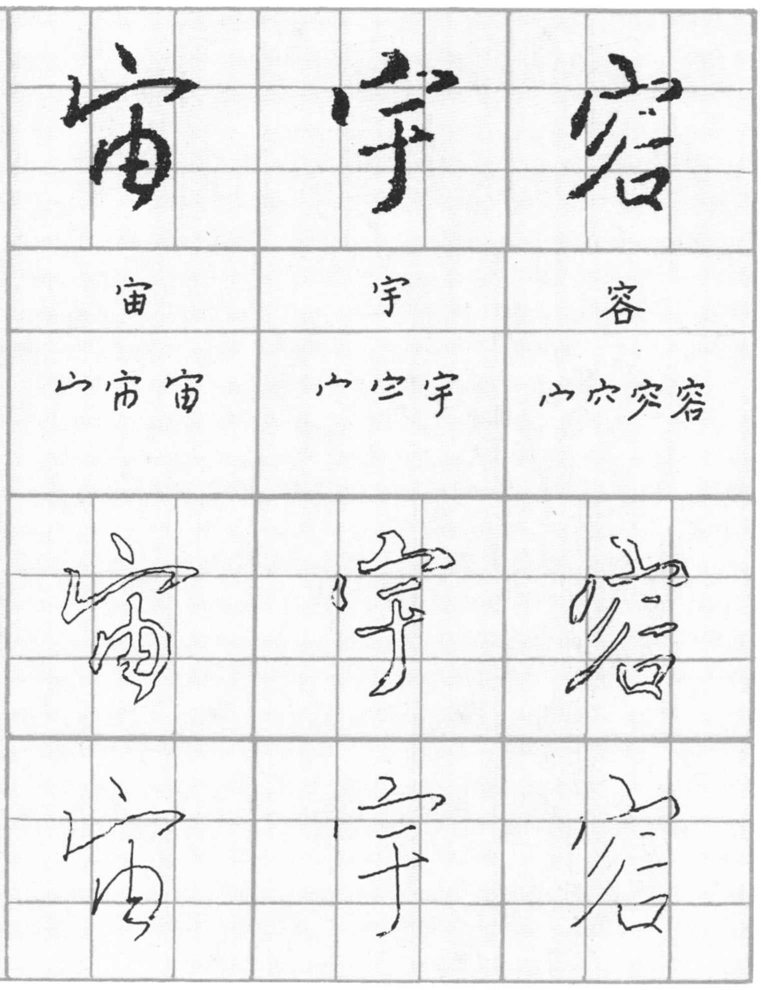

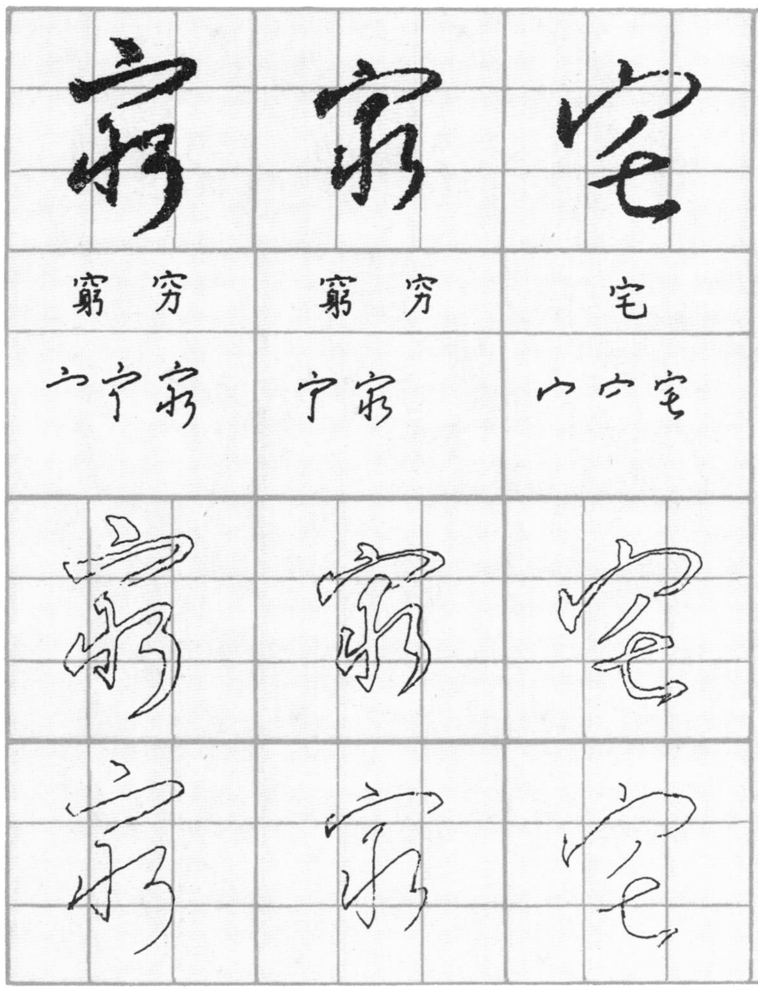

(4)(宅)第三筆減去了“乛”的勾棱角，用飄逸的虛筆，重心落于最後向内勾上。

(5)(窮)第二、三筆相連，横仍是虛筆帶過。衹是第三筆點稍回筆鋒，尚存些意。草法。

(6)(窮)二、三筆完全簡爲“乛”,用實筆，概括有力，平直而硬朗。

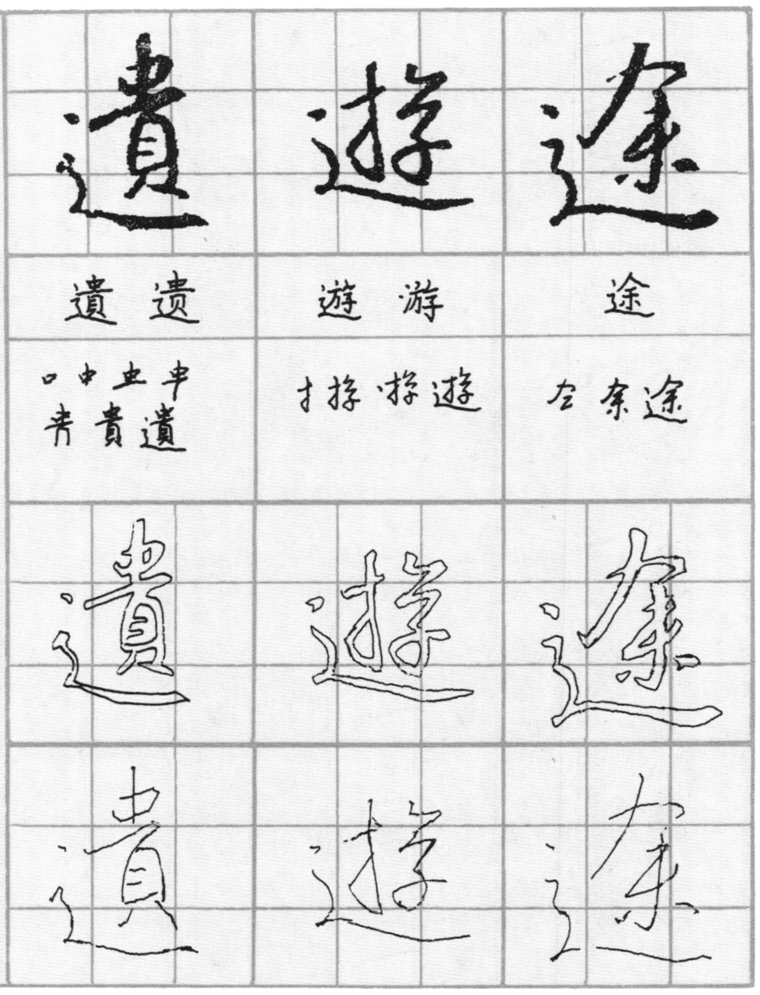

辶

(1)(途)整個部首較婀娜，捺在末尾處以斜口結束，斜口向上,不出鋒。這是王字中常見的捺法。
(2)(遊)捺出尖。耳部少一個彎。
(3)(遺)點與耳部均輕細，捺的起筆亦細，遂突然重筆頓延至尾，仍斜口向上打住。

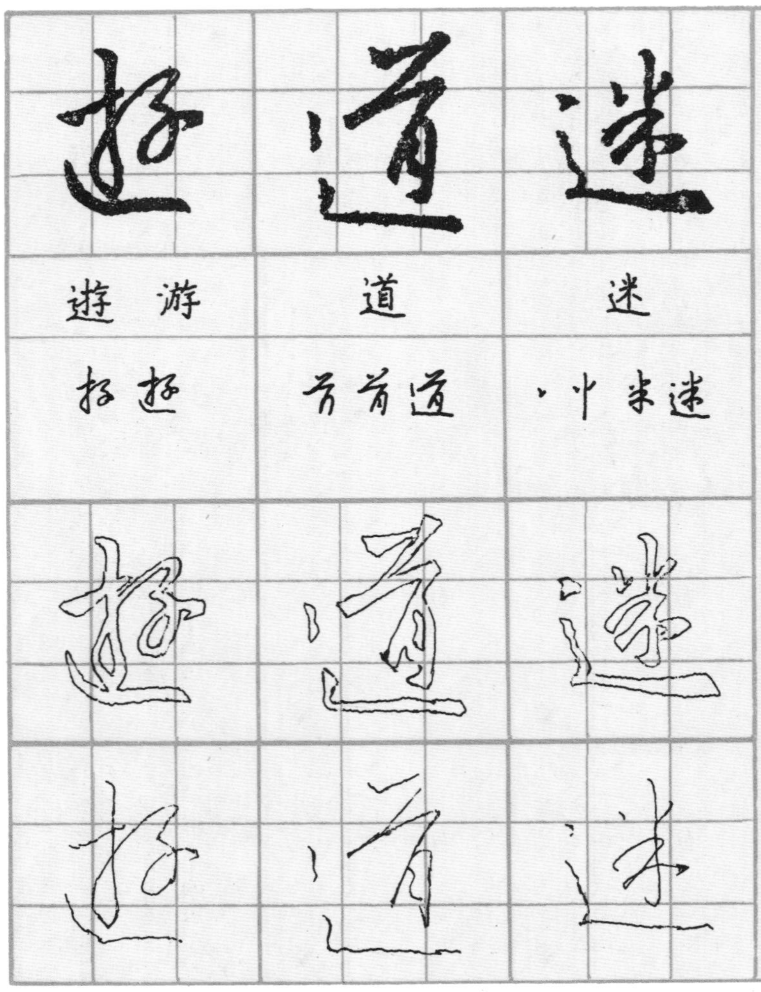

(4)(迷)耳部稍有彎意，捺至最粗時刹住，仍斜口向上結束，結實飽滿。
(5)(道)耳部省略爲兩點，接着將捺作一横筆，不出尖。以筆肚收筆，平直而有力。
(6)(遊)草法。把整個“辶”縮簡爲一筆，收筆有勒勢，并有連筆回鋒之意。

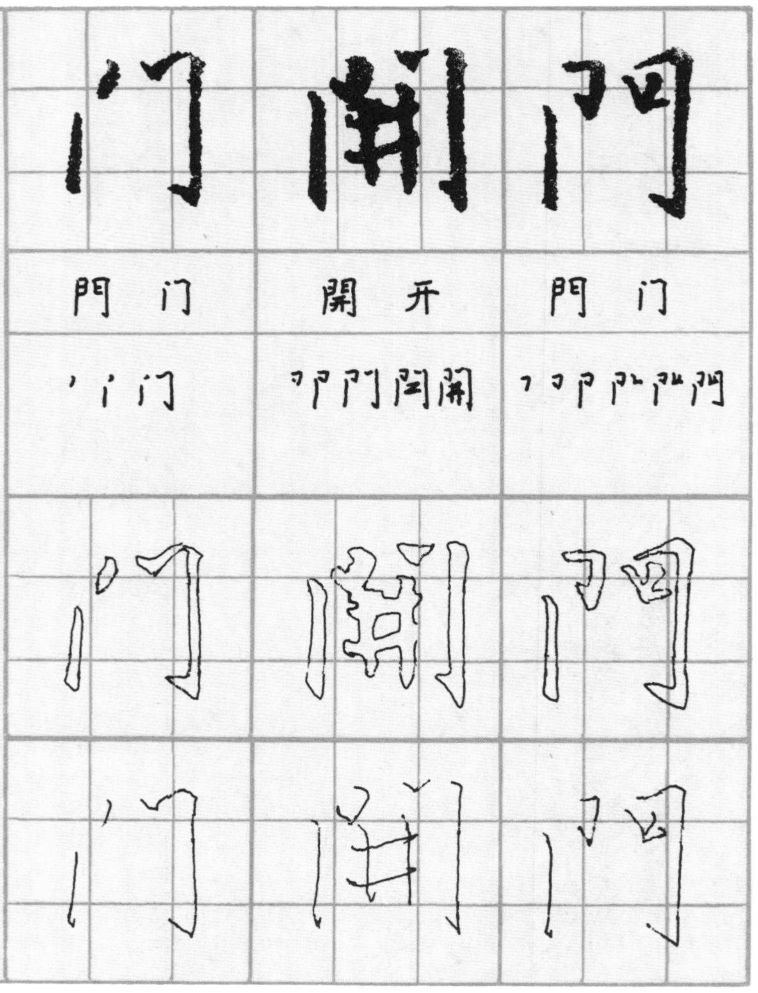

门

(1)(門)左邊“ ”部與“ ”部留有較大的空隙，竪短而偏下，而右邊則高些。
(2)(開)簡化了“門”部，尤其是右邊。
(3)(門)簡化，如同簡化字中的“門”，衹是左、右部尚存繁意。仍是左低右高。

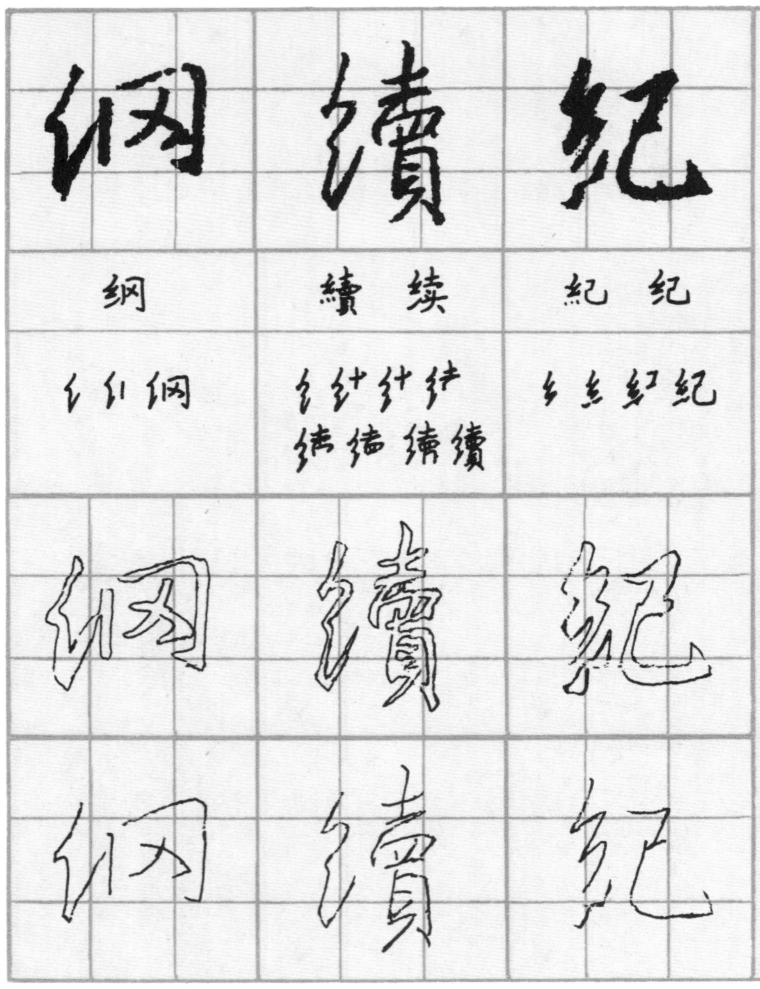

纟

(1)(紀)把“糸”簡化，下部尚存其意，將“ ”彎了兩彎。
(2)(績)三筆連爲一筆，第二折比第一折要小。行書寫法。
(3)(綱)將二折簡化爲一折。結構較扁些。

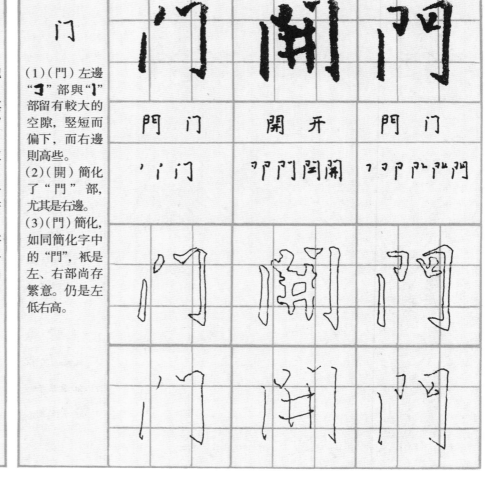

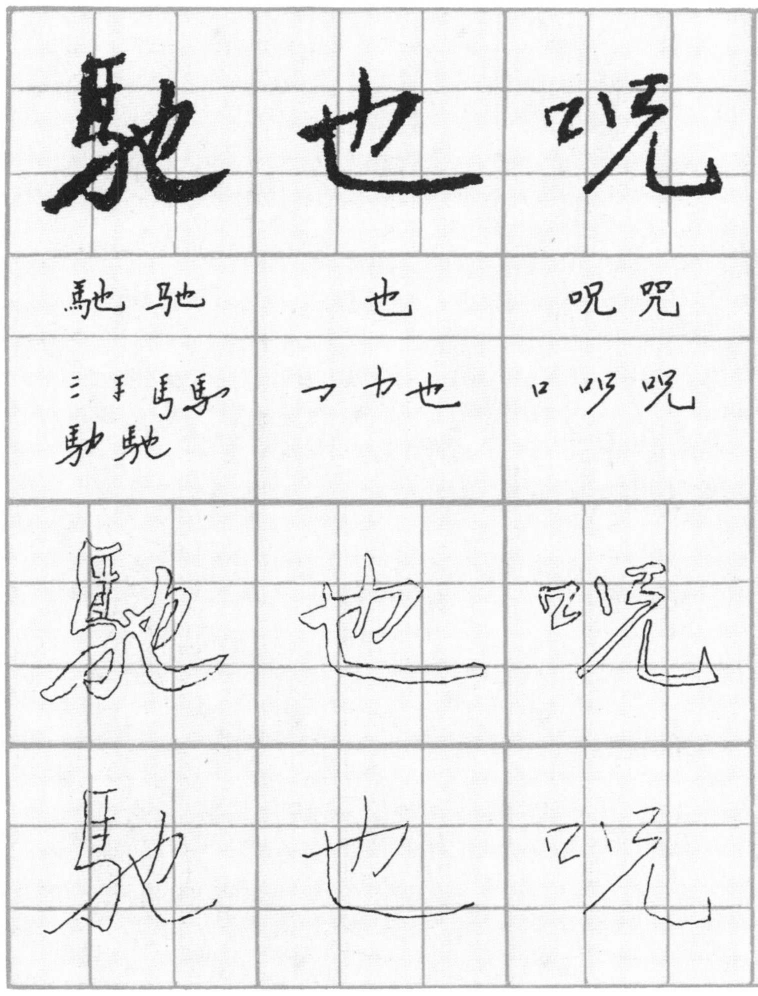

乚

(1)(呪)鋒尖輕落筆，勾處輕存其鋒而挑之。
(2)(也)省去勾的部份，呈竪彎，即刹住筆。
(3)(馳)處理成掠筆，重心在彎部轉折處，往往在快速書寫時如此。

冂

(1)(聞)此處竪挺，方正。
(2)(爲)在此字中爲偏"𠃌"，免去了提按頓挫，轉合平暢，多爲行書用。
(3)(國)此形多在行草書中用，處理得自由圓滑，免去起落筆的頓挫，較圓轉誇張。

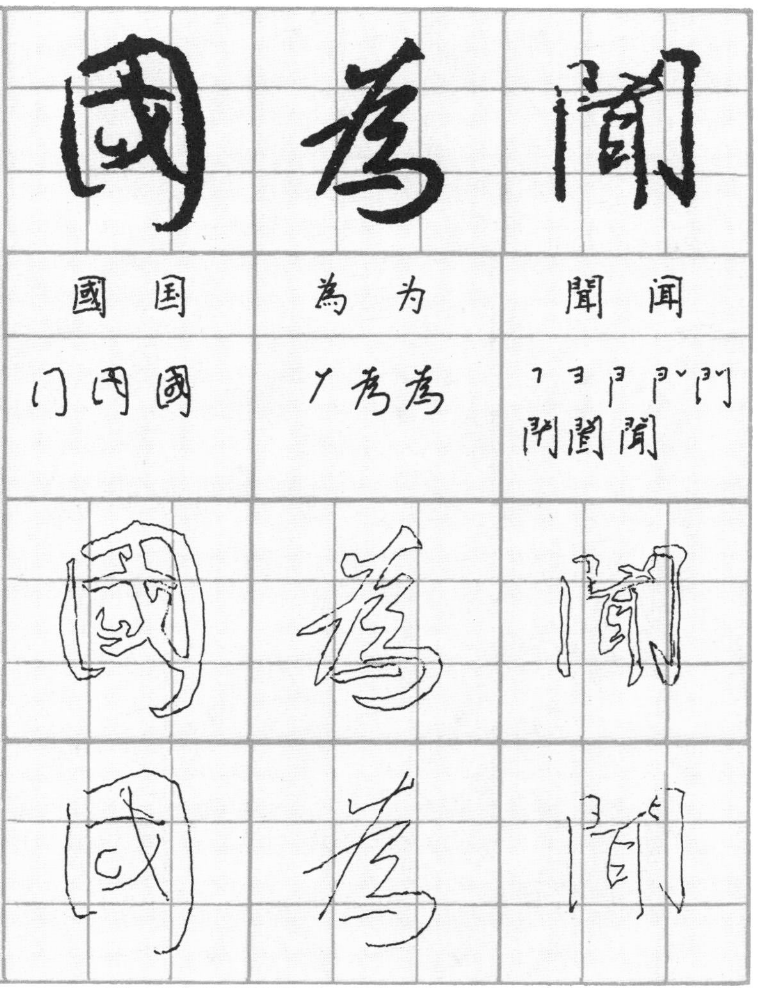

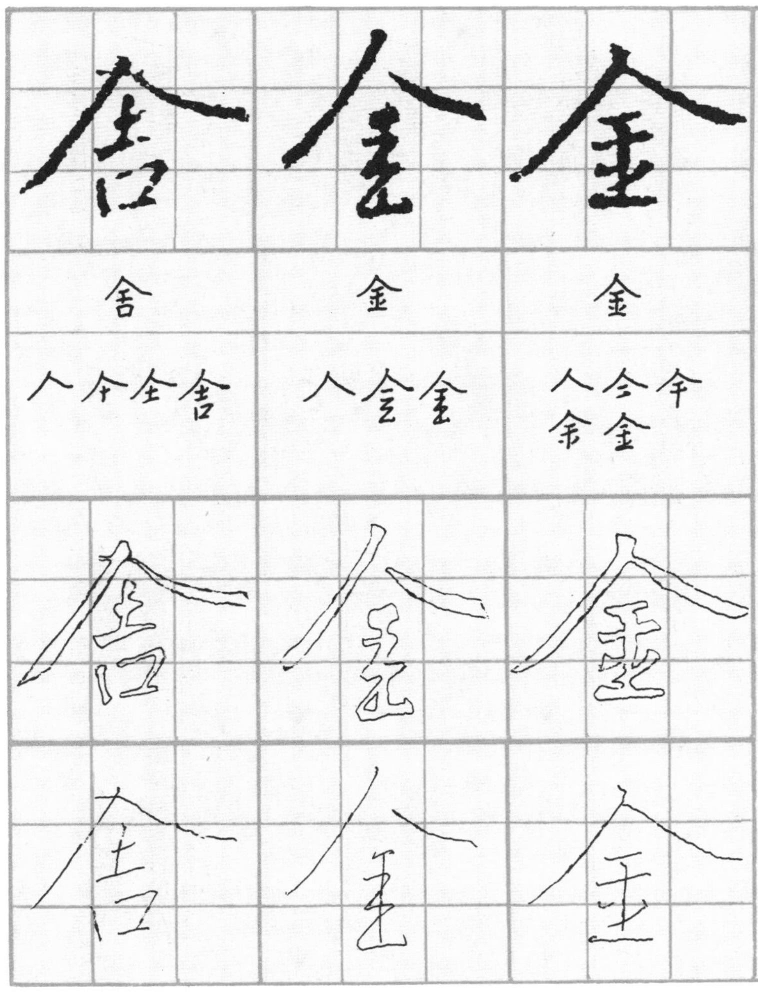

人

(1)(金)楷書寫法。注意，捺宜高于撇。
(2)(金)撇捺之間留些距離，撇的重心在下部，撇與捺皆不使筆鋒到尖，斜齊打住，仰鋒收筆。
(3)(捨)撇與捺在頂端交合處形成交叉，捺仍斜齊口仰鋒收筆。

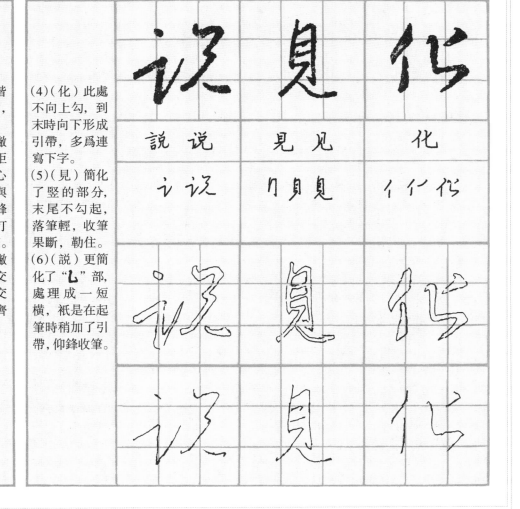

(4)(化)此處不向上勾，到末時向下形成引帶，多爲連寫下字。
(5)(見)簡化了竪的部分，末尾不勾起，落筆輕，收筆果斷，勒住。
(6)(説)更簡化了"乚"部，處理成一短横，衹是在起筆時稍加了引帶，仰鋒收筆。

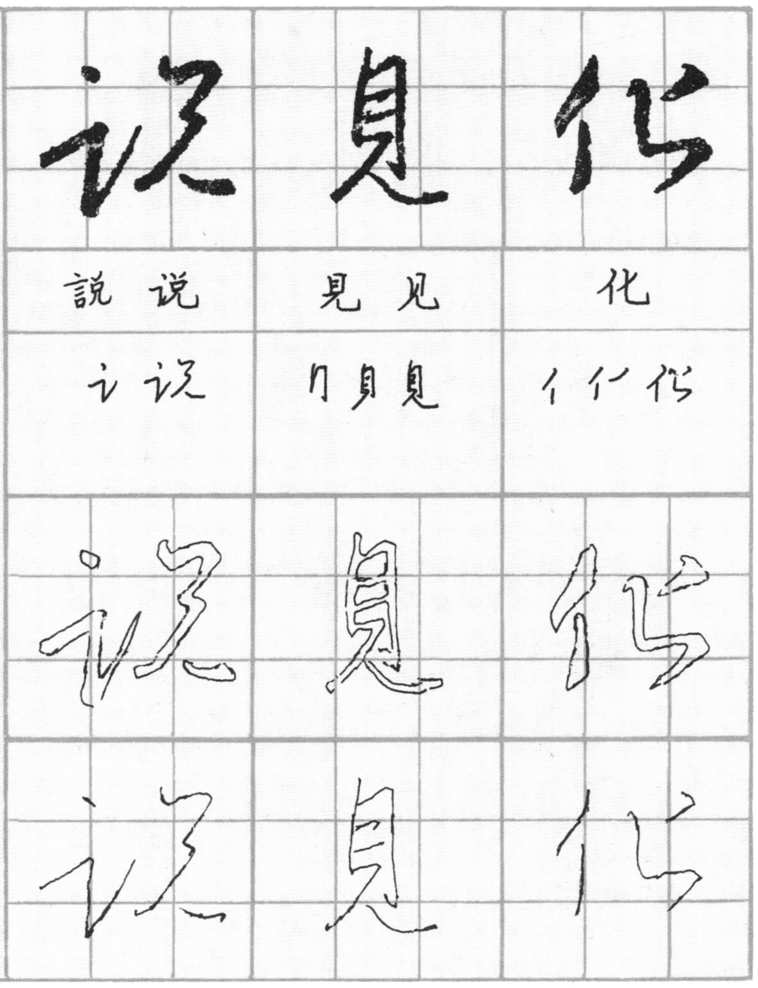

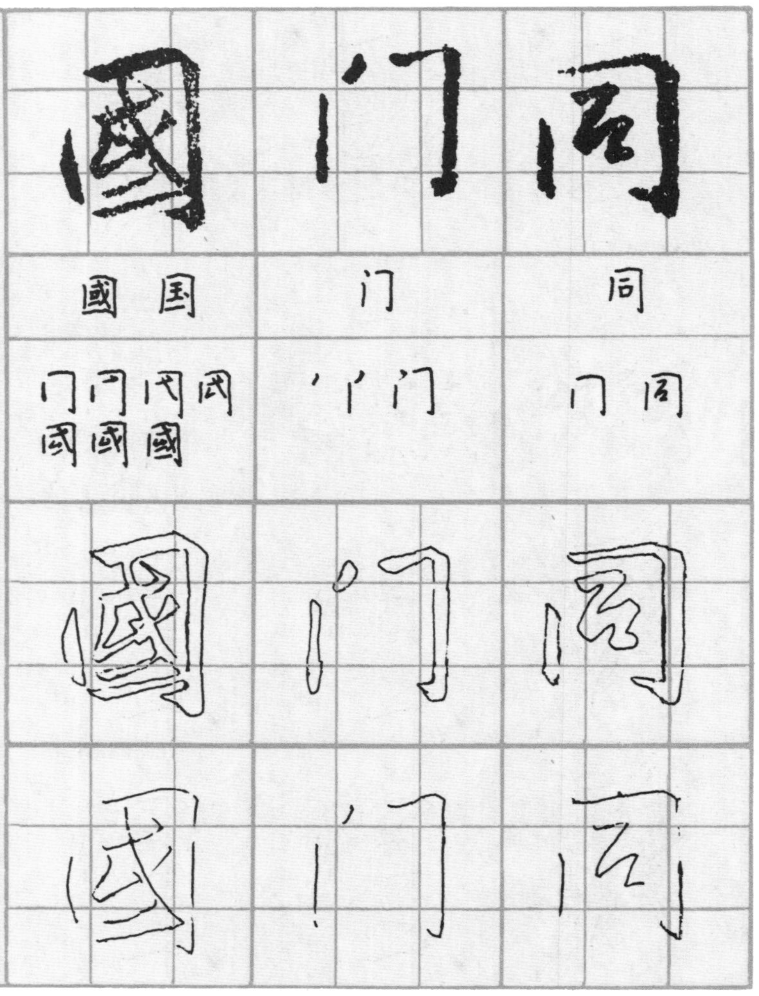

门

(1)(同)須在一、二筆之間的左上角留出空缺，看上去透氣，不宜封死。“抑左升右”。
(2)(門)與(1)基本相同，祇是竪短些，右肩更加抬起些。
(3)(國)呈長方形。首筆將一竪簡爲一長點。

(4)(周)首筆一竪末尾稍向左上方勾起，爲連筆用，缺口更大些。
(5)(內)將整個“门”溶爲一筆，圓轉而簡化了棱角，首筆虚筆落紙。行草書時用。
(6)(四)呈扁形。首筆爲一筆，向内傾斜。

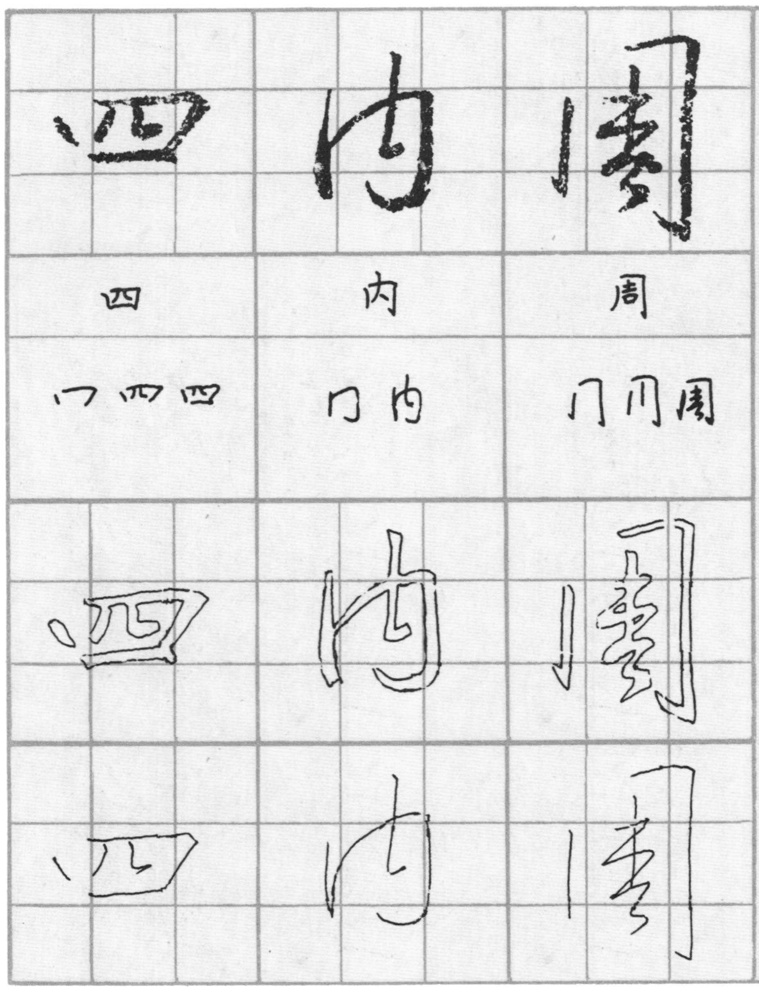

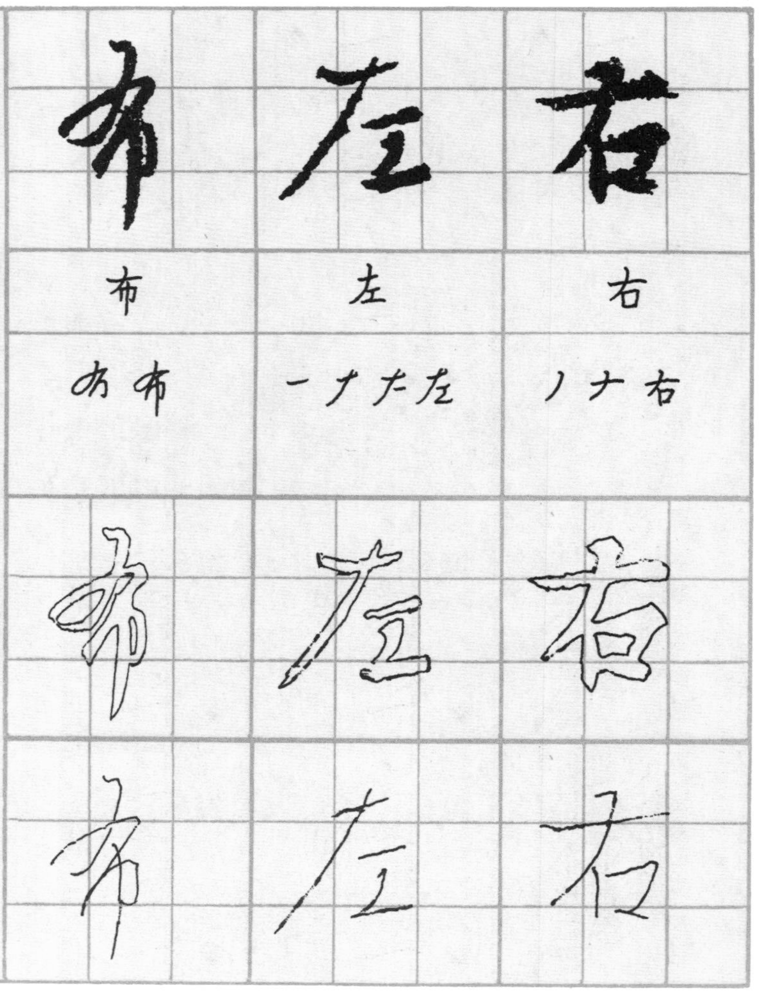

ナ

(1)(右)楷書寫法，在撇畫的首部，有一横畫之意。行筆可先撇後横。
(2)(左)此行筆是先横後撇。横爲掠筆，輕盈帶過。撇的重心在近末尾處。
(3)(布)草書寫法。撇與横連爲一體。

阝

(1)(際)楷書寫法。注意：竪的高度忌與耳部平齊或超過。此屬部首在左邊的。
(2)(阿)“了”部與竪相隔一些距離，留出空隙，在筆畫少時用。
(3)(隆)耳部下部向内傾斜，至末筆時向右上部勾起，亦爲連筆之用。

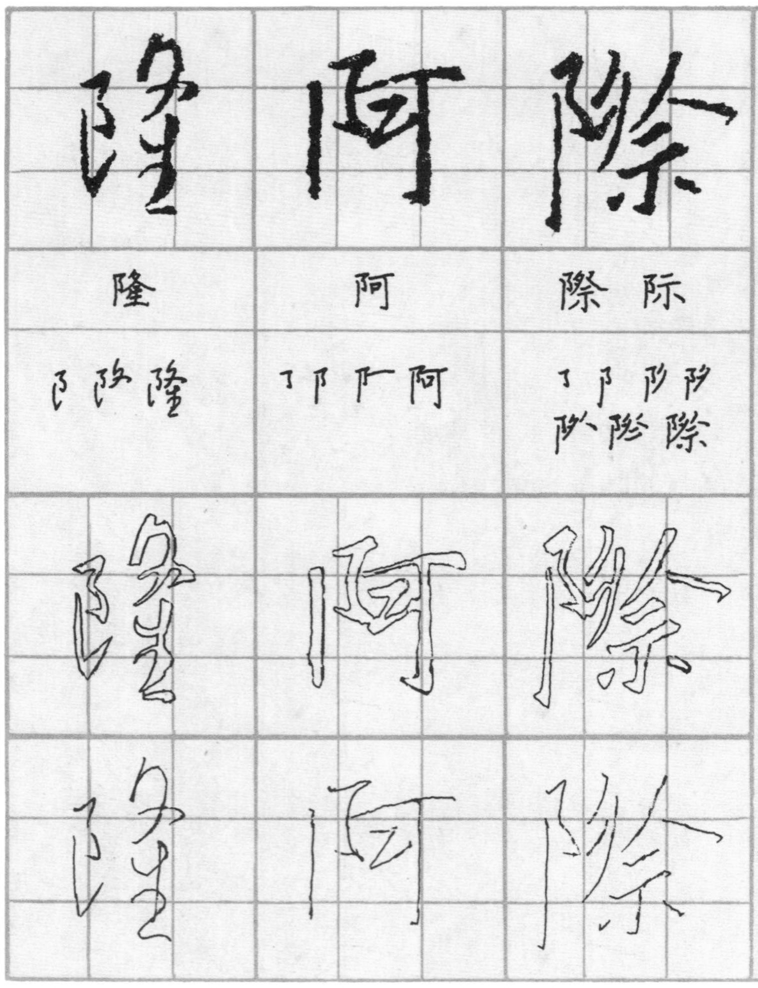

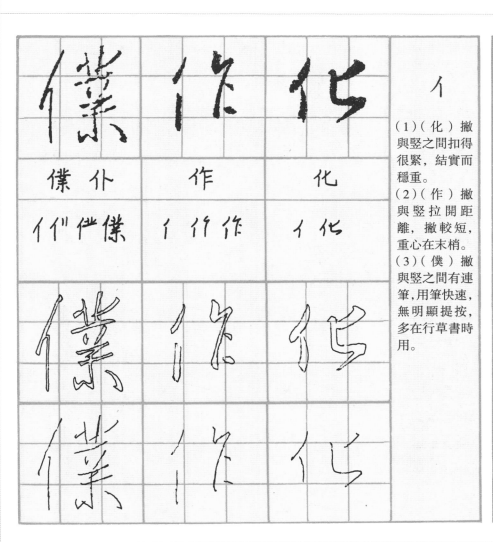

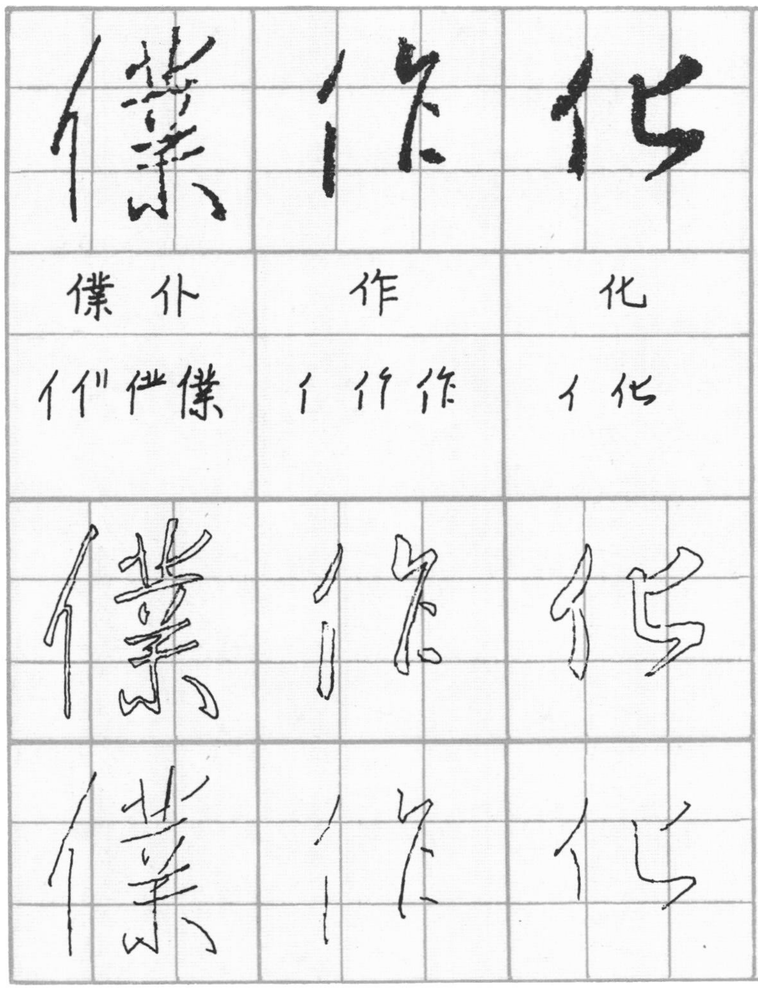

亻

(1)(化)撇與豎之間扣得很緊，結實而穩重。
(2)(作)撇與豎拉開距離，撇較短，重心在末梢。
(3)(僕)撇與豎之間有連筆，用筆快速，無明顯提按，多在行草書時用。

(4)(鄙)此屬部首在右邊。一豎到底，筆鋒打住，多用于楷書。
(5)(郎)豎至末尾由重漸輕，呈懸針狀。
(6)(耶)與(5)不同的是，豎行筆至下部時，轉爲側鋒，末部漸細，凸肚部分在右，呈側懸針狀。

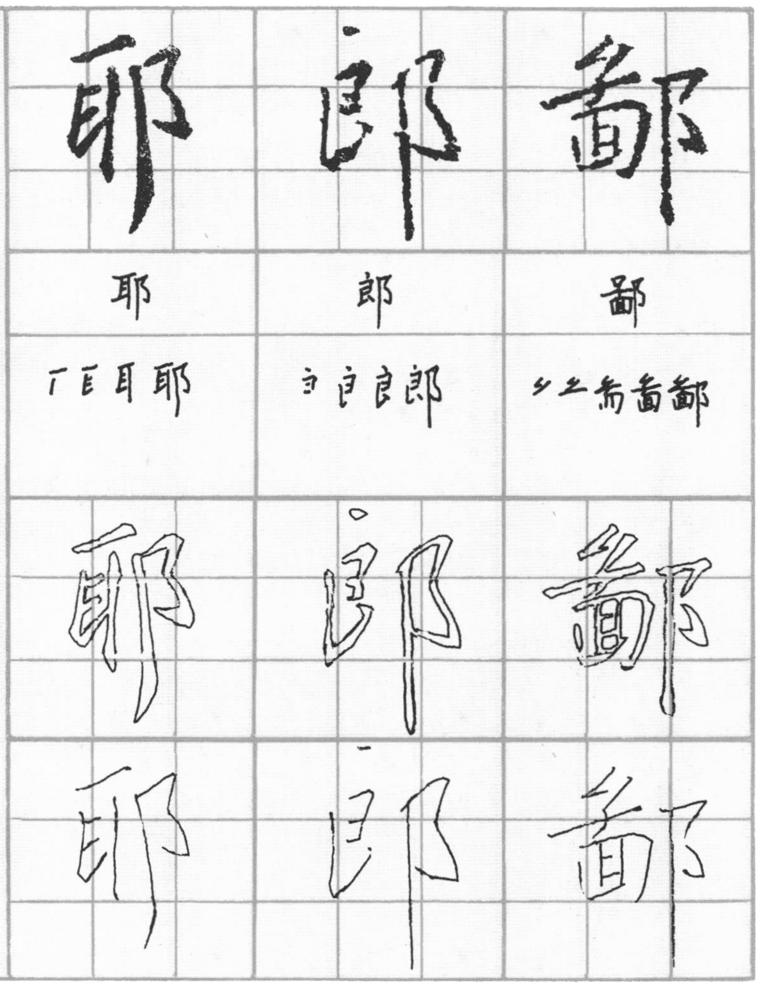

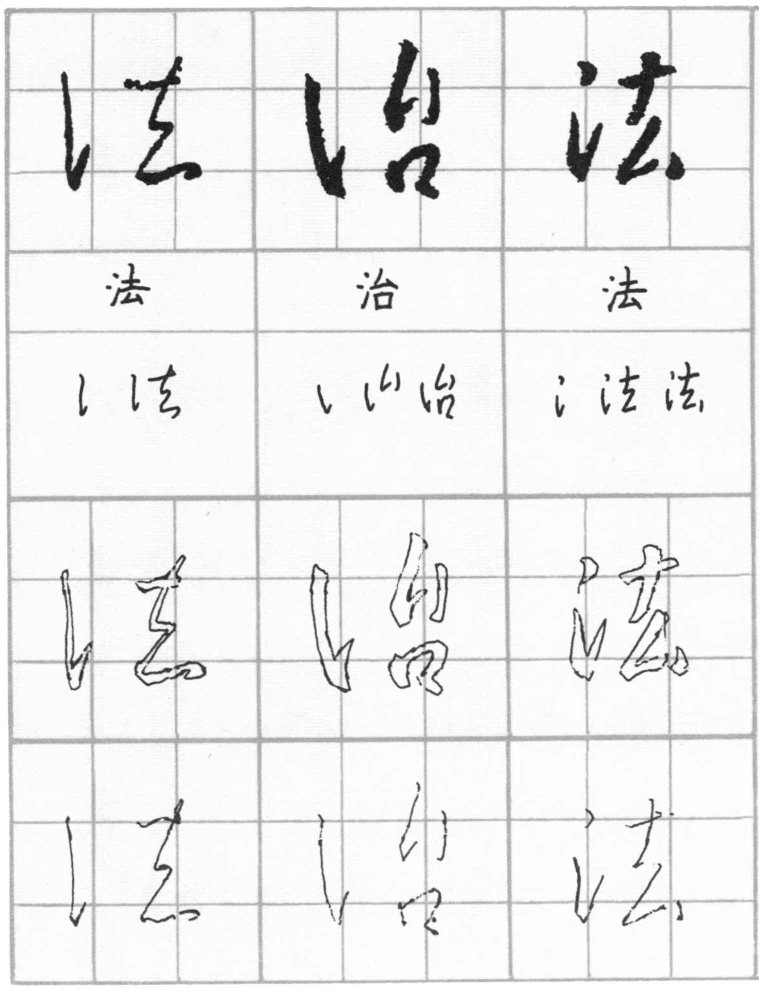

(4)(法)與(3)明顯不同的是，第二點的重心下降至轉折處。第二筆衹是用虛筆落筆。
(5)(治)草法。將三點連爲一斜勾，用筆均勻，肯定有力。注意：筆勢向外拓呈弓形。
(6)(法)亦草法。與(5)正相反，明顯向內呈弓形，用筆較細挺。

氵

(1)(淥)三點交待分明。首點結實，二點稍加引帶，三點短促，向右斜上方提起。基本在一垂直綫上。
(2)(沙)基本保持標準原形，二、三點之間明顯連筆。用筆細而輕盈。
(3)(測)把二、三點肯定地連爲一體，用筆粗挺而果斷，方正。

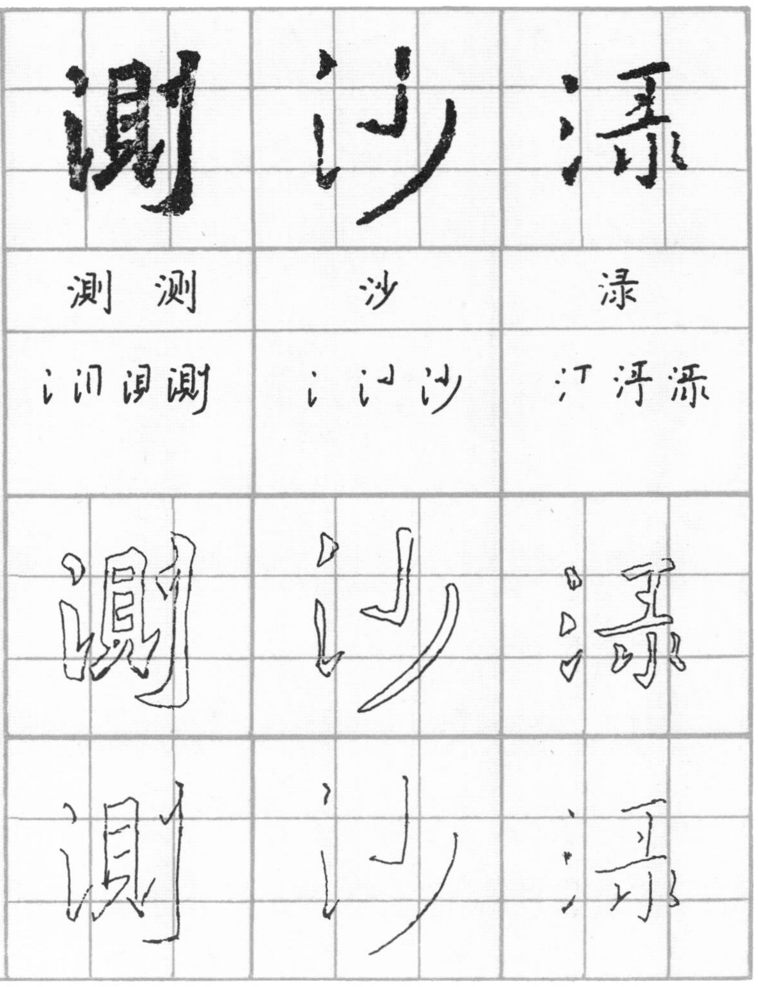

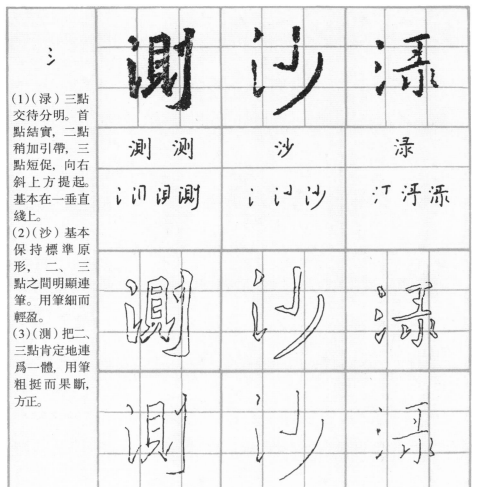

扌

控 拯 抹 拔

扌 扌 控

扌 打 拯

扌 扐 抜 拔

(1)(控)較爲工致。首筆横畫短促，似簡爲一横點。
(2)(拯)起筆由輕而重，"亅"與"丿"自然連爲一筆。
(3)(拔)第一、二筆相連，起落筆痕迹消失，融成一圈。多爲草法。

於 扵 撫 抚 拯

扌 扵

扌 扗 撫 撫

扌 打 拯

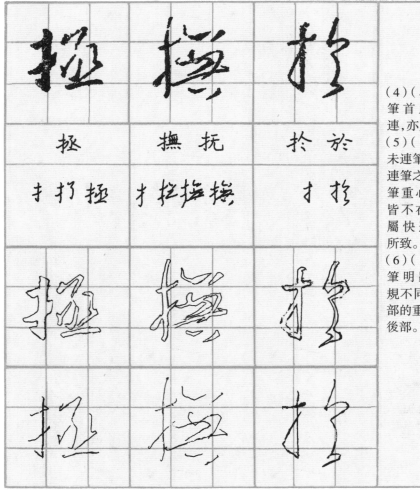

(4)(扵)三筆首尾皆相連，亦爲草法。
(5)(撫)雖未連筆，皆具連筆之意，起筆重心自由，皆不在首畫，屬快速用筆所致。
(6)(拯)用筆明顯與常規不同，"丿"部的重心放在後部。

士

增 切 地

土 坳 增 增

一 七 切

十 圵 地

(1)(增)用行筆。起落筆輕鬆，提按不分明。
(2)(切)首筆稍加引帶，二、三筆相連，勾小，外拓稍弓。
(3)(地)"乚"部與"也"相連，自然爲一筆。古人多用此意。

口

右 侣 括

一 ナ 右

亻 佀 侣

扌 扦 括

(1)(右)用筆堅實，呈倒梯形，多爲楷法。
(2)(侣)造型偏扁，一二筆相連，首竪與横自然簡爲一筆，不封口。
(3)(括)"口"部的三筆，無一筆相連，用筆概括、有力，造型隨意而古拙。有三處透氣不封口。

莫　花　若

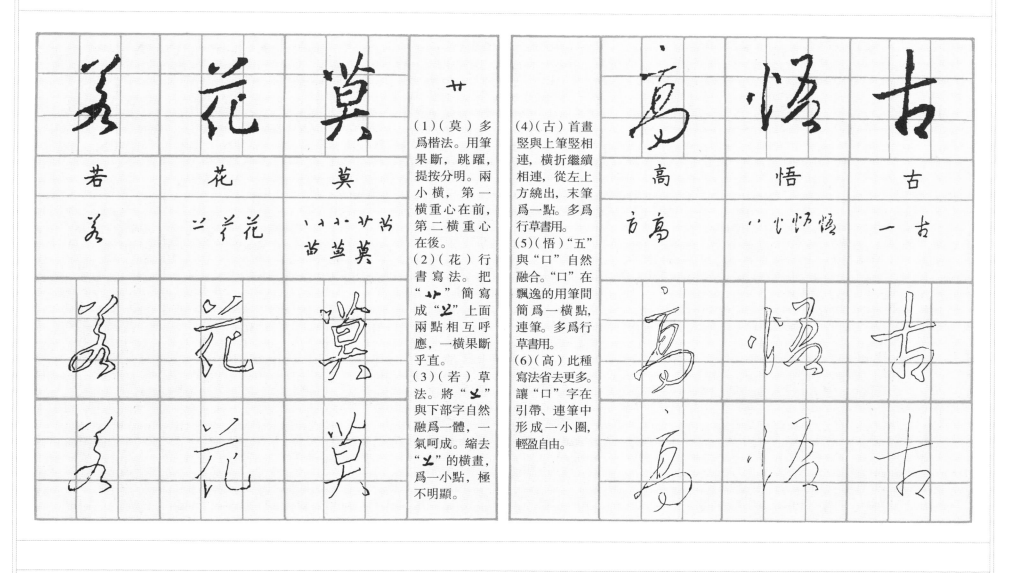

廿

(1)(莫)多爲楷法。用筆果斷，跳躍，提按分明。兩小橫，第一橫重心在前，第二橫重心在後。
(2)(花)行書寫法。把"艹"簡寫成"丷"上面兩點相互呼應，一橫果斷乎直。
(3)(若)草法。將"丷"與下部字自然融爲一體，一氣呵成。縮去"丷"的橫畫，爲一小點，極不明顯。

古　悟　高

(4)(古)首畫竪與上筆竪相連，橫折繼續相連，從左上方繞出，末筆爲一點。多爲行草書用。
(5)(悟)"五"與"口"自然融合。"口"在飄逸的用筆間簡爲一橫點，連筆。多爲行草書用。
(6)(高)此種寫法省去更多。讓"口"字在引帶、連筆中形成一小圈，輕盈自由。

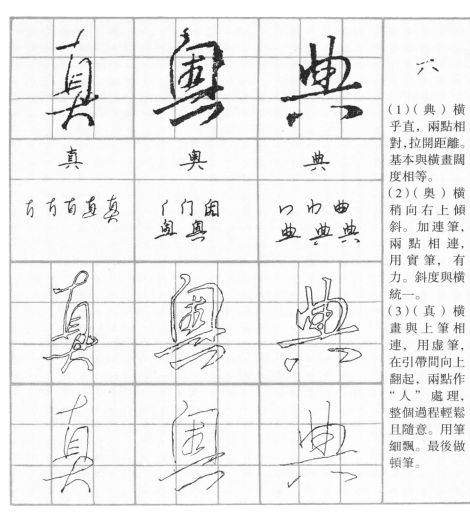

典　奧　真

六

(1)(典)橫乎直，兩點相對，拉開距離。基本與橫畫闊度相等。
(2)(奧)橫稍向右上傾斜。加連筆，兩點相連，用實筆，有力。斜度與橫統一。
(3)(真)橫畫與上筆相連，用虛筆，在引帶間向上翻起，兩點作"人"處理，整個過程輕鬆且隨意。用筆細飄。最後做頓筆。

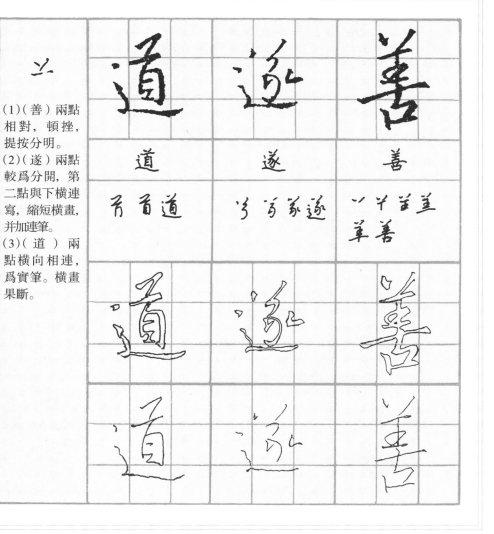

善　遂　道

丷

(1)(善)兩點相對，頓挫，提按分明。
(2)(遂)兩點較爲分開，第二點與下橫連寫，縮短橫畫，并加連筆。
(3)(道)兩點橫向相連，爲實筆。橫畫果斷。

广

度	塵 尘	慶 庆
度	塵	慶

(1)（度）第二畫稍有引帶，第三畫撇的重心在末部，二、三筆之間留有空隙。
(2)（塵）撇的起筆在横的左側三分之一處，不留空隙，平直斜下，至末尾時向上略爲勾起。
(3)（慶）横、撇相連在右側頂端，角度甚小，末稍勾起同(2)。

庶	鹿	應 应
庶	鹿	應

(4)（庶）與(3)所不同的是，末稍的勾是向内上方，爲連下一筆所致。
(5)（鹿）在横的末端向上翻筆，再撇下，連續用筆至使形成，小三角。
(6)（應）横長，加引帶，連撇，由細變粗，重心在末部收筆。末稍斜口向外。

小

崇	末	小
崇	末	小

(1)（崇）“亅”短小，稍斜，重心在下，兩點相對，高低與“亅”底部平齊。
(2)（末）免去竪的勾，兩點距離拉大些。
(3)（小）兩點相對的引帶明顯、有力，均爲實筆。

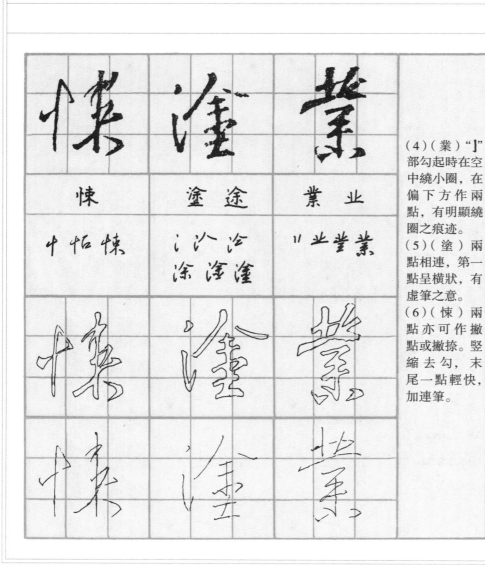

業 业	塗 途	悚
業	塗	悚

(4)（業）“亅”部勾起時在空中繞小圈，在偏下方作兩點，有明顯繞圈之痕迹。
(5)（塗）兩點相連，第一點呈横狀，有虚筆之意。
(6)（悚）兩點亦可作撇點或撇捺。竪縮去勾，末尾一點輕快，加連筆。

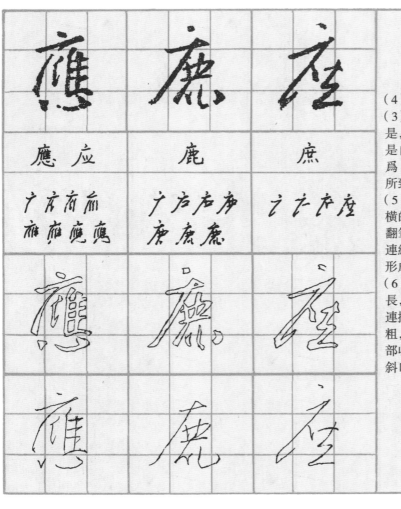

寸

(1)(寺)用筆結實到位。點的位置注意放在横頭和勾尖間。
(2)(時)横由上筆連下,下筆連“亅”,點距勾較近之上方。
(3)(傅)横縮短而右上抬,竪勾短小,點呈横勢,填空適中。

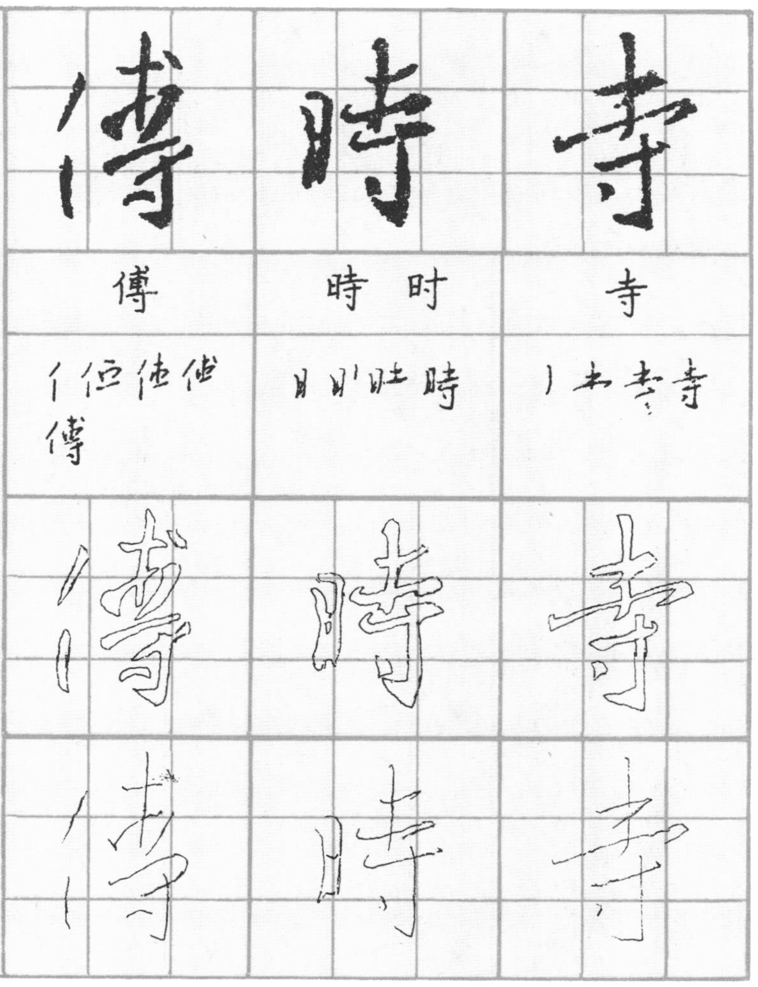

(4)(射)横連筆引帶,竪長而細,勾飽滿有力,點靠内,偏高。
(5)(得)竪勾圓滑帶過,無棱角,點用側鋒掃下。
(6)(得)竪勾與點融爲一筆,重心在勾處,角度偏大而圓,順勢向上繞下。

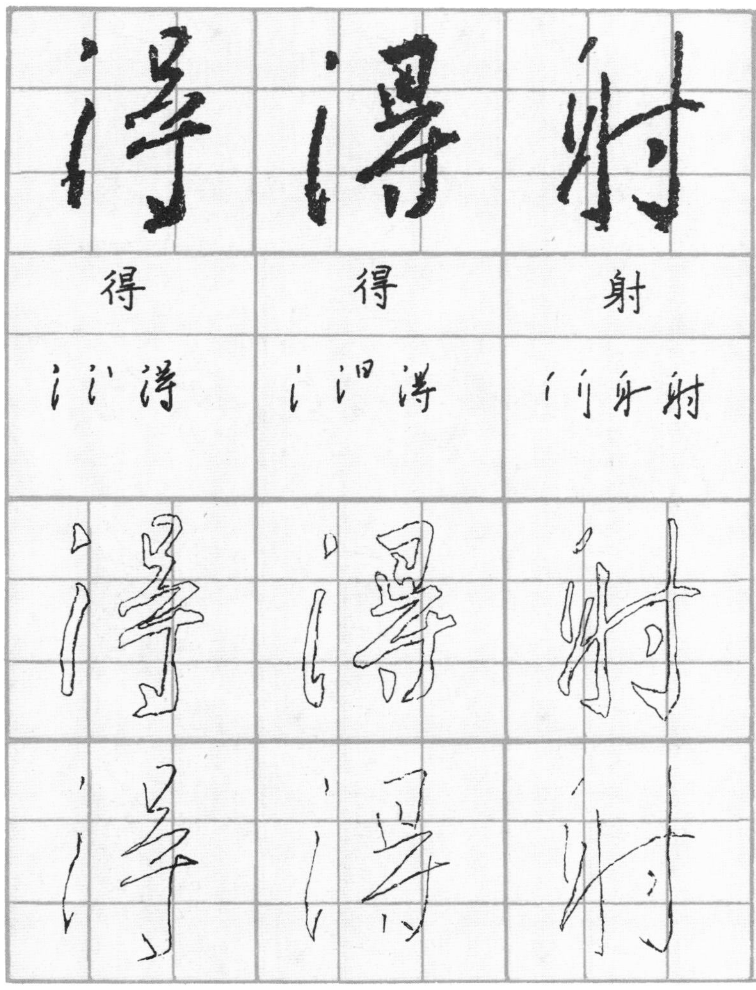

女

(1)(如)“女”字偏瘦。最後一横稍向右上方抬。爲接下一筆。
(2)(妙)簡化了“𡿨”部爲一點,向内翻筆,二、三筆相連,横短漸細。行草寫法。
(3)(如)完全引帶加連筆,草法。

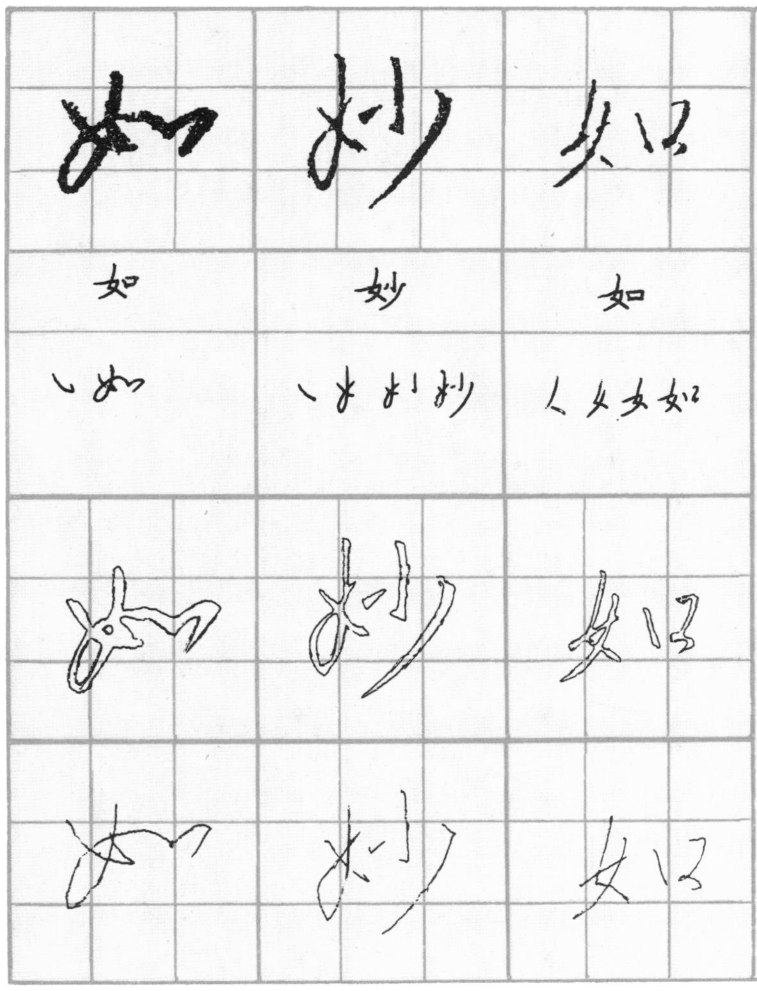

山

(1)(嶺)楷法。第二筆稍向上抬。
(2)(岩)首筆一竪簡爲點,行書寫法。
(3)(豈)草法。由點與連筆組成。

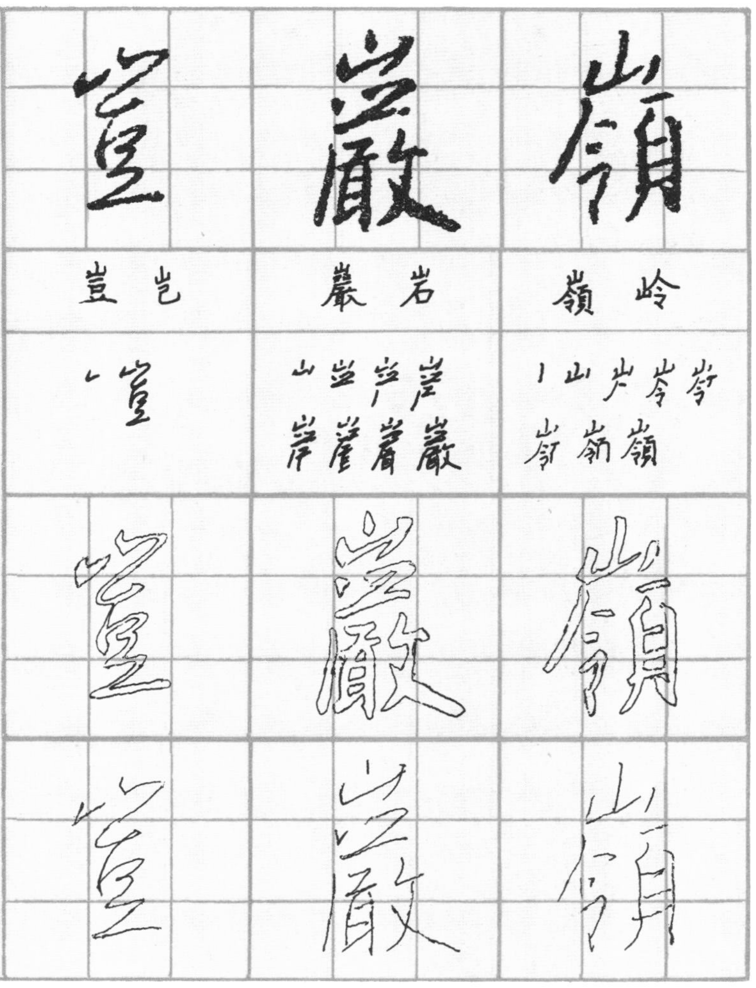

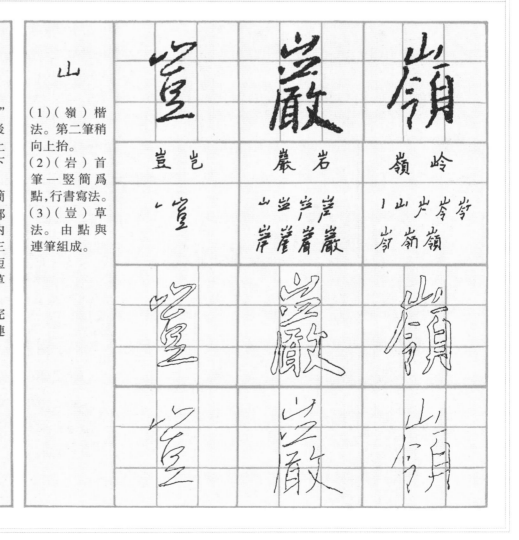

巾

(1)(帝)竪由上筆連下，省去，尚存竪意，直接寫“㇆”，後一竪長而有力。

(2)(諦)第一筆竪完全省去，“㇇”部偏扁，并向右上方稍抬。

(3)(常)由上筆連下，均用連筆，各轉折處均圓滑，最後一竪未出頭，短而向内稍曲，收鋒。

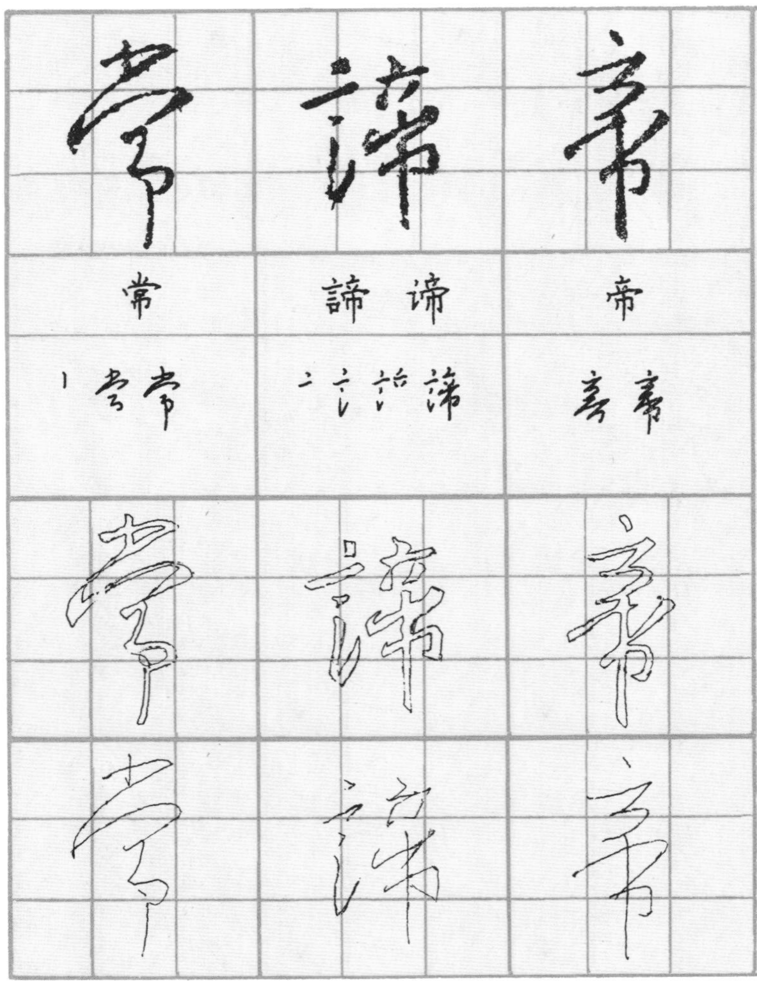

(4)(要)“女”字在下，因而偏扁。“㇛”處分明，折點大而横向，横左長而右短。并帶間鋒。

(5)(婆)撇、横成連筆狀，用筆纖細而有韌性，最後亦有回筆作引帶。

(6)(接)偏旁在右下，草法。與(3)寫法相同，衹是最後一筆引帶繼續向下形成一半圈狀。

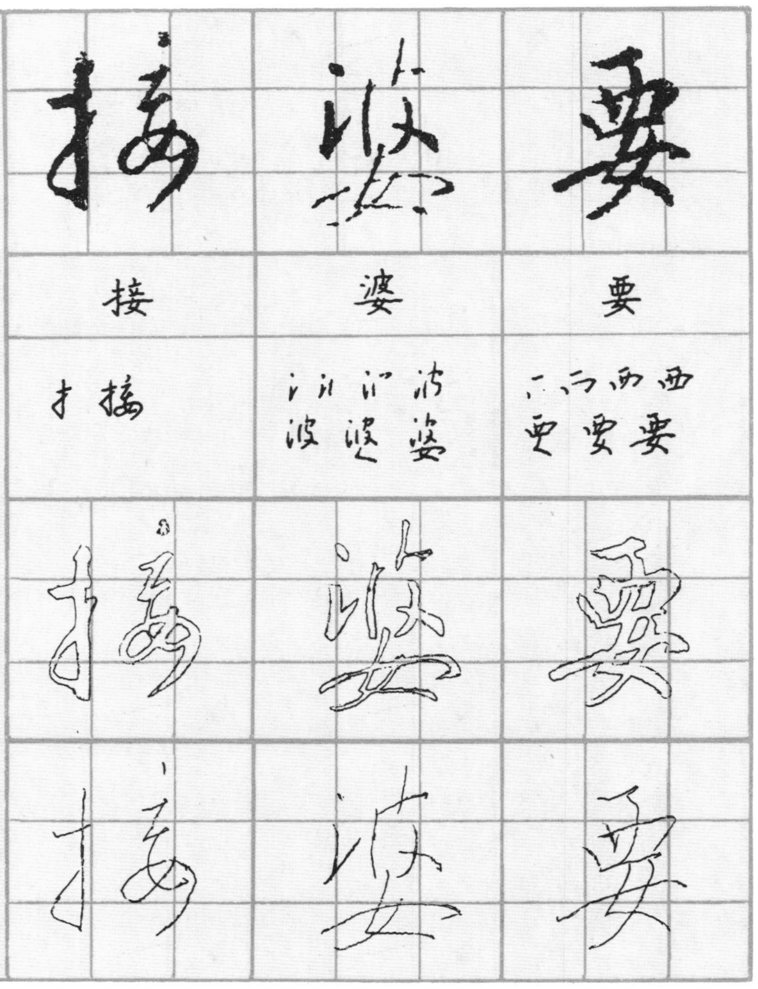

火

(1)(火)兩點相互呼應，引帶明顯，撇用筆有力而均勾至末尾，再向左上勾起。捺作一大點。

(2)(燭)偏旁在左，因此偏瘦小，撇相對加長，大點改爲小點，且縮在中部，向上稍引帶。

(3)(炬)兩點相連，向上翻筆連撇。

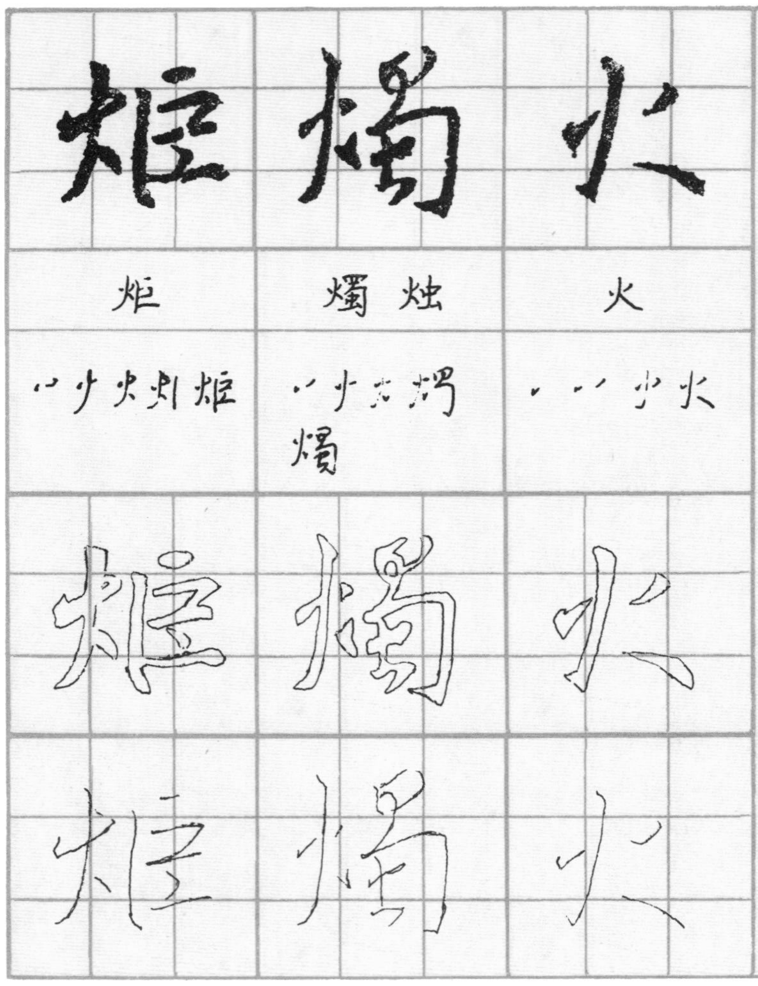

王

(1)(璋)行草寫法。四筆作一筆相連，二、三筆之間繞一圈向下頓筆，從頓筆的頂端作提筆。

(2)(珪)圈衹繞了一半，未過竪，即下。用筆挺拔飽滿。亦行草法。

(3)(聖)部首在下。三横無明顯長短。

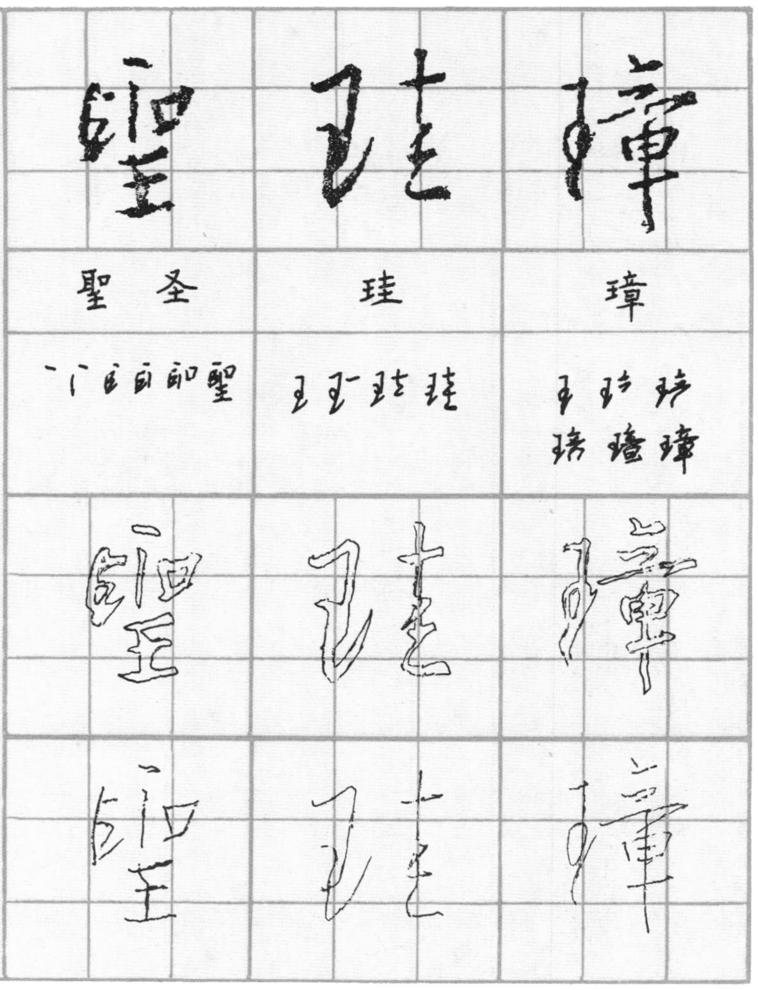

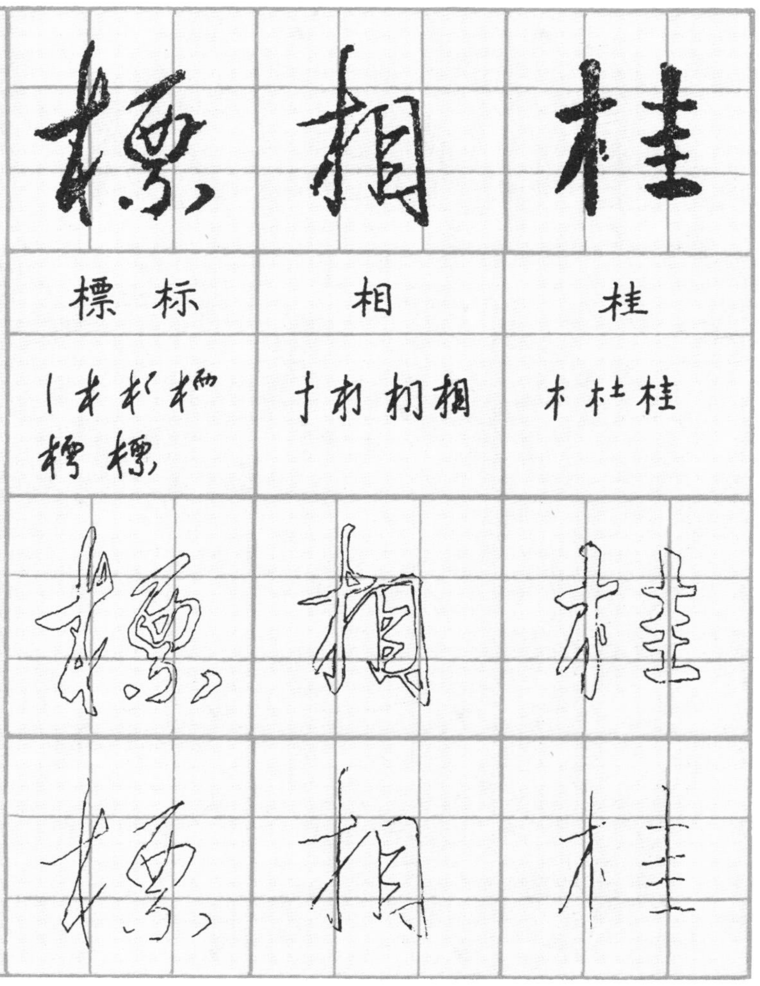

木

(1)(桂)楷法。“木”字在左。末筆小而短。
(2)(相)行書寫法。二、四筆相連。撇末部回鋒向上勾起。
(3)(標)與(2)所不同的是，竪與撇均向内兜。用筆結實隨意。

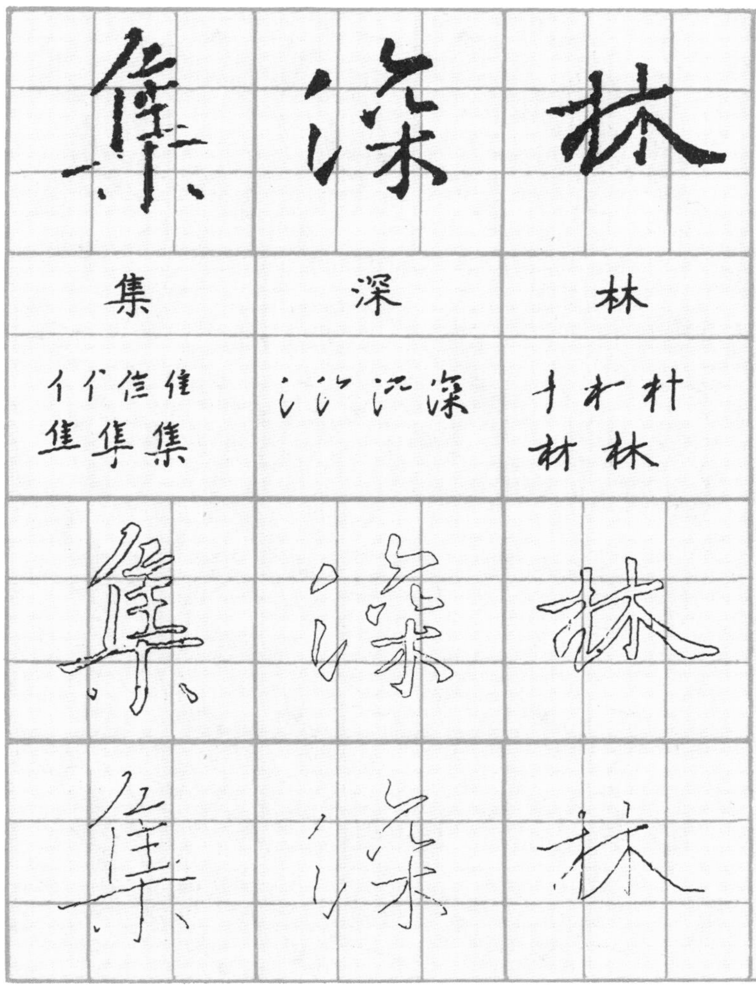

(4)(林)“木”在右。竪帶勾，偏扁，末筆爲捺。
(5)(深)“木”字在右下。竪亦帶勾，捺爲一大點，不留間隙。
(6)(集)“木”字在正下，横加長，竪出頭甚短，左右兩點拉開距離。

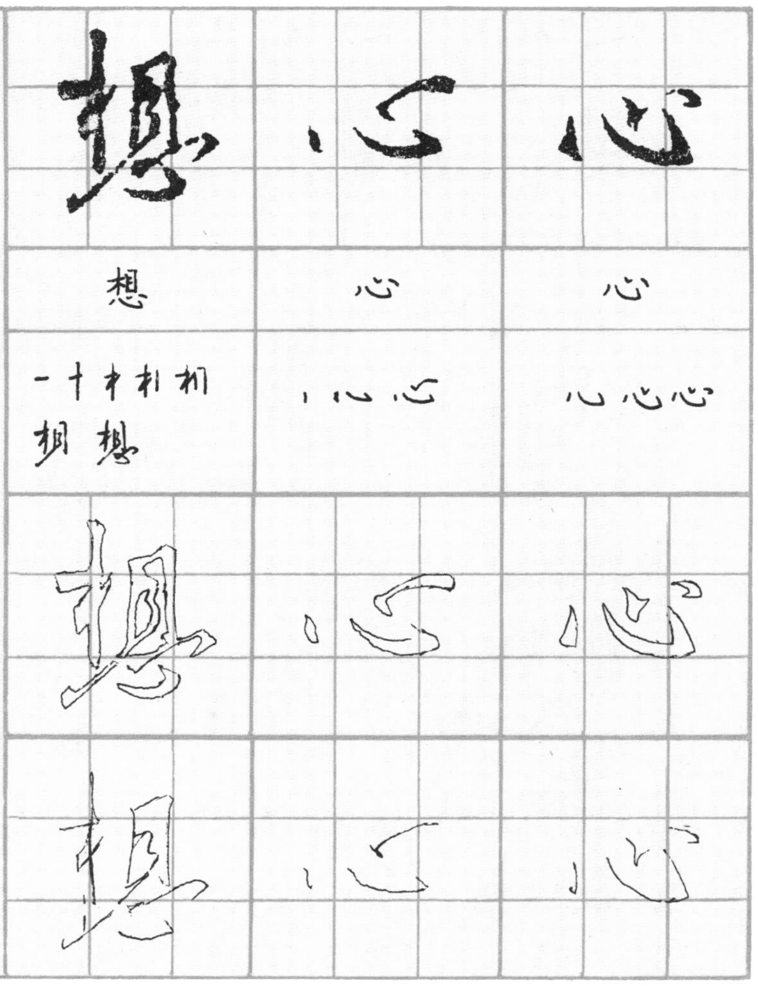

心

(1)(心)楷法。每筆畫皆標準。三點逐漸水平向上，“乚”要横躺，末點忌落在偏下方。
(2)(心)二、三點相連，點意分明。
(3)(想)第一點由上畫連筆，形成撇狀，重在末尾，“乚”縮小，兩點稍連，拉開距離，結構巧妙。行書寫法。

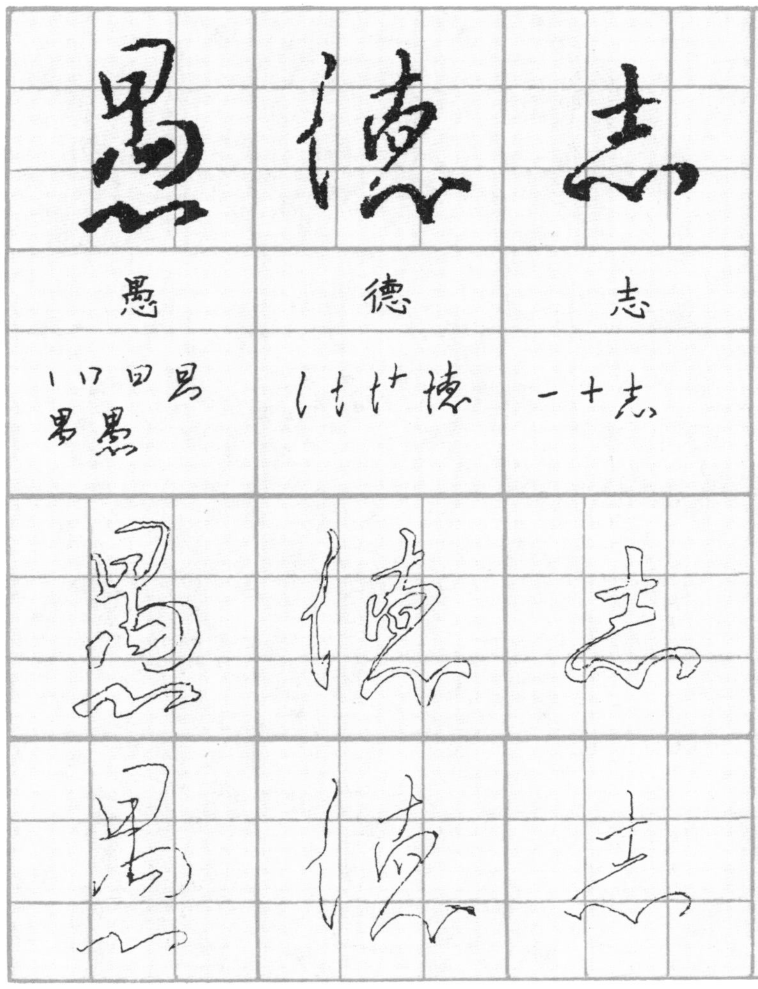

(4)(志)“心”部由于草寫而簡化爲相連的三點。前二點趨勢向上，後一點向下頓。距離高低均等。
(5)(德)三點仍相連，與(4)同。但第一點簡爲提，第二點最重。第三點偏上部，收筆時筆鋒轉而向上。亦爲妙處。
(6)(愚)更趨簡化，全用實筆連帶，以提升始，末點向下頓筆加引帶，爽净痛快。

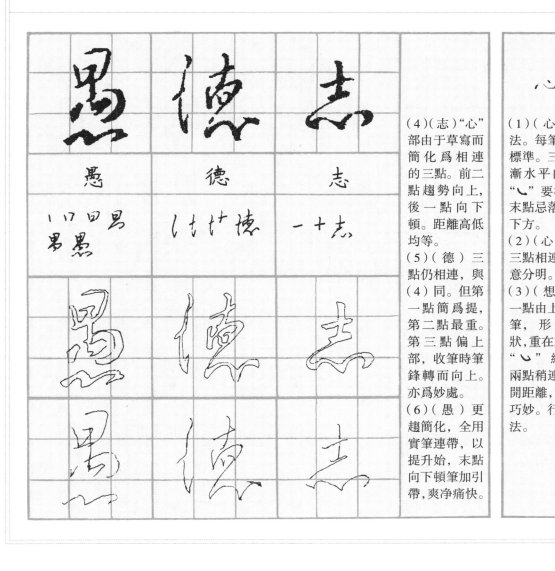

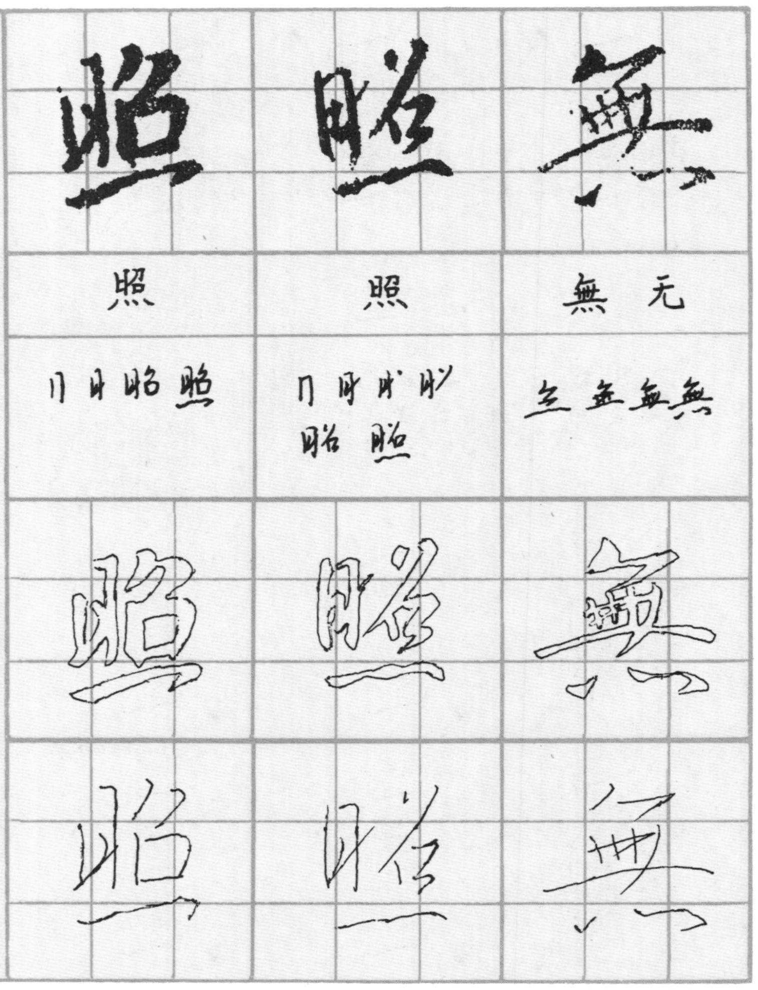

灬

(1)(無)四點簡化爲三點，均有引帶。(2)(照)看上去是一横，三點意思明確。(3)(照)簡化爲一大横，用實筆，微向上弓起。

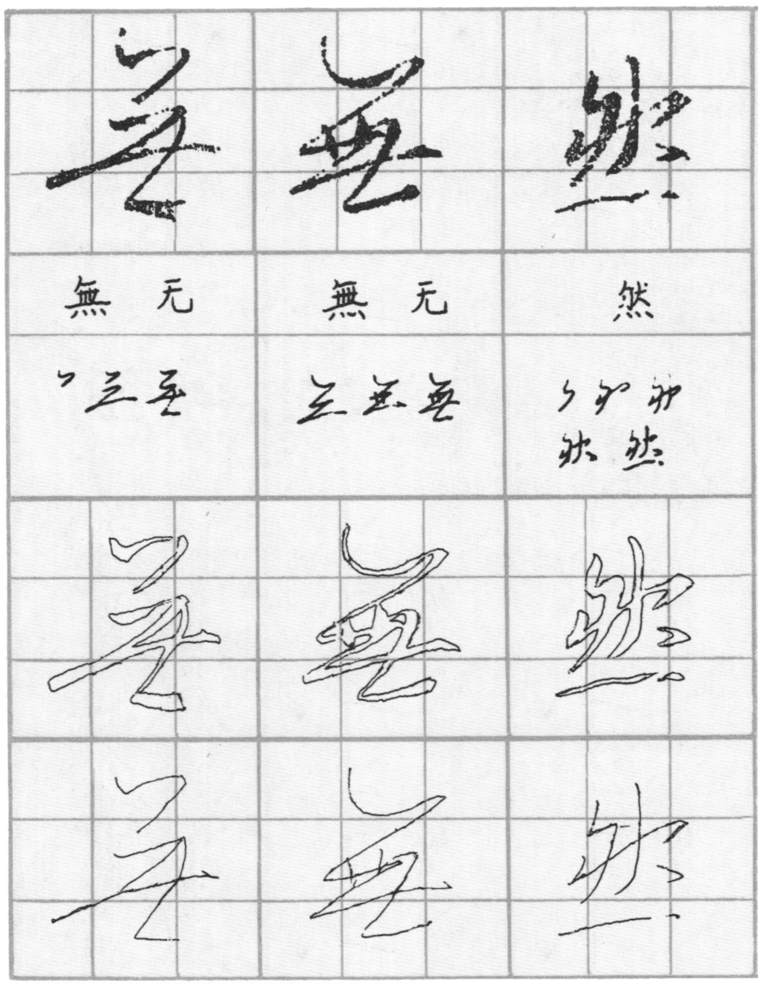

(4)(然)前三點相連，筆尖輕輕一波，最後亦一輕點。微妙之極。(5)(無)四點爲一横，與(3)不同的是，微下弓兩頭起。(6)(無)草法。圓點與上筆相連，寫成一短横，收筆呈“折叉股”狀。

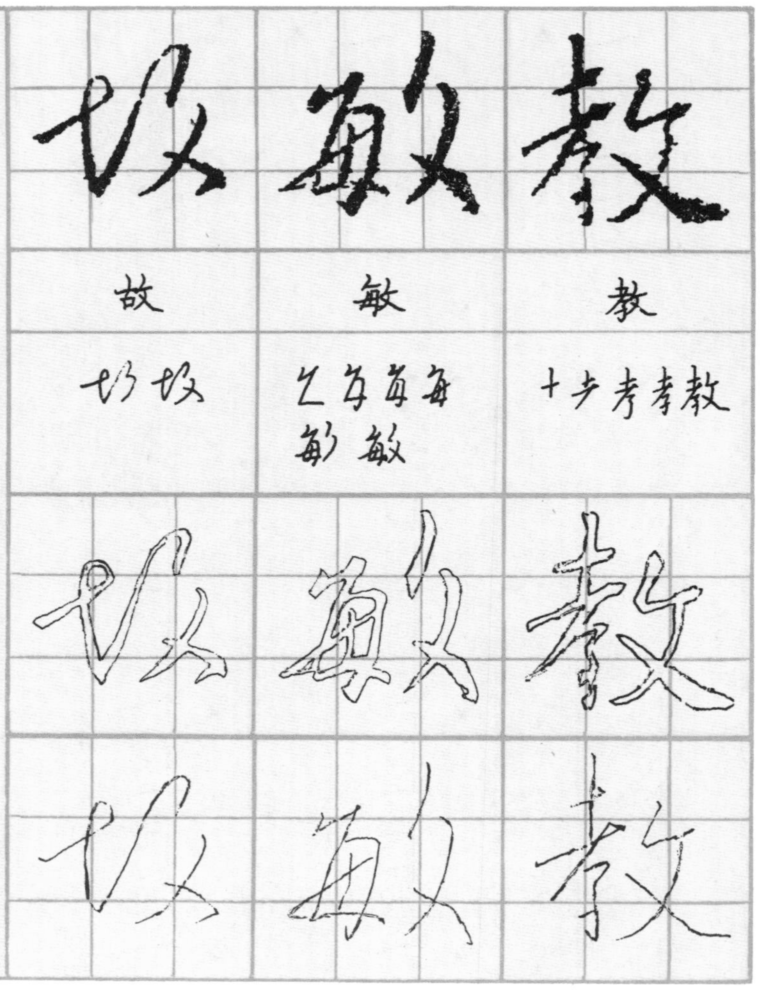

攵

(1)(教)楷法。每筆標準分明。(2)(敏)縮簡了横畫，第一撇以側鋒用筆。尾部齊平，第二撇因含横畫，起筆處稍向内彎。最後的捺作頓筆，結實而有剎勁。(3)(故)首筆與上筆相連，與(2)相似，捺的頓筆末尾有遒勁的引帶。

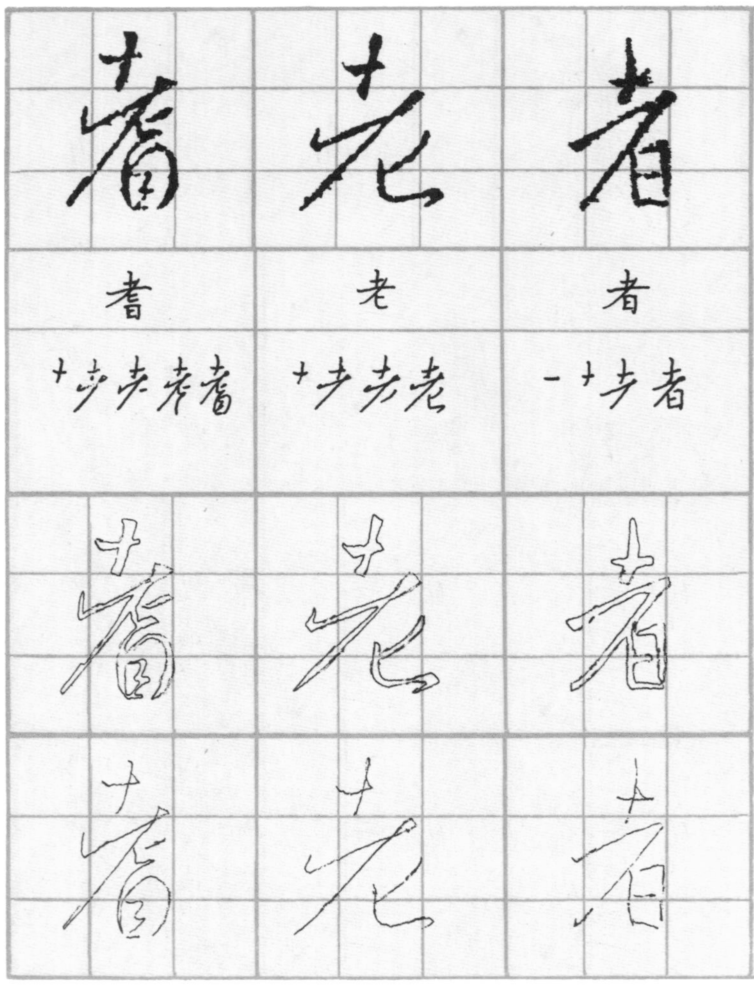

耂

(1)(者)第二長横明顯右上抬，收筆時直接撇下，撇直。(2)(老)第二長横與前二筆拉開距離，即收筆時上翻再撇下，翻度微小。(3)(耆)與(2)基本相同，衹是在完全收筆時再向上翻筆撇下，交合處有明顯三角形。撇尾稍回鋒。

言

(1)（許）楷法。左邊"口"字末筆與右邊的"午"字上半部筆意相連。
(2)（記）以撇點和竪折挑代替言字旁的下部。
(3)（讚）言字旁的兩短横和"口"一筆完成，行草寫法。

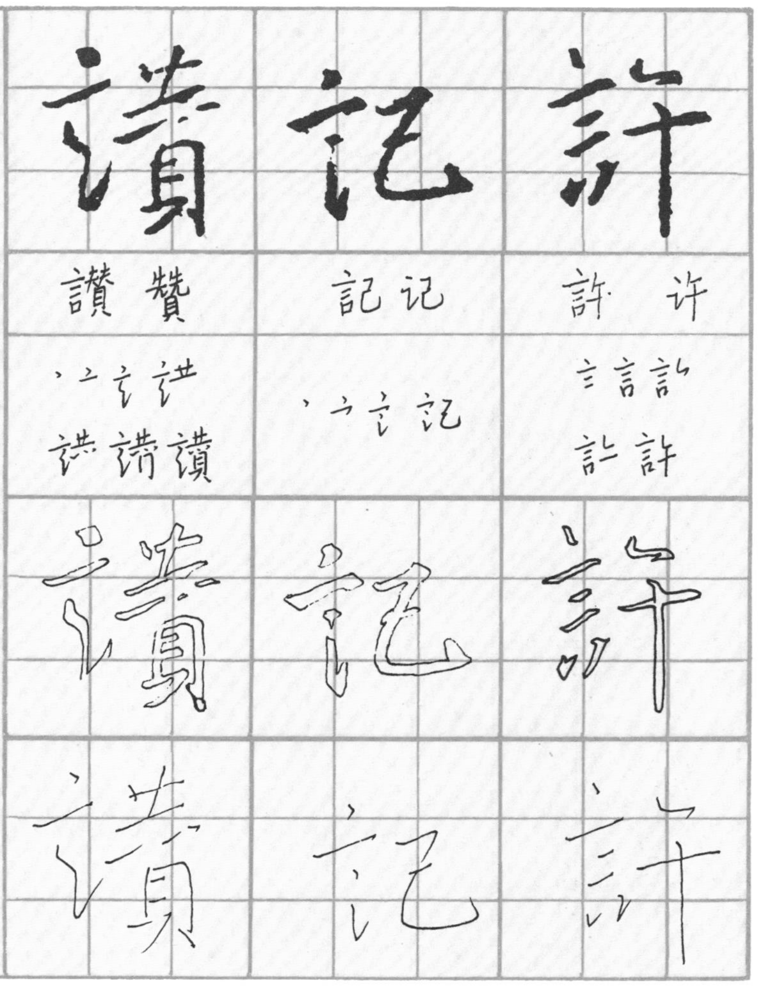

(4)（論）言部下半部連爲一筆，上加一點。
(5)（讚）言部與(4)相似，行筆更加簡略，起筆輕細。
(6)（說）言部是行書中簡略的寫法，形同現在的簡體言部。

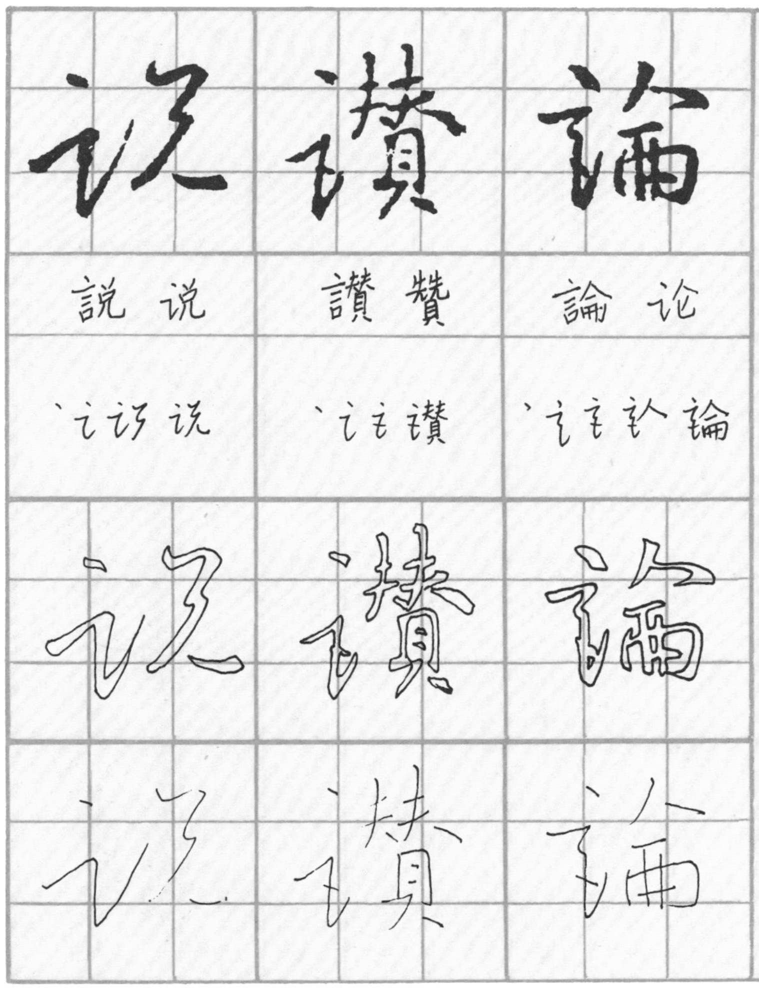

雨

(1)（雪）雨頭裏的四點行書通常用一挑點和一撇點代替。
(2)（靈）雨寫法同(1)，用筆輕細。
(3)（霜）雨字寫法同上，須在二、三筆之間是的左上角留出空缺，看上去透氣，不宜封死。用筆沉着肯定。

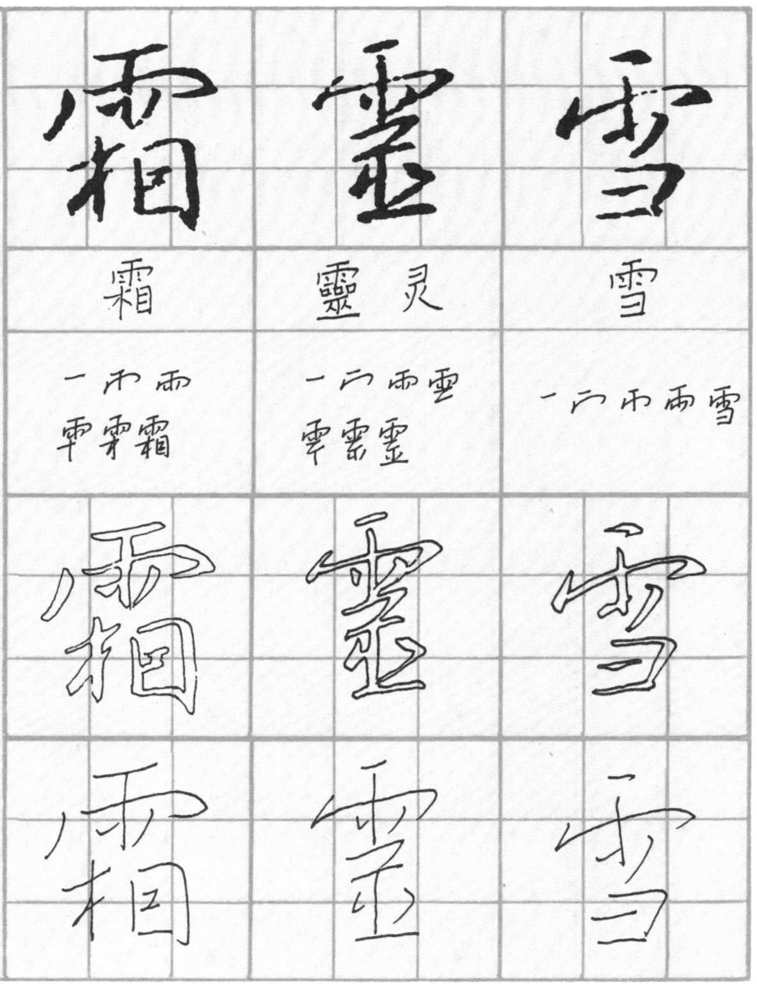

頁

(1)（類）頁部寫法較爲規整。下部横和第一點相連。
(2)（顔）頁部較爲疏放，撇畫和左竪連寫。
(3)（顛）頁部較爲疏放，第一、二筆連寫，錯落有致。

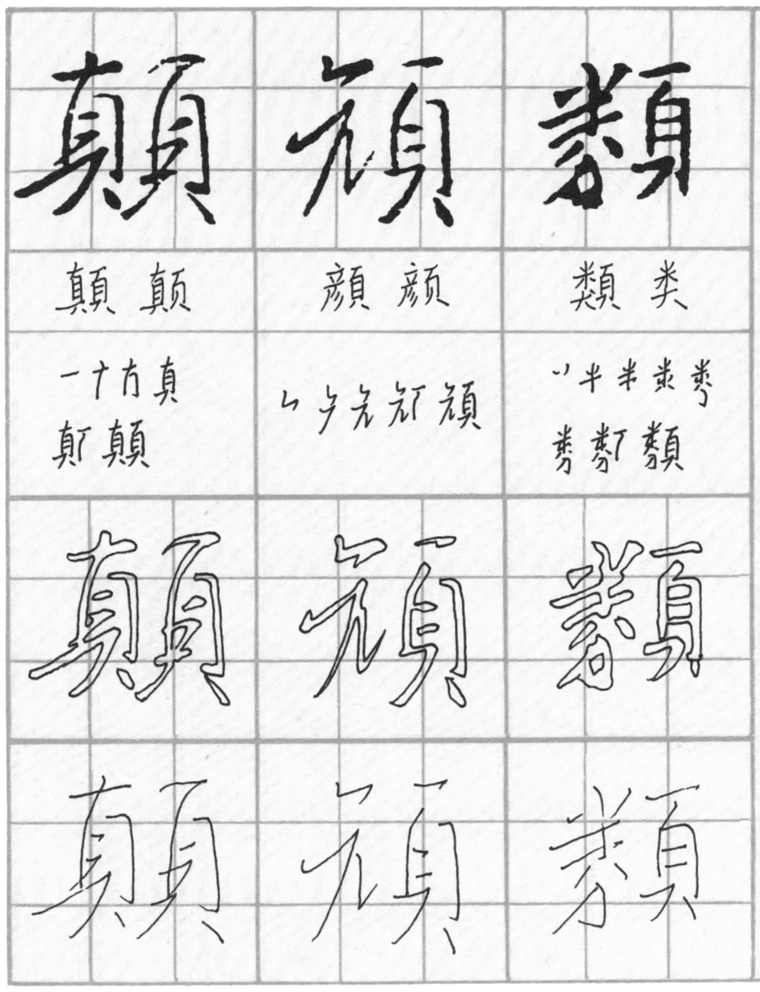

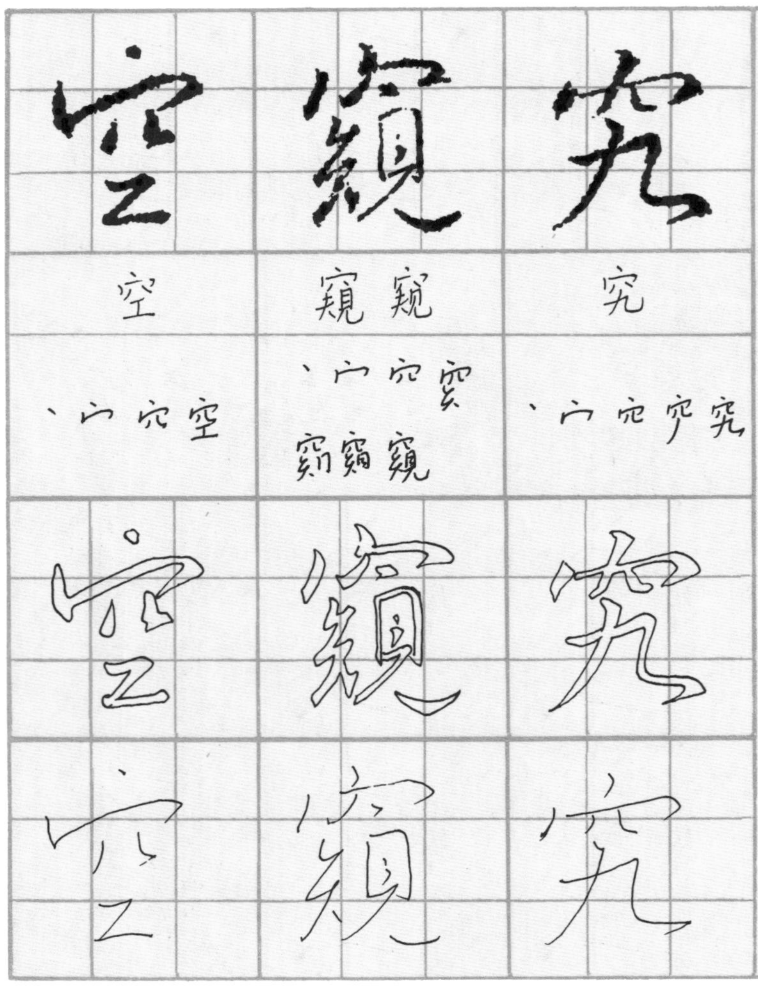

穴

(1)(究)穴字頭下點如高山墜石，其他筆畫筆意相連，氣息貫通。
(2)(窺)穴字頭兩點緊收，須在二、三筆之間的左上角留出空缺。
(3)(空)穴字頭舒放空靈，末筆向下頓筆，加引帶。

引

(1)(引)弓字旁爲行書簡化寫法，處理得自由圓轉，整個字高古素雅。
(2)(弘)弓字旁上鬆下緊，縱向取勢，簡爲一筆。
(3)(彌)弓字旁簡化到形似"了"字。

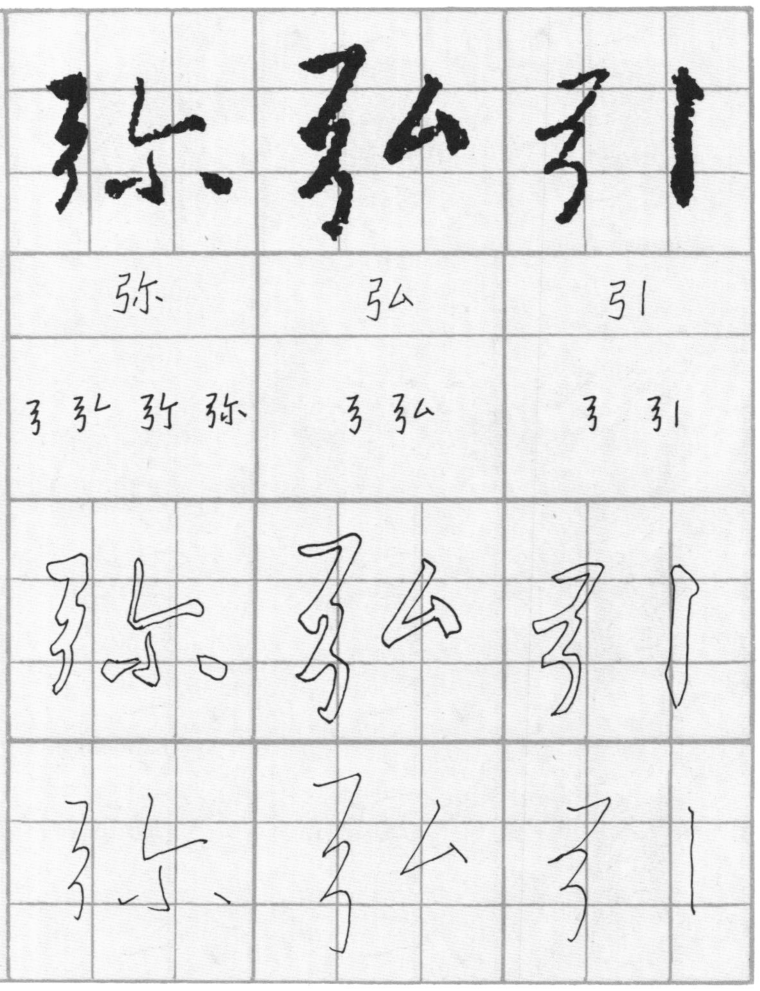

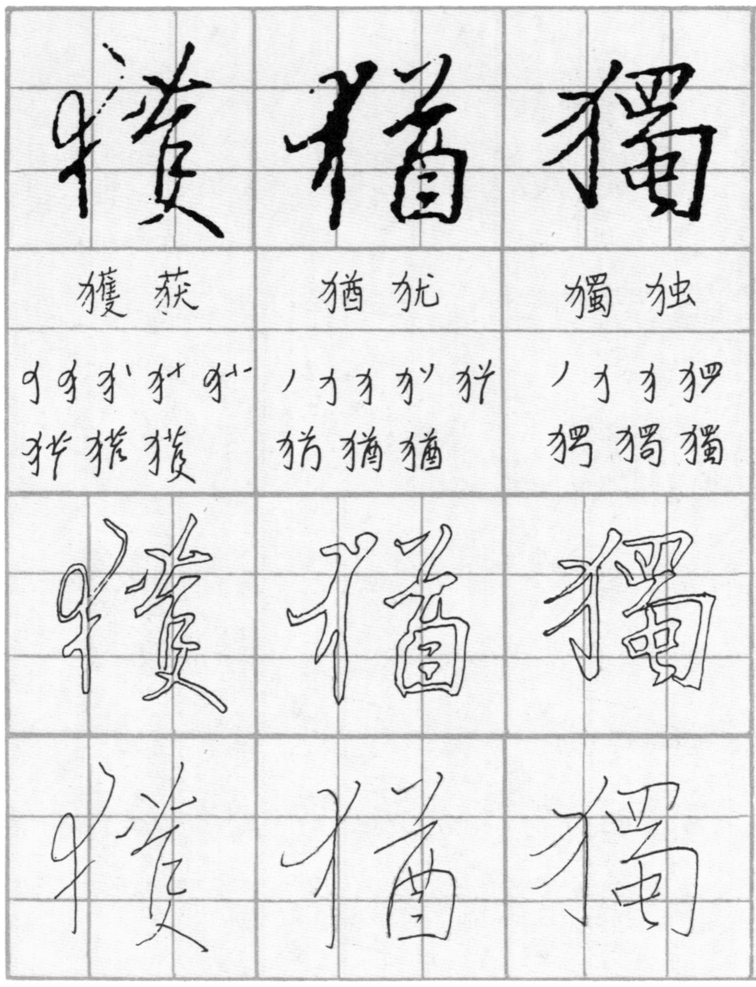

犭

(1)(獨)先寫長撇和竪彎勾，再寫短撇，短撇和竪彎勾相連。
(2)(猶)長撇末尾順勢向右上環寫竪彎勾，這種寫法更快，富有節奏。
(3)(獲)寫法同上，整個字富有動感。一、二筆明顯相連，成圈狀。用筆纖細輕盈。

金

(1)(鏡)金字旁撇畫取直勢，右點及時收筆。
(2)(鑒)金字旁撇畫取直勢，右點連帶下一筆的起頭。
(3)(鐫)金字旁底横以挑畫代替，整個字近于楷法。

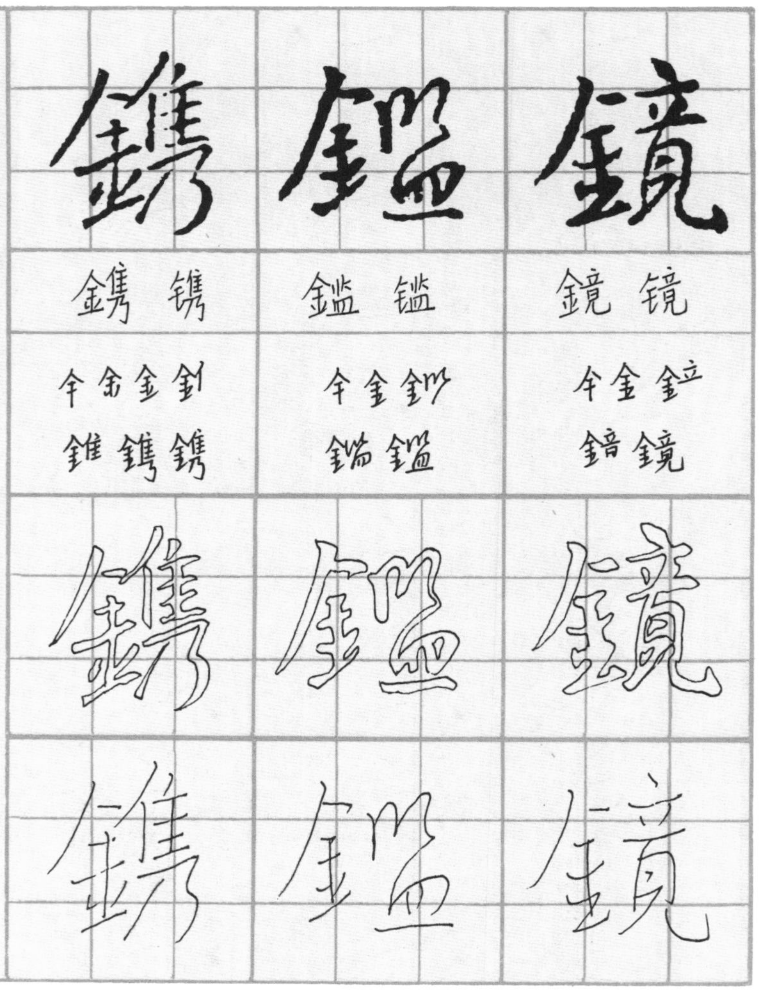

行書・歷代集評

書法形態論

邈乎嵩、岱之峻極，燦若列宿之麗天。偉字挺特，奇書秀出；揚波騁藝，餘妍宏逸；虎踞鳳跱，龍伸蠖屈。資胡氏之壯杰，兼鍾公之精密；總二妙之所長，盡衆美乎文質。詳覽字體，究尋筆迹，粲乎偉乎，如珪如璧。宛若盤螭之仰勢，翼若翔鸞之舒翮。或乃飛筆放體，雨疾風馳；綺靡婉婉，縱横流離。

——東晉・王珉《行書狀》

行書之體，略同於真。至於頓挫盤礴，若猛獸之搏噬；進退鈎距，若秋鷹之迅擊。故覆腕搶毫，乃按鋒而直引，其腕則内旋外拓，而環轉紓結也。旋毫不絶，内轉鋒也。加以掉筆聯毫，若石壘玉瑕，自然之理。亦如長空游絲，容曳而來往；又如蟲網絡壁，勁而復虚。右軍云：『游絲斷而能續，皆契以天真，同於輪扁。』又云：『每作一點畫，皆懸管掉之，令其鋒開，自然勁健矣。』

——唐・虞世南《筆髓論》

非草非真，發揮柔翰，星劍光芒，雲虹照爛，鸞鶴嬋娟，風行雨散，劉子濫觴，鍾胡彌漫。

——唐・張懷瓘《書斷》

書法源流論

案行書者，後漢潁川劉德昇所造也，即正書之小譌。務從簡易，相間流行，故謂之行書。王愔云：晋世以來，工書者多以行書著名。昔鍾元嘗善行狎書是也，爾後王羲之、獻之并造其極焉。獻之嘗白父云：『古之章草，未能宏逸，頓异真體，今窮僞略之理，極草縱之致，不若藁行之間，於往法固殊也，大人宜改體。』觀其騰烟煬火，則回禄喪精，覆海傾河，則元冥失馭，天假其魄，非學之巧。若逸氣縱横，則羲謝於獻；若簪裾禮樂，則獻不繼羲。雖諸家之法悉殊，而子敬最爲遒拔。夫古今人民，狀貌各异，此皆自然妙有，萬物莫比，惟書之不同，可庶幾也。故得之者，先禀於天然，次資於功用。而善學者乃學之於造化，异類而求之，固不取乎原本，而各逞其自然。劉德昇即行書之祖也。

——唐・張懷瓘《書斷》

自隸法掃地而真幾於拘，草幾於放，介乎兩間者，行書有焉。於是兼真謂之真行，兼草則謂之行草。爰自西漢之末，有潁川劉德昇者，實爲此體，而其法蓋貴簡易相間流行，故謂之行書。德昇而下，復有鍾繇、胡昭者同出於德昇之門。然昭用筆肥重，不若繇之瘦勁，故昭卒於無聞，而繇獨得以行書顯，當時謂繇善行狎書者此也。及晋王羲之、獻之心得神會處，不由師授，故并臻其極，蔚然爲翰墨之冠。晚有王珉復善此學，而議其書者有峻如崧高、爛若列星之况。信乎行書之在字學，非富規矩、有來歷不能作此。譬之千里之足，屈伏櫪下，則成虧何在？及其緩轡闊步，争馳蟻封間，於是駑驥遂分。書之有行，亦若也。

——北宋《宣和書譜・行書叙論》

嘗夷考魏、晉行書，自有一體，與草書不同。大率變真，以便於揮運而已。草出於章，行出於真，雖曰行書，各有定體。縱復晉代諸賢，亦不相遠。《蘭亭記》及右軍諸帖第一，謝安石、大令諸帖次之，顏、柳、蘇、米，亦後世之可觀者。大要以筆老爲貴，少有失誤，亦可輝映。所貴乎秾纖間出，血脉相連，筋骨老健，風神灑落，姿態備具，真有真之態度，行有行之態度，草有草之態度。必須博學，可以兼通。

——南宋・姜夔《續書譜》

世言漢劉德昇造行書，而晉《衛恒傳》但謂「魏初有鍾、胡二家爲行書法，俱學之於劉德昇」，初不謂行書自德昇造也。至三家之書品，庾肩吾已論次之。蓋德昇中之上，胡昭上之下，鍾繇上之上云。

行書有真行，有草行，真行近真而縱於真，草行近草而斂於草。東坡謂「真如立，行如行，草如走」，行豈可同諸立與走乎！

行書行世之廣，與真書略等，篆隸草皆不如之。然從有此體以來，未有專論其法者。蓋行者，真之捷而草之詳。知真草者之於行，如繪事欲作碧緑，祇須會合青黄，無庸别設碧緑料也。

——清・劉熙載《藝概・書概》

執筆

凡學書字，先學執筆，若真書，去筆頭二寸一分，若行草書，去筆頭三寸一分，執之。

……

執筆有七種。有心急而執筆緩者，有心緩而執筆急者。若執筆近而不能緊者，心手不齊，意後筆前者敗；若執筆遠而急，意前筆後者勝。

——（傳）東晉・衛鑠《筆陣圖》

然執筆亦有法，若執筆淺而堅，掣打勁利，掣三寸而一寸着紙，勢有餘矣；若執筆深而束，牽三寸而一寸着紙，勢已盡矣。其故何也？筆在指端，則掌虚運動，適意騰躍頓挫，生氣在焉；筆居半則掌實，如樞不轉，掣豈自由，轉運旋回，乃成棱角。筆既死矣，寧望字之生動。獻之年甫五歲，羲之奇其把筆，乃潛後掣之不脱，幼得其法，此蓋生而知之。是故學必有法，成則無體，欲探其奥，先識其門。有知其門不知其奥，未有不得其法而得其能者。

——唐・張懷瓘《六體書論》

夫把筆有五種，大凡管長不過五六寸，貴用易便也。

第一執管。夫書之妙在於執管，既以雙指苞管，亦當五指共執，其要實指虚掌，鉤擫訐送，亦曰抵送，以備口傳手授之説也。世俗皆以單指苞之，則力不足而無神氣，每作一點畫，雖有解法，亦當使用不成。曰平腕雙苞，虚掌實指，妙無所加也。

第二搲管，亦名拙管。謂五指共搲其管末，吊筆急疾，無體之書，或起藁草用之。今世俗多用五指搲管書，則全無筋骨，慎不可效也。

第三撮管。謂以五指撮其管末，惟大草書或書圖幛用之，亦與拙管同也。

第四握管。謂捻拳握管於掌中，懸腕以肘助力書之。或云起自諸葛誕，倚柱書時，雷霹柱裂，書亦不輟。當用壯氣，率以此握管書之，非書家流所用也。後王僧虔用此法，蓋以异於人故，非本爲也。近有張從申郎中拙然而爲，實爲世笑也。

第五搦管。謂從頭指至小指，以管於第一、二指節中搦之，亦是效握管，小异所爲。有好异之輩，竊爲流俗書圖幛用之，或以示凡淺，時提轉，甚爲怪异，此又非書家之事也。

徐公曰：執筆於大指中節前，居動轉之際，以頭指齊中指，兼助爲力，指自然實，掌自然虛。雖執之使齊，必須用之自在。今人皆置筆當節，礙其轉動，拳指塞掌，絶其力勢。況執之愈急，愈滯不通，縱用之規矩，無以施爲也。

又曰：夫執筆在乎便穩，用筆在乎輕健，故輕則須沉，便則須澀，謂藏鋒也。不澀則險勁之狀無由而生也，太流則便成浮滑，浮滑則是爲俗也。故每點畫須依筆法，然始稱書，乃同古人之迹，所爲合於作者也。

——唐·韓方明《授筆要説》

書有七字法，謂之撥鐙，自衛夫人并鍾、王，傳授於歐、顔、褚、陸等，流於此日，然世人罕知其道者。孤以幸會得受誨於先生。奇哉，是書也！非天賦其性，口受要訣，然後研功覃思，則不能窮其奧妙，安得不秘而寶之！所謂法者，擫壓、鉤揭、抵拒、導送是也。此字今有顔公真卿墨迹尚存於世，余恐將來學者無所聞焉，故聊記之。

擫者，擫大指骨上節，下端用力欲直，如提千鈞。

壓者，捺食指著中節旁。

鉤者，鉤中指著指尖鉤筆，令向下。

揭者，揭名指著指爪肉之際揭筆，令向上。

抵者，名指揭筆，中指抵住。

拒者，中指鉤筆，名指拒定。

導者，小指引名指過右。

送者，小指送名指過左。

——五代南唐·李煜《書述》

大凡學書，指欲實，掌欲虛，管欲直，心欲圓。

——元·陳繹曾《翰林要訣》

執之法，虛圓正緊，又曰淺而堅，謂撥鐙，令其和暢，勿使拘攣。真書去毫端二寸，行三寸，草四寸。掣三分，而一分着紙，勢則有餘；掣一分，而三分着紙，勢則不足。此其要也。而擫捺、鉤揭、抵拒、導送，指法亦備。其曰擫者，大指當微側，以甲肉際當管傍則善。而又曰力以中駐，中筆之法，中指主鉤，用力全在於是。又有扳罾法，食指拄上，甚正而奇健。撮管法，撮聚管端，草書便；提筆法，提挈其筆，署書宜，此執筆之功也。

——明·解縉《春雨雜述》

運腕

枕腕，以左手枕右手腕。

提腕，肘著案而虛提手腕。

懸腕，懸著空中最有力。今代惟鮮于郎中善懸腕書，余問之，瞑目伸臂曰：胆、胆、胆。

——元・陳繹曾《翰林要訣》

世傳右軍好鵝，莫知其説。蓋作書用筆，其力全憑手腕，鵝之一身，唯項最爲圓活，今以手比鵝頭，腕作鵝項，則亦高下俯仰，前後左右，無不如意。鵝鳴則昂首，視則側目，刷羽則隨意淺深，眠沙則曲藏懷腋。取此以爲腕法而習熟之，雖使右軍復生，耳提面命，當不過是，非謔談也。想當時，興寄偶到，且知音見賞，兼爲後世立話柄耳。

——明・湯臨初《書指》

學書之法，在乎一心，心能轉腕，手能轉筆。大要執筆欲緊，運筆欲活，手不主運而以腕運，腕雖主運而以心運。右軍曰：『意在筆先。』此法言也。

——清・宋曹《書法約言》

用筆

藏頭護尾，力在字中，下筆用力，肌膚之麗。故曰：勢來不可止，勢去不可遏，惟筆軟則奇怪生焉。

凡落筆結字，上皆覆下，下以承上，使其形勢遞相映帶，無使勢背。

轉筆，宜左右回顧，無使節目孤露。

藏鋒，點畫出入之迹，欲左先右，至回左亦爾。

藏頭，圓筆屬紙，令筆心常在點畫中行。

護尾，畫點勢盡，力收之。

疾勢，出於啄磔之中，又在豎筆緊趯之內。

掠筆，在於趲鋒峻趯用之。

澀勢，在於緊駃戰行之法。

橫鱗，竪勒之規。

此名九勢，得之雖無師授，亦能妙合古人，須翰墨功多，即造妙境耳。

——（傳）東漢・蔡邕《九勢》

一　如千里陣雲，隱隱然其實有形。

丶　如高峰墜石，磕磕然實如崩也。

丿　陸斷犀象。

乚　百鈞弩發。

丨　萬歲枯藤。

乀　崩浪雷奔。

㇆　勁弩筋節。

——（傳）東晉・衛鑠《筆陣圖》

（公子曰：）『夫用筆之法，急捉短搦，迅牽疾掣，懸針垂露，蠖屈蛇伸，灑落蕭條，點綴閑雅，行行眩目，字字驚心，若上苑之春花，無處不發，抑亦可觀，是予用筆之妙也。』

……

（公子曰：）『夫用筆之體會，須鈎粘才把，緩繼徐收，梯不虛發，斫必有由。徘徊俯仰，容與風流。」

——唐・歐陽詢《用筆論》

偃仰向背　謂兩字并爲一字，須求點畫上下偃仰離合之勢。

陰陽相應　謂陰爲内，陽爲外，斂心爲陰，展筆爲陽，須左右相應。

鱗羽參差　謂點畫編次無使齊平，如鱗羽參差之狀。

峰巒起伏　謂起筆蹙衄，如峰巒之狀，殺筆亦須存結。

真草偏枯　謂兩字或三字，不得真草合成一字，謂之偏枯，須求映帶，字勢雄媚。

邪真失則　謂落筆結字分寸點畫之法，須依位次。

遲澀飛動　謂勒鋒磔筆，字須飛動，無凝滯之勢，是得法。

射空玲瓏　謂烟感識字，行草用筆，不依前後。

尺寸規度　謂不可長有餘而短不足，須引筆至盡處，則字有凝重之態。

隨字變轉　謂如《蘭亭》「歲」字一筆，作垂露；其上「年」字則變懸針；又其間一十八個「之」字，各別有體。

《翰林密論》云：凡攻書之門，有十二種隱筆法，即是遲筆、疾筆、逆筆、順筆、澀筆、倒筆、轉筆、渦筆、提筆、啄筆、罨筆、趯筆。并用筆生死之法，在於幽隱。遲筆法在於疾，疾筆法在於遲，逆入倒出，取勢加攻，診候調停，偏宜寂靜。其於得妙，須在功深，草草求玄，終難得也。

——唐・張懷瓘《論用筆十法》

古人作篆、分、真、行、草書，用筆無二，必以正鋒爲主，間用側鋒取妍。分書以下，正鋒居八，側鋒居二，篆則一毫不可側也。

——明・豐坊《書訣》

道生云：「雙鈎懸腕，讓左側右，虚掌實指，意前筆後，此古人所傳用筆之訣也。」「如屋漏雨，如壁坼，如印印泥，如錐畫沙，如折釵股，古人所論作書之勢也。」然妙在第四指得力，俯仰進退，收往垂縮，剛柔曲直，縱横轉運，無不如意，則筆在畫中，而左右皆無病矣。

……

先民有言「用筆不欲太肥，肥則形濁；不欲太瘦，瘦則形枯。肥不剩肉，瘦不露骨，乃爲合作。」「又不欲多露鋒芒，露鋒芒則意不持重，又不欲深藏圭角，藏圭角則體不精神。」斯言當矣！愚以謂如不得已，則肉勝不如骨勝，多露不如深藏，猶爲彼善也。

——明・王世貞《藝苑卮言》

余嘗題永師《千文》後曰：「作書須提得筆起，自爲起，自爲結，不可信筆。後代人作書皆信筆耳。」信筆二字，最當玩味。吾所云須懸腕，須正鋒者，皆爲破信筆之病也。東坡書筆俱重落，米襄陽謂之畫字，此言有信筆處耳。

筆畫中須直，不得輕易偏軟。

捉筆時須定宗旨，若泛泛塗抹，書道不成形像。用筆使人望而知其爲某書，不嫌説定法也。

……

顏平原屋漏痕，折釵股，謂欲藏鋒。後人遂以墨猪當之，皆成偃筆，痴人前不得説夢。欲知屋漏痕，折釵股，於圓熟求之，未可朝執筆而暮合轍也。

……

發筆處便要提得筆起，不使其自偃，乃是千古不傳語。蓋用筆之難，難在遒勁，而遒勁非是怒筆木强之謂，乃大力人通身是力，倒輒能起。此惟褚河南、虞永興行書得之。須悟後始肯余言也。

……

作書須提得筆起，不可信筆。蓋信筆則其波畫皆無力。提得筆起，則一轉一束處皆有主宰。轉、束二字，書家妙訣也。今人秖是筆作主，未嘗運筆。

……

書法雖貴藏鋒，然不得以模糊爲藏鋒，須有用筆如太阿剸截之意，蓋以勁利取勢，以虚和取韵。顔魯公所謂如印印泥、如錐畫沙是也。細參《玉潤帖》，思過半矣。

——明・董其昌《畫禪室隨筆》

行草書，凡注下牽上，筆必從下掣上；帶上轉下，筆必逆上回下，總要使其筆鋒用足，則勁而有力也。

……

運意使鋒，《蘭亭》爲極，《聖教》佐之，畫沙、印泥、折股、漏痕，須一一自己識取，有所得，古人覿面也。用筆輕浮不得力，用筆雷堆不生機勢，均之是病。

……

筆墨俱要入紙，是書家要義。鋒正則筆直入，運遲則墨沁入。鋒正則心無旁岐，且勁净生焉；運遲則有暇用意，且頓挫生焉。筆入，所謂『錐畫沙』也；墨入，所謂『印印泥』也。另筆墨不相離，而體認不可混。

——清・徐用錫《字學札記》

書法有屋漏痕、折釵股、壁坼、錐畫沙、印印泥。屋漏痕者，屋上天光透漏處，仰視則方、圓、斜、正，形像皎然，以喻點畫明净，無連綿牽掣之狀也。折釵股者，如釵股之折，謂轉角圓勁力均。壁坼者，壁上坼裂處，有天然清峭之致。若夫畫沙、印泥，乃功夫至深處，水到渠成，從心所欲，非可於模範中求之。前人立言傳法，文字不能盡，則設喻辭以曉之，假形象以示之。

——清・朱履貞《書學捷要》

凡作一筆，須力與筆齊到齊住。若筆先而力後，則轉掣單弱；力先而筆後，則結束不緊。一落紙便須着力滿行，行到盡處，手一暗提，力仍回到起處，若止回得一半，亦自回越尋常，然斷不能古穆。作一横一竪，起有力，中有力，住有力，作一撇，起筆便須雄重，不得行過一二分然後出力。撇之尖鋒與懸針之尖鋒，皆須用力運到，乃可收回，不是隨筆飄去，要使尖鋒與次筆緊相應。一捺起筆，輕絲已暗用在來筆之先一段，一入本筆便有半力，可以雄重按去，收束自緊，且有回鋒。若從本筆才用力，筆勢太緩，筆盡而力未盡，放則長而不稱，强收又拘縮無精神回顧矣。一點亦三過其筆，使鋒從中出，乃之他筆，方映帶有情。

——清·汪澐《書法管見》

行筆之法，十遲五急，十曲五直，十藏五出，十起五伏，此已曲盡其妙。然以中郎爲最精，其論，貴疾勢澀筆。又曰：『令筆心常在點畫中，筆軟則奇怪生焉。』此法惟平原得之。篆書則李少溫，草書則楊少師而已。若能如法行筆，所謂雖無師授，亦能妙合古人也。

古人作書，皆重藏鋒。中郎曰：『藏頭護尾。』右軍曰：『第一須存筋藏鋒，滅迹隱端。』又曰：『用尖筆須落筆混成，無使毫露。』所謂築鋒下筆，皆令完成也。錐畫沙，印印泥，屋漏痕，皆言無起止，即藏鋒也。

——清·康有爲《廣藝舟雙楫》

結體

蓋聞字之形體，有大小、疏密、肥瘦、長短；字之點畫，有仰覆、屈伸、變換。嘗患其浩瀚紛紜，莫能盡於結構之道，所以定此八十四法爲例，推廣求之。若無法者，不失於偏枯，則失於開放；不失於開放，則失於承載趨避，鮮有合格可觀者焉。蓋大字以方端均稱爲貴，偏斜放肆爲忌，是以此法取分界地步爲主，折算偏旁爲用。收斂肢體，布置形容，具注則繁，略伸大意。且如一字之形，理有數等，有上蓋大者，有下畫長者，有左邊高者，有右邊高者，非在一途而取軌，全資衆道以相承。約方圓於規矩，定平直於準繩。欲使四方八面俱供中心，勾撇點畫皆歸間架，有相迎相送照應之情，無或反或背乖戾之失。雖字形有千百億萬之不同，而結構亦不出乎此法之外也。若夫筋骨神氣，須自書法精熟中融通變化，久則自然有得，非但拘拘然守此成法爲也。

——明·李淳《大字結構八十四法》

作書所最忌者位置等匀，且如一字中，須有收有放，有精神相挽處。王大令之書，從無左右并頭者。右軍如鳳翥鸞翔，似奇反正。米元章謂大年《千文》，觀其有偏側之勢，出二王外。此皆言布置不當平匀，當長短錯綜，疏密相間也。

作書之法，在能放縱，又能攢捉。每一字中失此兩竅，便如晝夜獨行，全是魔道矣。

——明·董其昌《畫禪室隨筆》

『大字難於結密而無間，小字難於寬展而有餘』，猶非篤論。若米老所云『大字如小字，小字如大字』，則以勢爲主，差近筆法。今榜書如米老之『寶藏第一山』，吴琚之『天下第一江山』，皆趙承旨之上雖顔魯公猶當讓席。其得力乃在小行書時留意結構也。書家之結字，畫家之皴法，一了百了，一差百差。要非俗子所解。

——明·董其昌《容臺集·論書》

字體有從中及傍者，如『興』『水』字之類；有從傍及中者，如『中』『國』之類。從中，須着念全體，然後下筆；從傍，則轉移其念，凡作左，着念在右，凡作右，着念在左。凡作點綴收鋒，又着念全體，此上乘也。若着念在闕漏處，此下乘也。任意完結者不成書矣。

……

結構名義不可不分，負抱聯絡者，結也；疏謐縱衡者，構也。學書從用筆來，先得結法；從措意來，先得構法。構爲筋骨，結爲節奏。有結無構，字則不立；有構無結，字則不圓。結構兼至，近之矣，尚無腴也；故濟以運筆，運筆晋人爲最，晋必王，王必羲，羲別詳之。

……

字之結構，絶似詞家之對偶，有可以正對，有可以借對，有可以影射對，有可以走馬對。泥於形似，則質而不文；專於影射，則巫而不重。近體似真書，古詞似篆籀。於篆之中，近體似小篆，古詞似大篆。近體擬合而時或不合，古詞擬散而時或不散。近體合以形，古詞合以意。

……

作字有難於結構者，一爲學力不到，一爲平方正直塵腐之魔膠固胸膈間。平直故是正法，其勢有不得平直者，不可以此拘拘也。即可以平直而不成文章者，亦不可以是拘拘也。乍滿乍闕，讓左讓右，或齊首斂足，或齊足空首，或上下俱空，無所不宜。一字務於成文，一篇務於成章可矣。何謂文？交錯盤互，得所是也；何謂章？『音十』爲章，合集衆形不使乖張是也。所謂難結構若何？如『盥』字之類。常考《石經》作『盥』亦不甚雅，覃思不已，變文作『盥』，自謂可觀，然不免改作。近有童子謄寫一書，謬作直旁二白，始笑絶倒，既而爽然，翻可取法。三人我師，今而益信。

……

字須配合，配合有二種：結構之合不必畫畫對偶，要在離合之勢可指而目睹方是；使轉之合，不必絲絲貫珠，要死活之脉可想見會心方是。

——明·趙宧光《寒山帚談》

結構之法，須用唐人九宫式，則間架密致，有鬥筍接縫之妙矣。九宫者，每一格中有九小格，如『井』字樣，臨帖時牢記某點在某格之中，某畫在某格之内，記熟，則出筆自肖法帖，且能伸能縮，惟我所欲矣。

長短闊狹，字之態度；點畫斜曲，字之應對。卑者奉，尊者接。審其疏密，取其停匀，空則襯補，孤則扶持。以下承上，以右應左，以大包小，以少附多，皆法度也。

……

大字難於結密而無間，小字難於寬綽而有餘，真書難於飄揚，草書難於嚴重。大字不結密，則懶散無精神，匾額須字字相照應，挂起自然停匀，又須帶逸氣，方不俗。小字貴開闊，忌局促，須令間架明整，有體段。長史所謂『大促令小，小展令大』是也。

不可頭輕尾重，毋令左短右長，斜正如人，上下相稱。

字之肉，筆毫是也。疏處捺滿，密處輕裝；平處捺滿，險處輕裝。捺滿則肥，輕裝則瘦。

落筆結字上皆覆下，下皆承上，使形勢遞相映帶，尤使相悖。

行書間架須明净，不可亂筆纏擾，貴穩雅秀老爲主，下筆疾則失勢，緩則骨痴。以右軍爲祖，次參晋人諸帖，及《懷仁聖教序》。

草書間架要分明，點畫俱有規矩，方是晋人法度。下筆易疾，須放，令少緩，徐行緩步爲佳。然不可太遲，遲則緩慢無神氣。

——清·王澍《翰墨指南》

結構之法，須四圍筆勢向中環拱，則字緊結不散漫。如左直須變向右，右直須變向左，中直亦須稍向左彎。直太直，則不生動，且似力弱。字未完之直，斷宜作垂露；字末筆之直，宜作懸針。横宜左長右短，左低右高。右高則字始峭拔，若横平則失勢而字拖沓。字體宜長，長則字能卓立而氣勢生動。若方扁，則神氣頽惰，懸看尤不佳也。

——清·蘇惇元《論書淺語》

字形有内抱，有外抱。如上下二横，左右二竪，其有若弓之背向外、弦向内者，内抱也；背向内、弦向外者，外抱也。篆不全用内抱，而内抱爲多；隸則無非外抱。辨正、行、草書者，以此定其消息，便知於篆隸孰爲出身矣。

字體有整齊，有參差。整齊，取正應也；參差，取反應也。

書要曲而有直體，直而有曲致。若弛而不嚴，剽而不留，則其所謂曲直者誤矣。

——清·劉熙載《藝概·書概》

章法

夫欲書者，先乾研墨，凝神静思，預想字形大小、偃仰、平直、振動，令筋脉相連，意在筆前，然後作字。若平直相似，狀如算子，上下方整，前後齊平，便不是書，但得點畫耳。

——（傳）東晋·王羲之《題衛夫人〈筆陣圖〉後》

分間布白，遠近宜均，上下得所，自然平穩。當須遞相掩蓋，不可孤露形影及出其牙鋒，展轉翻筆之處，即宜察而用之。

——（傳）東晋·王羲之《筆勢論》

體五材之并用，儀形不極；像八音之迭起，感會無方。

至若數畫并布，其形各异；衆點齊列，爲體互乖。一點成一字之規，一字乃終篇之準。違而不犯，和而不同；留不常遲，遣不恒疾；帶燥方潤，將濃遂枯；泯規矩於方圓，遁鈎繩之曲直；乍顯乍晦，若行若藏；窮變態於毫端，合情調於紙上；無間心手，忘懷楷則；自可背羲獻而無失，違鍾張而尚工。

——唐·孫過庭《書譜》

是其一字之中，皆其心推之，有絜矩之道也，而其一篇之中，可無絜矩之道乎？上字之於下字，左行之於右行，横斜疏密，各有攸當。上下連延，左右顧矚，八面四方，有如布陣：紛紛紜紜，斗亂而不亂；渾渾沌沌，形圓而不可破。昔右軍之叙《蘭亭》，字既盡美，尤善布置，所謂增一分太長，虧一分太短。魚鬣鳥翅，花須蝶芒，油然粲然，各止其所。縱横曲折，無不如意，毫髮之間，直無遺憾。

——明·解縉《春雨雜述》

古人論書，以章法爲一大事，蓋所謂行間茂密是也。余見米痴小楷，作《西園雅集圖記》，是紈扇，其直如弦，此必非有他道，乃平日留意章法耳。右軍《蘭亭叙》，章法爲古今第一，其字皆映帶而生，或小或大，隨手所如，皆入法則，所以爲神品也。

——明・董其昌《畫禪室隨筆》

行款篇法不可不講也，會得此語，寫出來自然氣局不同，結構亦异。其每字之樣聯絡配合，聯處能斷，合處能離，斯爲妙矣。

——清・陳奕禧《緑陰亭集》

篇幅以章法爲先，運實爲虚，實處俱靈；以虚爲實，斷處仍續。觀古人書，字外有筆，有意、有勢、有力，此章法之妙也。《玉版十三行》章法第一，從此脱胎，行草無不入彀。若行間有高下疏密，須得參差掩映之趣。

……

布白有三：字中之布白，逐字之布白，行間之布白。初學皆須停勻，既知停勻，則求變化，斜正疏密錯落其間。《十三行》之妙，在三布白也。

……

結體在字内，章法在字外，真行雖別，章法相通。余臨《十三行》百數十本，會意及此。

——清・蔣和《蔣氏游藝秘録》

言字之結構，千言萬語，無非求其相生；言字之布白，曲喻旁通，無非求其相讓。然不獨個字爲然，即通行亦然，通幅亦然。古代金石所傳，如周、秦大小篆，以及漢代碑銘，其行列疏朗者無論矣，若周代彝器之銘，有極錯雜者矣，顧雖縱横穿插，紛若亂絲，要無一處相抵觸，亦且彼此相顧盼，不惟其字足法，即其行款亦應師也。

——清・張之屏《書法真詮》

主編簡介

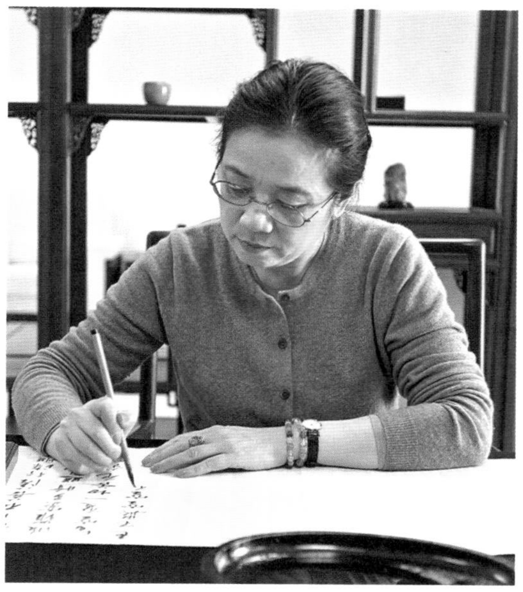

孫曉雲，一九五五年生，江蘇南京人，當代著名書法家。現任中國書法家協會副主席，江蘇省書法家協會主席，江蘇省政府參事，江蘇省文聯副主席，江蘇省美術館名譽館長。全國書法展、蘭亭奬評審委員，中國國家畫院書法篆刻院副院長，享受國務院特殊津貼。國家一級美術師，中央美術學院博士生導師，蘇州大學博士生導師。幼承家學，三歲始臨習書畫，孜孜不倦近六十載。她始終堅持傳承文脉，回歸傳統，經過長期的實踐與研究，逐漸形成了瀟灑自然、秀敏靈動的書風。她以堅實的傳統帖學功底與鮮明的個人書法面貌，成爲當今書壇的領軍人物之一。著有《書法有法》《孫曉雲書法集》《孫曉雲書孟子》《孫曉雲書論語》等。

图书在版编目（CIP）数据

人美书谱．唐 颜真卿 争座位帖 祭侄文稿 祭伯文稿 湖州帖 刘中使帖 / 孙晓云主编．-- 北京：人民美术出版社，2018.9
ISBN 978-7-102-08142-7

Ⅰ．①人… Ⅱ．①孙… Ⅲ．①汉字—法帖—中国—唐代 Ⅳ．①J292.21

中国版本图书馆 CIP 数据核字 (2018) 第 207118 号

人美书谱·唐　颜真卿
争座位帖　祭侄文稿　祭伯文稿　湖州帖　刘中使帖
RÉN MĚI SHŪ PǓ　TÁNG　YÁN ZHĒN QĪNG
ZHĒNG ZUÒ WÈI TIÈ　JÌ ZHÍ WÉN GǍO　JÌ BÓ WÉN GǍO　HÚ ZHŌU TIÈ　LIÚ ZHŌNG SHǏ TIÈ
本卷主编　孙晓云

编辑出版　人民美術出版社
（北京市东城区北总布胡同32号　邮编：100735）
http://www.renmei.com.cn
发行部：（010）67517601
网购部：（010）67517864
责任编辑　张啸东　金　灿
装帧设计　徐　洁
责任校对　冉　博
责任印制　高　洁
制　　版　朝花制版中心
印　　刷　北京盛通印刷股份有限公司
经　　销　全国新华书店

版　次：2018年12月　第1版　第1次印刷
开　本：870mm×1260mm　1/8
印　张：21.5
印　数：0001-3000册
ISBN 978-7-102-08142-7
定价：168.00元
如有印装质量问题影响阅读，请与我社联系调换。（010）67517784

版权所有　翻印必究